汽车嵌入式技术

主　编　申彩英
副主编　王昌硕　全奎松　郭长新
　　　　张溪原　魏　丹　赵德阳

北京理工大学出版社
BEIJING INSTITUTE OF TECHNOLOGY PRESS

内 容 简 介

本书以 8051 单片机为基础，全面、系统地阐述了单片机基本原理，介绍了片内硬件资源及常用的接口技术，并采用 C51 语言进行编程。本书从应用的角度出发，重点介绍了单片机片内硬件结构，单片机内部模块，单片机与常用接口设计，单片机与 D/A、A/D 转换器接口设计的原理及应用实例，全书实例用虚拟仿真平台 Proteus 实现。针对新能源汽车工程、车辆工程、汽车服务工程、交通运输等专业，本书增设了发动机电子控制系统、电动汽车控制系统、汽车显示系统和电池管理系统。本书还为任课教师提供了电子课件和习题答案。

本书可作为各类工科院校(本科)、职业技术院校单片机课程的专业教材，特别适用于新能源汽车工程、车辆工程、汽车服务工程、交通运输等专业，也可供从事单片机应用开发的工程技术人员参考。

图书在版编目(C I P)数据

汽车嵌入式技术 / 申彩英主编. --北京:北京理工大学出版社, 2023.4

ISBN 978-7-5763-2280-4

Ⅰ. ①汽… Ⅱ. ①申… Ⅲ. ①汽车-计算机控制系统-高等学校-教材 Ⅳ. ①U463.6

中国国家版本馆 CIP 数据核字(2023)第 061995 号

责任编辑：多海鹏　　　文案编辑：多海鹏
责任校对：刘亚男　　　责任印制：李志强

出版发行 /	北京理工大学出版社有限责任公司
社　　址 /	北京市丰台区四合庄路 6 号
邮　　编 /	100070
电　　话 /	(010) 68914026 (教材售后服务热线)
	(010) 68944437 (课件资源服务热线)
网　　址 /	http://www.bitpress.com.cn

版 印 次 /	2023 年 4 月第 1 版第 1 次印刷
印　　刷 /	河北盛世彩捷印刷有限公司
开　　本 /	787 mm×1092 mm　1/16
印　　张 /	15.5
字　　数 /	358 千字
定　　价 /	68.00 元

前　言

随着自动化、智能化、网联化的发展，单片机应用越来越广。在"新工科"教育概念的提出和学科交叉融合的推广下，单片机课程不仅是电类相关专业及计算机应用等专业的专业课，也成为工科的一门通识类课程，被很多专业采用。单片机是一门理论性和实践性都非常强的课程。

本书由浅入深，在保证学生学习兴趣的前提下，逐步提高难度，符合学生的学习习惯。本书除了引入一般工程教学案例外，还针对新能源汽车工程、车辆工程、汽车服务工程等专业设计了相关的案例。本书具有以下特色：

1. 以能力培养为目标

本书在编写过程中，注重学生能力的培养，精心安排各章节知识点，以应用为导向，突出该知识点在实际工程问题中的应用。从解决工程问题的角度出发，一步步分析所需的知识点，最后形成解决问题的思路。教材的编写突出应用型本科的特点，将理论与实践有机结合。

2. 增加了思政元素

在当前思政教学的背景下，本书紧跟时代步伐，引入思政元素。在讲授知识点的过程中，教师可以适当加入思政元素，激发学生学习兴趣，让学生树立爱国主义情怀，培养专业自信。

3. 增加了汽车相关案例

本书除了引入一般的工程应用案例外，还针对新能源汽车工程、车辆工程、汽车服务工程、交通运输等专业，引入了发动机电子控制系统、电动汽车控制系统、汽车显示系统和电池管理系统等章节，增加了汽车的相关案例，使学生在学习相关知识点的同时，可以充分了解该知识点在汽车上的应用。

4. 引入了虚拟仿真技术

为了解决实验设备不足、受时间和空间限制的问题，本书引入了虚拟仿真技术。本书的例题均在虚拟仿真平台 Proteus 上实现，使学生可以清晰地看到硬件的连接，以及软件程序的编写过程和仿真现象。

本书是辽宁工业大学的立项教材，并由辽宁工业大学资助出版。本书一共分为 3 部分，第一部分为单片机基础知识，包含第 1～5 章；第二部分为汽车工程应用，包含第 6～9 章；第三部分为 C51 语言及开发应用平台介绍，包括第 10～11 章。

第 1 章为绪论，介绍了单片机的发展现状、特点、应用领域及常用数制之间的转换。

第 2 章为单片机片内硬件结构，介绍了单片机片内资源和复位电路设计，周期及其指令等重要概念，以及两种低功耗模式。

第 3 章为单片机内部模块，介绍了中断系统及其应用，定时/计数器工作原理及其应用，串行接口工作原理及其应用。

第 4 章为单片机与常用接口设计，介绍了单片机与开关接口设计，单片机与键盘接口设计，单片机与显示接口设计。

第 5 章为单片机与 D/A、A/D 转换器接口设计，介绍了单片机与常用的 D/A 转换芯片 0832 的接口设计，单片机与常用的 A/D 转换芯片 0809 的接口设计。

第 6 章介绍了发动机电子控制系统。

第 7 章介绍了电动汽车控制系统。

第 8 章介绍了汽车显示系统。

第 9 章介绍了电池管理系统。

第 10 章介绍了 C51 程序设计。

第 11 章介绍了 Keil 和 Proteus 联合仿真。

在本书编写过程中，借鉴了部分相关教材的内容。除了本书所涉及的编写人员外，还得到了中山大学杨思敏，辽宁工业大学朱思瑶、黄兴驰的大力帮助，在此一并表示感谢。

由于编者水平有限及编写时间比较仓促，书中难免存在不妥及疏漏之处，敬请读者批评指正。

编者

目　录

第1章　绪论⋯⋯⋯⋯⋯⋯⋯⋯⋯⋯⋯⋯⋯⋯⋯⋯⋯⋯⋯⋯⋯⋯⋯⋯⋯（1）

1.1　单片机简介 ⋯⋯⋯⋯⋯⋯⋯⋯⋯⋯⋯⋯⋯⋯⋯⋯⋯⋯⋯⋯⋯⋯（1）

1.2　单片机的发展现状及趋势 ⋯⋯⋯⋯⋯⋯⋯⋯⋯⋯⋯⋯⋯⋯⋯⋯（2）

　　1.2.1　单片机的发展现状 ⋯⋯⋯⋯⋯⋯⋯⋯⋯⋯⋯⋯⋯⋯⋯⋯（2）

　　1.2.2　单片机的发展趋势 ⋯⋯⋯⋯⋯⋯⋯⋯⋯⋯⋯⋯⋯⋯⋯⋯（2）

1.3　单片机的特点 ⋯⋯⋯⋯⋯⋯⋯⋯⋯⋯⋯⋯⋯⋯⋯⋯⋯⋯⋯⋯（3）

1.4　单片机的应用领域 ⋯⋯⋯⋯⋯⋯⋯⋯⋯⋯⋯⋯⋯⋯⋯⋯⋯⋯（4）

1.5　MCS-51 系列单片机 ⋯⋯⋯⋯⋯⋯⋯⋯⋯⋯⋯⋯⋯⋯⋯⋯⋯⋯（5）

1.6　数制转换 ⋯⋯⋯⋯⋯⋯⋯⋯⋯⋯⋯⋯⋯⋯⋯⋯⋯⋯⋯⋯⋯⋯（5）

　　1.6.1　数制 ⋯⋯⋯⋯⋯⋯⋯⋯⋯⋯⋯⋯⋯⋯⋯⋯⋯⋯⋯⋯⋯（5）

　　1.6.2　数制转换 ⋯⋯⋯⋯⋯⋯⋯⋯⋯⋯⋯⋯⋯⋯⋯⋯⋯⋯⋯（6）

1.7　信息在计算机中的表示 ⋯⋯⋯⋯⋯⋯⋯⋯⋯⋯⋯⋯⋯⋯⋯⋯（7）

　　1.7.1　数在计算机中的表示 ⋯⋯⋯⋯⋯⋯⋯⋯⋯⋯⋯⋯⋯⋯（7）

　　1.7.2　字符在计算机中的表示 ⋯⋯⋯⋯⋯⋯⋯⋯⋯⋯⋯⋯⋯（8）

第2章　单片机片内硬件结构⋯⋯⋯⋯⋯⋯⋯⋯⋯⋯⋯⋯⋯⋯⋯⋯⋯（10）

2.1　单片机硬件组成 ⋯⋯⋯⋯⋯⋯⋯⋯⋯⋯⋯⋯⋯⋯⋯⋯⋯⋯⋯（10）

2.2　单片机引脚 ⋯⋯⋯⋯⋯⋯⋯⋯⋯⋯⋯⋯⋯⋯⋯⋯⋯⋯⋯⋯⋯（11）

2.3　单片机的中央处理器 ⋯⋯⋯⋯⋯⋯⋯⋯⋯⋯⋯⋯⋯⋯⋯⋯⋯（15）

　　2.3.1　运算器 ⋯⋯⋯⋯⋯⋯⋯⋯⋯⋯⋯⋯⋯⋯⋯⋯⋯⋯⋯⋯（16）

　　2.3.2　控制器 ⋯⋯⋯⋯⋯⋯⋯⋯⋯⋯⋯⋯⋯⋯⋯⋯⋯⋯⋯⋯（17）

2.4　单片机存储器 ⋯⋯⋯⋯⋯⋯⋯⋯⋯⋯⋯⋯⋯⋯⋯⋯⋯⋯⋯⋯（17）

　　2.4.1　程序存储器 ROM ⋯⋯⋯⋯⋯⋯⋯⋯⋯⋯⋯⋯⋯⋯⋯⋯（18）

　　2.4.2　数据存储器 RAM ⋯⋯⋯⋯⋯⋯⋯⋯⋯⋯⋯⋯⋯⋯⋯⋯（18）

2.5　单片机的输入/输出口 ⋯⋯⋯⋯⋯⋯⋯⋯⋯⋯⋯⋯⋯⋯⋯⋯⋯（22）

　　2.5.1　P0 口 ⋯⋯⋯⋯⋯⋯⋯⋯⋯⋯⋯⋯⋯⋯⋯⋯⋯⋯⋯⋯⋯（22）

　　2.5.2　P1 口 ⋯⋯⋯⋯⋯⋯⋯⋯⋯⋯⋯⋯⋯⋯⋯⋯⋯⋯⋯⋯⋯（23）

　　2.5.3　P2 口 ⋯⋯⋯⋯⋯⋯⋯⋯⋯⋯⋯⋯⋯⋯⋯⋯⋯⋯⋯⋯⋯（23）

　　2.5.4　P3 口 ⋯⋯⋯⋯⋯⋯⋯⋯⋯⋯⋯⋯⋯⋯⋯⋯⋯⋯⋯⋯⋯（24）

2.6　单片机的复位电路设计 ⋯⋯⋯⋯⋯⋯⋯⋯⋯⋯⋯⋯⋯⋯⋯⋯（29）

2.7　周期及指令时序 ⋯⋯⋯⋯⋯⋯⋯⋯⋯⋯⋯⋯⋯⋯⋯⋯⋯⋯⋯（30）

2.8　低功耗节电模式 ⋯⋯⋯⋯⋯⋯⋯⋯⋯⋯⋯⋯⋯⋯⋯⋯⋯⋯⋯（31）

2.8.1　空闲模式 ……………………………………………………………（32）

2.8.2　掉电模式 ……………………………………………………………（32）

第3章　单片机内部模块 ………………………………………………………（34）

3.1　中断系统 …………………………………………………………………（34）

3.1.1　中断概述 ……………………………………………………………（34）

3.1.2　8051单片机的中断源 ………………………………………………（36）

3.1.3　中断系统的结构 ……………………………………………………（36）

3.1.4　中断响应条件 ………………………………………………………（40）

3.1.5　中断的处理过程 ……………………………………………………（40）

3.1.6　中断请求的撤销 ……………………………………………………（41）

3.1.7　中断响应时间 ………………………………………………………（42）

3.1.8　中断函数 ……………………………………………………………（43）

3.1.9　中断的应用 …………………………………………………………（43）

3.2　定时/计数器 ………………………………………………………………（48）

3.2.1　定时/计数器的结构 ………………………………………………（49）

3.2.2　定时/计数器的工作方式 …………………………………………（50）

3.2.3　对外部输入计数信号的要求 ……………………………………（55）

3.2.4　定时/计数器的应用 ………………………………………………（55）

3.3　串行接口 …………………………………………………………………（69）

3.3.1　通信概述 ……………………………………………………………（69）

3.3.2　串行接口结构 ………………………………………………………（72）

3.3.3　串口工作方式 ………………………………………………………（74）

3.3.4　波特率设置方法 ……………………………………………………（78）

3.3.5　串口硬件设计 ………………………………………………………（79）

3.3.6　综合应用 ……………………………………………………………（83）

第4章　单片机与常用接口设计 ………………………………………………（93）

4.1　单片机与开关接口设计 …………………………………………………（93）

4.2　单片机与键盘接口设计 …………………………………………………（97）

4.2.1　键盘概述 ……………………………………………………………（97）

4.2.2　单片机与独立式键盘接口设计 …………………………………（99）

4.2.3　单片机与矩阵式键盘接口设计 …………………………………（105）

4.3　单片机与显示接口设计 …………………………………………………（108）

4.3.1　LED数码管工作原理 ………………………………………………（108）

4.3.2　LED数码管静态显示与动态显示 …………………………………（109）

4.3.3　单片机与LED接口设计 ……………………………………………（111）

4.3.4　LED点阵显示器 ……………………………………………………（115）

4.3.5　LCD1602 ……………………………………………………………（117）

第5章　单片机与D/A、A/D转换器接口设计 ………………………………（123）

5.1　单片机与D/A转换器接口设计 …………………………………………（123）

5.1.1　D/A转换器概述 ……………………………………………………（123）

5.1.2　D/A转换器0832 ……………………………………………………（124）

　　　5.1.3　单片机与 D/A 转换器接口设计实例 ·················· (127)

　5.2　单片机与 A/D 转换器接口设计 ······················ (133)

　　　5.2.1　A/D 转换器概述 ······························· (133)

　　　5.2.2　A/D 转换器 0809 ······························ (134)

　　　5.2.3　单片机与 A/D 转换器接口设计实例 ·················· (136)

第6章　发动机电子控制系统 ································· (144)

　6.1　概　述 ······································· (144)

　6.2　应用实例 ····································· (145)

　　　6.2.1　转速传感器应用实例 ························· (145)

　　　6.2.2　温度传感器应用实例 ························· (151)

　　　6.2.3　压力传感器应用实例 ························· (155)

第7章　电动汽车控制系统 ································· (159)

　7.1　概　述 ······································· (159)

　　　7.1.1　串联式混合动力汽车(电耦合) ················· (163)

　　　7.1.2　并联式混合动力汽车(机械耦合) ··············· (164)

　7.2　应用实例 ····································· (164)

　　　7.2.1　电流测量系统 ···························· (164)

　　　7.2.2　温度测量系统 ···························· (168)

第8章　汽车显示系统 ···································· (174)

　8.1　概　述 ······································· (174)

　8.2　应用实例 ····································· (175)

　　　8.2.1　DGUS 屏显示界面设计 ······················· (175)

　　　8.2.2　软件编写 ······························· (180)

　　　8.2.3　调试 ································· (182)

第9章　电池管理系统 ···································· (184)

　9.1　电池管理系统功能分析 ···························· (184)

　　　9.1.1　基本功能 ······························· (184)

　　　9.1.2　通信功能 ······························· (185)

　　　9.1.3　状态参数采集功能 ························· (186)

　　　9.1.4　SOC 估算功能 ··························· (187)

　　　9.1.5　故障诊断功能 ··························· (187)

　　　9.1.6　电池均衡功能 ··························· (188)

　9.2　电池管理系统架构设计分析 ························· (188)

　9.3　电池管理系统硬件设计 ···························· (189)

　　　9.3.1　从控模块硬件设计 ························· (190)

　　　9.3.2　主控模块硬件设计 ························· (190)

　9.4　电池管理系统软件设计 ···························· (194)

　　　9.4.1　软件架构 ······························· (194)

　　　9.4.2　从控模块软件设计 ························· (194)

　　　9.4.3　主控模块软件设计 ························· (195)

　　　9.4.4　上位机监控软件 ························· (195)

第 10 章　C51 程序设计 ·· (196)

　10.1　C51 基础知识 ··· (196)

　10.2　C51 数据类型 ··· (197)

　　10.2.1　C51 基本数据类型 ··· (198)

　　10.2.2　C51 扩展数据类型 ··· (200)

　10.3　C51 变量与存储类型 ·· (201)

　　10.3.1　存储种类 ·· (201)

　　10.3.2　数据类型说明符 ·· (202)

　　10.3.3　存储器类型 ·· (202)

　　10.3.4　变量名 ·· (203)

　10.4　绝对地址访问 ··· (203)

　　10.4.1　"_at_"关键字 ··· (204)

　　10.4.2　宏定义 ·· (205)

　10.5　C51 基本运算 ··· (205)

　　10.5.1　算术运算 ·· (205)

　　10.5.2　逻辑运算 ·· (206)

　　10.5.3　关系运算 ·· (207)

　　10.5.4　位运算 ·· (207)

　　10.5.5　指针和取地址运算 ·· (208)

　10.6　C51 数组 ··· (208)

　　10.6.1　一维数组 ·· (208)

　　10.6.2　二维数组 ·· (208)

　　10.6.3　字符数组 ·· (209)

　10.7　C51 分支程序结构和循环程序结构 ·································· (209)

　　10.7.1　分支程序结构 ··· (209)

　　10.7.2　循环程序结构 ··· (213)

　　10.7.3　break 和 continue 语句 ·· (217)

　10.8　C51 函数 ··· (218)

　　10.8.1　函数的分类 ·· (219)

　　10.8.2　函数的调用 ·· (221)

　　10.8.3　中断服务函数 ··· (221)

第 11 章　Keil 和 Proteus 联合仿真 ·· (223)

　11.1　Proteus 概述 ·· (223)

　11.2　Proteus ISIS 应用简介 ·· (223)

　　11.2.1　Proteus 集成环境 ··· (224)

　　11.2.2　Proteus 元器件库 ··· (225)

　　11.2.3　Proteus 原理图的绘制 ··· (226)

　11.3　Proteus 与单片机系统设计、仿真 ···································· (229)

　11.4　基于 Keil 的程序设计与编译 ··· (232)

　11.5　Proteus 与单片机联合仿真 ··· (237)

参考文献 ·· (238)

第1章
绪 论

学习目标

　Intel 公司推出的8位8051系列单片机已经成为单片机发展史的里程碑，国内外许多厂家以此为基础，推出一系列兼容机。8051系列单片机也是许多初学者首选的单片机，"麻雀虽小五脏俱全"这句话用来形容以8051为内核的单片机最合适不过。本章主要介绍单片机的基础知识，单片机的发展历史、发展趋势，MCS-51系列单片机，数制的概念，常用的几种数制及其转换。本章的学习将为读者后续学习16位、32位单片机打下基础。

1.1　单片机简介

　　单片机是把中央处理器、存储器、定时/计数器、I/O 口、串口、中断系统等模块集成在一块半导体芯片上，用于测控领域的单片微型计算机。

　　由于单片机在实际应用时，往往是针对某一系统进行的，而单片机嵌入其中并处于核心地位，因此国际上通常将其称为嵌入式微控制器（Embedded Micro Controller Unit，EM-CU）或微控制器（Micro Controller Unit，MCU）。在我国，工程技术人员通常称其为单片机。

　　单片机的发明是人类科技史上的一次重大突破，标志着人类的科技发展进入了全新的时代，也是计算机史上的一个里程碑。单片机因其体积小、功能强大而广泛应用于嵌入式控制系统中，包括智能仪表、家用电器、汽车电子控制系统、手机、机器人等产品。

　　单片机可分为通用型单片机和专用型单片机。

　　1）通用型单片机

　　通用型单片机是各个功能模块都对用户开放的单片机，根据需要，用户可以设计外围辅助电路，编写测控程序实现既定功能，满足不同测控系统需要，也就是说即使是同一型号的通用型单片机，也可以满足不同测控系统需求，形成不同的产品。本书所讲的就是通用型单片机。

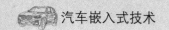

2）专用型单片机

专用型单片机是针对某些产品的特定功能而开发的，如家电中的控制器，通常单片机开发商和产品厂商合作设计专用型单片机。在专用型单片机中，厂商已经根据其应用将结构做到最简化、成本做到最低。

不管是"专用"还是"通用"的单片机，内部都是以通用型单片机为基础的。

1.2 单片机的发展现状及趋势

1.2.1 单片机的发展现状

单片机最初于 20 世纪 70 年代诞生，当时的单片机总线宽度只有 4 位，即 4 位机，而如今流行的单片机是 8 位机、16 位机和 32 位机。经过几十年的发展，随着电路集成水平的不断提高，单片机的性能逐步提高，体积逐步缩小。

1971 年，美国 Intel 公司生产第一批 4 位单片机 4004，它将微型计算机的运算部件和逻辑控制部件集成在一起，能够实现简单的功能，控制能力较弱。1974 年开始出现 8 位单片机，最具代表性的单片机有仙童 F8，该单片机只集成了一个 8 位 CPU 和 64 B（Byte，字节）的数据存储器，没有程序存储器等功能，因此要使用这款单片机来实现某些控制功能，还需要外接其他功能部件，这是单片机发展的初级阶段。

到了 1976 年，由 Intel 公司推出的 MCS-48 系列的 8 位单片机进入了大众视野，它集成了 8 位 CPU，具有 I/O 口、8 位定时/计数器。相比于以前的单片机，其体积小、功能全、价格低，这是单片机发展的低性能阶段。

单片机的高性能阶段是从 1978 年开始的，由 Intel 推出的 MCS-51 系列单片机，也是最经典的一代单片机产品。该系列单片机同样是 8 位机，配置了串口、中断系统、定时/计数器、存储器等模块，同时以对特殊功能寄存器进行集中控制的方式实现测控目的。本书讲述的就是该系列单片机。

1982 年以后，16 位单片机问世，代表性的产品有 Intel 的 MCS-96 系列的 16 位单片机。相比于 8 位单片机，该系列单片机有更强的实时处理能力，数据存储器增加到 232 B，程序存储器空间增加到 8 KB，中断源数目更多。近年来，以 ARM 系列为代表的 32 位单片机迅速兴起，功能更强，更适合于复杂的控制系统。

1.2.2 单片机的发展趋势

1. 双 CPU

为了提高数据处理速度，单片机在发展过程中不仅由 8 位机提高到了 16 位、32 位，还采用了双 CPU 结构。

2. 低功耗

单片机应用十分广泛，往往应用在需要电池供电的场合。目前生产的单片机大多为 CMOS 型，功耗小，在等待、睡眠、关闭状态下电流为微安（μA）级或纳安（nA）级。

3. 集成化

随着集成电路技术的进步，常把一些外围部件（如 A/D 转换器）集成到单片机芯片内部，省去了用户设计外围电路的工作。

4. 存储器

早期的单片机存储器空间较小，对于复杂的应用系统空间不足，往往需要外扩。目前生产的单片机，数据存储器可以做到 4 KB，程序存储器可达到 128 KB，甚至更大，完全满足用户需要。

1.3 单片机的特点

1. 存储器采用哈佛（Harvard）结构

存储器顾名思义是用来存储数据和信息的介质，可分为数据存储器和程序存储器。在通用计算机中，通常将数据存储器和程序存储器合用于一个存储器空间，称为普林斯顿结构，也称冯·诺伊曼结构。这样做的好处在于结构上简单，成本低。比如 Intel 公司的8086、ARM 公司的 ARM7、MIPS 公司的 MIPS 处理器都采用了冯·诺伊曼结构。而大多数单片机将数据和程序分别用不同的存储器存放，有各自的存储空间，用不同的寻址方式进行访问，这种结构称为哈佛结构。因为可以同时读取指令和数据，所以数据处理速度快，极大地提高了数据的吞吐率，但是结构复杂。本书介绍的 8051 系列单片机采用的是哈佛结构的存储器。

2. 分时复用引脚

引脚是单片机与外界进行信息交换的媒介，由于单片机内部集成了很多功能部件，因此需要的引脚数量较多，但受芯片制造工艺和应用场合的限制，引脚数目又不能太多。为了解决这一矛盾，一个引脚需要具有两个或两个以上功能，即分时复用。何时采用何功能需要由编程者编程来决定。

3. 采用特殊功能寄存器（SFR）对内部资源进行集中管理

单片机内部具有不同的功能模块，比如定时、计数功能，存储器功能，中断功能，串行通信功能，用户对这些功能的访问、实现是通过对相应的特殊功能寄存器进行访问来实现的，也就是编程者通过对某些特殊功能寄存器进行设置或者状态查询来满足应用的需求。

4. 外部扩展能力强

在实际应用中，由于需要实现的功能复杂、种类繁多，故当单片机不能满足实际应用需要时，可以在外部进行电路扩展。目前，单片机与单片机之间、单片机与通用计算机之间都是标准的接口，完全可以兼容。

5. 嵌入容易

单片机体积小（比如目前的单片机尺寸最小可以做到手指甲盖大小，但是内部集成了几万甚至几十万个电路）、功能强，可以很方便地嵌入控制系统中，并在其中起到核心作用。单片机发明以前，如果想要设计并制作出一套控制系统，需要大量的电子元器件组成规模庞大的数字电路、模拟电路，制造出来的控制系统体积庞大且笨重。由于线路连接多，故障率高，维修不方便，而且需要非常专业的技术人员，因此维修十分耗时耗力。单

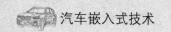

片机的发明，极大地降低了检修的难度。

1.4 单片机的应用领域

单片机因其体积小、功能强大、性价比高、易于嵌入各种测控系统中，所以在各行各业得到了广泛应用，具体体现在以下领域：

1）汽车电子控制系统

随着电子技术的进步，汽车电子产品越来越多，功能越来越强。单片机已经广泛应用于各类汽车，包括传统燃油汽车、近年来兴起的新能源汽车及无人驾驶汽车的电子产品中，比如汽车安全气囊系统、制动防抱死系统、驱动防滑控制系统、悬架控制系统、发动机燃油喷射控制系统、最佳空燃比控制系统、变速器控制系统、四轮转向控制系统、车身控制系统、空调控制系统、巡航控制系统、汽车导航系统等，随着集成度的增加，单片机也开始应用于集成控制系统。

2）智能仪表

自动化和智能化随着工业化程度的增加而增加，单片机由于体积小、集成度高、便于携带和使用，常常应用于智能仪表系统。单片机集测量、运算、处理、控制于一体，从而使得仪表向数字化、智能化、多功能化方向发展。

3）家用电器

随着单片机的普及，家用电器智能化水平不断提高，比如家用电视、洗衣机、空调、电饭煲、高压锅等电器都离不开单片机的控制。近年来，随着网络化的发展，智能家居进入普通家庭，比如我们可以通过远程控制打开或关闭家里的空调，甚至设置到希望的温度；也可以通过互联网打开或关闭家里的电饭煲，下班回到家就可以吃到可口的饭菜。

4）航空航天

中国对浩瀚宇宙的探索可以说源远流长，古代夸父逐日、嫦娥奔月、屈原《天问》，这些都寄托了古人的梦想与对太空的思考。在人类历史的长河中，每一个时期都有前人探索的足迹。"神舟"问天、"嫦娥"揽月、"北斗"指路、"祝融"探火、"羲和"逐日、"天和"遨游星辰、"悟空"和"慧眼"不断探索浩瀚宇宙的奥秘，"天宫课堂"更实现了太空与地面的实时对话，这些项目都离不开单片机的应用。

5）国防装备

国防对于一个国家至关重要，它体现了一个国家的军事实力。在现代化中，几乎所有的国防装备都有单片机的身影，比如飞机、坦克、航母、导弹、军用远程监控系统、鱼雷制导系统等。

6）分布式多机系统

在复杂的测控系统中，往往需要对多节点信息进行处理，这种情况下通常采用分布式多机系统。为了完成特定的任务，需要对每个节点建立测控系统，而它们之间需要通过通信技术相互连接、协调工作。在这种分布式多机系统中，需要多个单片机安装在各自的节点上，对现场信息进行采集以便实现控制。

1.5 MCS-51 系列单片机

MCS-51 系列单片机于 20 世纪 80 年代进入我国，并得到了广泛应用。MCS-51 系列主要包括以下类型，其中最具代表性的就是 8051。

1. 基本型单片机

基本型单片机包含了 8031、8051、8751 共 3 种型号。

2. 增强型单片机

增强型单片机包含了 8032、8052、8752 共 3 种型号。

无论是基本型还是增强型，MCS-51 系列单片机都具有相同的内核，只是内部模块稍有区别，如表 1.1 所示。

表 1.1 MCS-51 系列单片机类型

类型	型号	程序存储器 /KB	数据存储器 /B	I/O 口 /个	定时/计数器 /个	中断源 /个
基本型单片机	8031	—	128	4	2	5
	8051	4	128	4	2	5
	8751	4	128	4	2	5
增强型单片机	8032	—	256	4	3	6
	8052	8	256	4	3	6
	8752	8	256	4	3	6

目前有些公司在 8051 单片机的基础上进行了改进，应用较广的有美国 Atmel 公司的 AT89S51（见图 1.1）、AT89S52，Intel 公司的 80C51。

图 1.1 AT89S51 实物图

1.6 数制转换

1.6.1 数制

数制是用数码符号来表示数值的方法。常用的数制有十进制、八进制、二进制和十六进制，通常，可以用数字后加一个特定的英文字母来表示该数的数制。十进制数用 D（Decimal）、二进制数用 B（Binary）、八进制数用 O（Octal）、十六进制数用 H（Hexadecimal）表示，如 245D、11011100B、256O、A6FH。通常情况下，十进制数可以省去后面的字母 D，如 25 表示十进制数 25。各数制的基数和数码如表 1.2 所示。

表 1.2　各数制的基数及数码

数制	基数	数码
二进制数	2	0, 1
八进制数	8	0, 1, 2, 3, 4, 5, 6, 7
十进制数	10	0, 1, 2, 3, 4, 5, 6, 7, 8, 9
十六进制数	16	0, 1, 2, 3, 4, 5, 6, 7, 8, 9, A, B, C, D, E, F

计算机中数、字符是以二进制形式存放、运算的。

1.6.2　数制转换

1. 十进制与其他进制转换

1）十进制与二进制

十进制数转换为其他进制数是除以基数取余。首先将十进制数除以基数 2，得到商和余数，此时的余数对应二进制数的最低位，将所得到的商再除以基数 2，得到商和余数，依此类推，直到商等于 0 为止，最后得到的余数对应二进制数的最高位。

例如：117D＝1110101B，计算过程如表 1.3 所示。

表 1.3　计算过程（十进制转二进制）

商	余数	对应二进制
117/2＝58	余数 1	D0（最低位）
58/2＝29	余数 0	D1
29/2＝14	余数 1	D2
14/2＝7	余数 0	D3
7/2＝3	余数 1	D4
3/2＝1	余数 1	D5
1/2＝0	余数 1	D6（最高位）

二进制数转换为十进制数是乘以 2 的对应次幂，如任意一个二进制数 $(N)_2 = b_m b_{m-1} \cdots b_0 b_{-1} b_{-2} \cdots b_{-n}$ 转换为十进制数可以表示为

$$(N)_2 = b_m \times 2^m + b_{m-1} \times 2^{m-1} + \cdots + b_0 \times 2^0 + b_{-1} \times 2^{-1} + b_{-2} \times 2^{-2} + \cdots + b_{-n} \times 2^{-n}$$

例如：$(110101)_2 = 1 \times 2^5 + 1 \times 2^4 + 0 \times 2^3 + 1 \times 2^2 + 0 \times 2^1 + 1 \times 2^0 = 53$。

2）十进制与十六进制

十进制转换为十六进制与十进制转换为二进制类似，即将十进制数除以基数 16 取余数。

例如：656D＝290H，计算过程如表 1.4 所示。

表1.4 计算过程（十进制转十六进制）

商	余数	对应二进制
656/16 = 41	余数 0	D0（最低位）
41/16 = 2	余数 9	D1
2/16 = 0	余数 2	D2（最高位）

十六进制数转换为十进制数与二进制数转换为十进制数类似，乘以基数16对应的次幂，如：任意一个十六进制数 $(N)_{16} = h_m h_{m-1} \cdots h_0 h_{-1} h_{-2} \cdots h_{-n}$ 可以表示为

$$(N)_{16} = h_m \times 16^m + h_{m-1} \times 16^{m-1} + \cdots + h_0 \times 16^0 + h_{-1} \times 16^{-1} + h_{-2} \times 16^{-2} + \cdots + h_{-n} \times 16^{-n}$$

例如：$(2BE)_{16} = 2 \times 16^2 + 11 \times 16^1 + 14 \times 16^0 = (702)_{10}$。

2. 二进制与十六进制转换

4 位二进制数可以表示 1 位十六进制数，因此从右向左，每4位为一组用1位十六进制数表示（不足4位前面补0）。将4位一组的二进制数转换为十进制数后替换为对应的十六进制的数码即可，例如：

$$1\ 0010\ 1100B = 12CH$$

十六进制数转换为二进制数，将十六进制数各位的数码转换为十进制数后，再通过除以2取余的方式得到4位一组的二进制数，并按十六进制数的位顺序排列即可（最高位的0可省略），例如：

$$12CH = 0001\ 0010\ 1100B$$

1.7 信息在计算机中的表示

1.7.1 数在计算机中的表示

我们接触的数有正数、负数和零，因此需要将这些数在计算机中表示出来。将计算机中的数分成无符号数和有符号数。无符号数没有正负号，默认为正数，因此表示时简单，直接以该数的二进制形式表示。比如机器字长为8位，十进制数154在计算机中表示成1001 1010B。对于无符号数，最小数值为0000 0000B，对应十进制数0；最大数值为1111 1111B，对应十进制数为255。一个8位二进制数可以表示十进制的范围为0～255。8位二进制数每位可以有0、1两种可能，一共有 2^8 个数，即256个数。对于一个 n 位二进制数，可以表示无符号数的范围为 $0 \sim 2^n - 1$。

对于有符号数，可以表示正数、零、负数，由于计算机中不能识别正负号，只能识别0、1，因此计算机中必须把正、负号数字化，这样才能被计算机识别。计算机表示有符号数的方法如图1.2所示。最高位D7作为符号位，0表示正数，1表示负数，D0～D6位表示数的大小，这种带有符号位+数值大小的表示的数，称为机器数。对于一个 n 位二进制数，可以表示有符号数的范围为 $-2^{n-1} \sim +(2^{n-1}-1)$。

机器数在计算机中有3种表示方法：原码、反码和补码，有兴趣的读者可以查阅相关书籍。

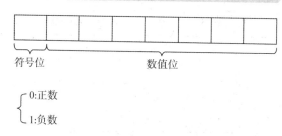

图 1.2　计算机表示有符号数的方法

1.7.2　字符在计算机中的表示

计算机除了处理数值外，还涉及大量的字符信息。字符信息包括字母、数字、专用字符和一些控制字符。而计算机只能识别二进制数 0、1，因此必须将这些字符用二进制编码表示出来。目前计算机中字符信息的编码通常采用美国信息交换标准代码（American Standard Code for Information Interchange，ASCII）。基本 ASCII 码包括 26 个大写字母、26 个小写字母、0~9 共 10 个数字符号、一些专用字符（如"%""!"）及控制符号（如"换行""回车"），一共定义了 128 个基本 ASCII 码标准。128 个基本 ASCII 码用二进制数值表示，用 7 位二进制数值组合可以表示 128 个数，通常一个字节用 8 位二进制数表示，因此一个字节的低 7 位通常放常用的字符 ASCII 码，最高位用 0 补。常用的字符 ASCII 码表如表 1.5 所示，ASCII 码用十六进制表示。

表 1.5　常用的字符 ASCII 码表

字符	ASCII 码	字符	ASCII 码	字符	ASCII 码	字符	ASCII 码	字符	ASCII 码
NUL	00	.	2F	C	43	W	57	k	6B
BEL	07	0	30	D	44	X	58	l	6C
LF	0A	1	31	E	45	Y	59	m	6D
FF	0C	2	32	F	46	Z	5A	n	6E
CR	0D	3	33	G	47	[	5B	o	6F
SP	20	4	34	H	48	\	5C	p	70
!	21	5	35	I	49	]	5D	q	71
"	22	6	36	J	4A	↑	5E	r	72
#	23	7	37	K	4B	,	5F	s	73
$	24	8	38	L	4C	←	60	t	74
%	25	9	39	M	4D	a	61	u	75
&	26	:	3A	N	4E	b	62	v	76
'	27	;	3B	O	4F	c	63	w	77
(	28	<	3C	P	50	d	64	x	78
)	29	=	3D	Q	51	e	65	y	79
*	2A	>	3E	R	52	f	66	z	7A
+	2B	?	3F	S	53	g	67	|	7B

字符	ASCII 码	字符	ASCII 码	字符	ASCII 码	字符	ASCII 码	字符	ASCII 码
,	2C	@	40	T	54	h	68	|	7C
-1	2D	A	41	U	55	i	69	}	7D
/	2E	B	42	V	56	j	6A	~	7E

习　题

1. 什么是单片机？

2. MCS-51 系列单片机的基本型和增强型分别有哪几种？它们之间有什么区别？

3. 简述单片机的发展史。

4. 简述单片机的特点。

5. 单片机有哪些应用领域？

6. 写出下列字符在计算机内部的表示形式。

（1）C　（2）c　（3）%　（4）7E　（5）Acmf8

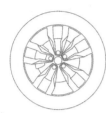

第2章
单片机片内硬件结构

学习目标

本章介绍8051单片机内部硬件结构，包括硬件组成、引脚功能、中央处理器、数据存储器、程序存储器、特殊功能寄存器、并行I/O口结构、复位电路设计、时钟电路及时序。通过本章的学习，读者应了解并行I/O口结构，掌握8051单片机硬件组成、引脚功能、数据存储器、程序存储器功能及结构，重点掌握8051单片机复位电路及时钟周期、状态、机器周期之间的关系。

单片机与人一样，有"思考的大脑"——程序存储器，有存储记忆的装置——数据存储器，有像人一样执行动作的"手、脚"——I/O口。因此在学习单片机过程中，要将"单片机"看成活生生的人，将单片机测控系统设计得更加"聪明"。

应用单片机解决实际问题，实际是基于硬件电路编写程序，控制单片机输入/输出口电平状态，达到解决问题的目的，首先需要知道8051单片机的硬件组成、结构特点，本章介绍单片机的片内硬件结构。

2.1 单片机硬件组成

8051内部硬件如图2.1所示，主要包含：中央处理器（CPU）、程序存储器（ROM）、数据存储器（RAM）、并行接口、串行接口、定时/计数器、中断系统以及内部总线，各部分通过内部总线相互交换信息，图2.1中箭头表示数据的传送方向。8051结构模式是以CPU为核心加上各个功能模块，通过对特殊功能寄存器（Special Function Register，SFR）的集中控制达到控制目的。

8051具有以下特点：

（1）8位CPU；

（2）128 B的RAM；

（3）4 KB的Flash ROM；

（4）4个8位并行I/O口（P0～P3）；

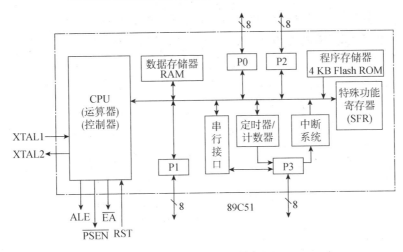

图 2.1 8051 内部结构框图

（5）1 个全双工的异步串行接口；

（6）2 个可编程的定时/计数器（T0、T1）；

（7）5 个中断源，分别对应 2 个外部中断（外部中断 0、外部中断 1）、2 个定时/计数器中断（T0、T1）、1 个串口中断；2 个中断优先级（高优先级中断、低优先级中断）。

下面对片内各主要部件功能进行简单介绍。

中央处理器（CPU）：8051 CPU 为 8 位，由运算器和控制器组成，用于产生控制信号，完成数据传输和数据的算术逻辑运算，是单片机的核心部件。

程序存储器（ROM）：8051 ROM 为 4 KB，用来存放用户编写的程序和表格等常数。

数据存储器（RAM）：8051 RAM 为 128 B，用来存放可以读写的数据。

并行接口：即并行输入（Input）/输出（Output）接口，也称为并行 I/O 口，简称并口，是单片机与外部设备进行信息交换的桥梁，1 个 I/O 口有 8 位，每位都可以传输 1 位二进制数（0 或者 1）。例如，单片机可以通过 1 个并行接口接收来自外部的 8 位二进制信息，也可以通过并行接口对外传输数据或者输出控制信号。8051 有 P0、P1、P2、P3 4 个 I/O 口，最多可同时传输 4×8 = 32 位二进制信息。

串行接口：与并行接口对应的是串行接口，即串行输入（Input）/输出（Output）接口，简称串口。8051 单片机有 1 个串行发送口（TXD，对应 P3.1 引脚）、1 个串行接收口（RXD，对应 P3.0 引脚），一共占用 2 位 I/O 口线，每位 I/O 口线只能发送/接收 1 位二进制信息。相比并行接口，串行接口传输数据较慢。由于只有 2 条传输线，因此硬件简单。

定时/计数器：该模块有 2 个功能，分别是定时功能和计数功能。到底实现哪个功能，由编程者通过设置寄存器来选择，8051 单片机有 2 个定时/计数器 T0、T1。

中断系统：在实际应用中，有些是需要紧急处理的事件，需要单片机暂停正在进行的"工作"去处理，中断系统可以有效解决这类问题。

时钟电路：用来向 CPU 提供工作的节拍，单片机是在时钟电路的控制下完成工作的。

2.2 单片机引脚

引脚是单片机与外界进行信息交流的桥梁，因此熟练掌握各个引脚的功能至关重要。

不同的封装形式引脚数目不同，双列直插式封装有 40 根引脚，PLCC 和 TQFP 封装有 44 根引脚。应用最多的是 40 根引脚的 DIP 封装，如图 2.2 所示。引脚序号从左上角开始，逆时针依次增大。

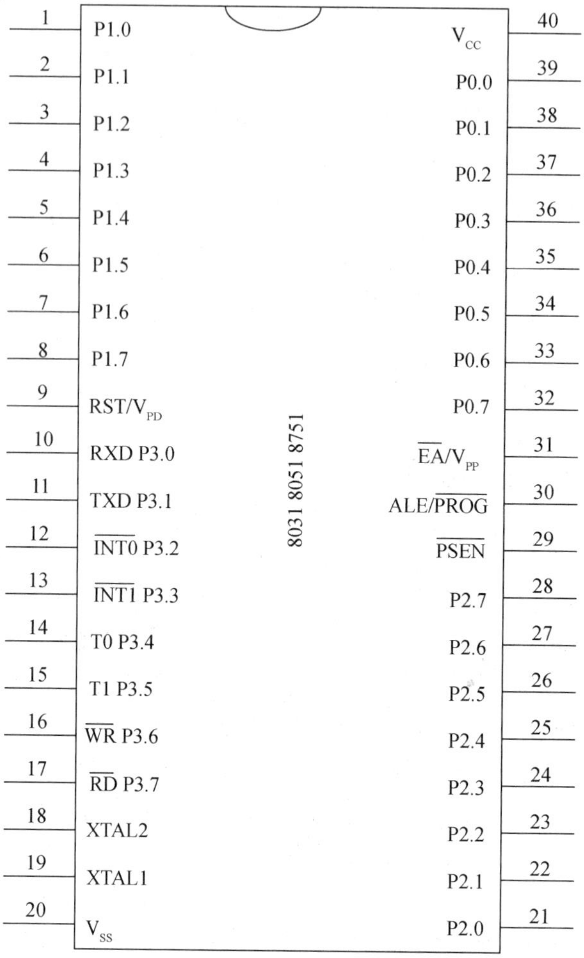

左列		右列	
1	P1.0	V_{CC}	40
2	P1.1	P0.0	39
3	P1.2	P0.1	38
4	P1.3	P0.2	37
5	P1.4	P0.3	36
6	P1.5	P0.4	35
7	P1.6	P0.5	34
8	P1.7	P0.6	33
9	RST/V_{PD}	P0.7	32
10	RXD P3.0	$\overline{EA}/V_{PP}$	31
11	TXD P3.1	ALE/$\overline{PROG}$	30
12	$\overline{INT0}$ P3.2	$\overline{PSEN}$	29
13	$\overline{INT1}$ P3.3	P2.7	28
14	T0 P3.4	P2.6	27
15	T1 P3.5	P2.5	26
16	$\overline{WR}$ P3.6	P2.4	25
17	$\overline{RD}$ P3.7	P2.3	24
18	XTAL2	P2.2	23
19	XTAL1	P2.1	22
20	V_{SS}	P2.0	21

中间标注：8031 8051 8751

图 2.2 MSC-51 系列单片机的 40 个引脚

8051 单片机引脚按功能可以分为以下 4 类。

1. 电源引脚

电源引脚有 2 根，V_{CC}（40 脚）和 V_{SS}（20 脚），为单片机提供工作电压，一般工作电压为 5 V，在实际中 V_{CC} 接+5 V，V_{SS} 接地（0 V）。

2. 时钟引脚

时钟引脚有 2 根，XTAL1（19 脚）和 XTAL2（18 脚），通过内部时钟电路或外部时钟源为单片机提供工作的节拍。

单片机是数字芯片，只能处理数字信号。其内部由成百上千甚至上万个数字电路组成，这些电路需要时钟信号控制才能有序地工作，8051 单片机 XTAL1 和 XTAL2 2 个引脚内接时钟振荡器或外接时钟信号供给内部电路使用。

XTAL1（19 脚）：8051 单片机内部振荡反向放大器和外部时钟电路输入端。当单片机使用内部时钟时，该引脚接石英晶体和微调电容；当使用外部时钟时，该引脚接外部时钟振荡器。

XTAL2（18 脚）：单片机内部振荡器反向放大器输出端。当使用内部时钟时，该引脚接石英晶体和微调电容；当使用外部时钟时，该引脚不接，悬空。典型的 8051 单片机内部时钟电路如图 2.3 所示，外部时钟电路如图 2.4 所示。

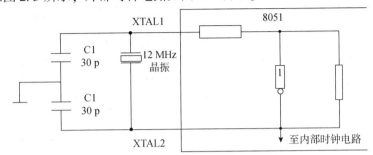

图 2.3　8051 单片机内部时钟电路

图 2.4　8051 单片机外部时钟电路

3. 控制引脚

8051 单片机有 4 根控制引脚，分别为：RST/V_{PD}（9 脚）、$\overline{PSEN}$（29 脚）、ALE/$\overline{PROG}$（30 脚）、$\overline{EA}$/V_{PP}（31 脚）。

1）RST/V_{PD}

该引脚为单片机复位引脚或掉电保护端。RST 为复位引脚时，输入高电平有效，当加在该引脚上的高电平至少维持 24 个时钟周期（2 个机器周期）即可实现可靠复位，正常工作时，该引脚电平应在 0.5 V 以内。如果加在单片机上的电源信号发生故障，或者降低到规定值以下，为保证 RAM 的数据不丢失，该引脚可接备用电源，V_{PD} 为备用电源。

2）$\overline{PSEN}$

片外 ROM 读选通引脚，低电平有效。若读取外部 ROM 程序，则该引脚必须为低电平。外扩 ROM 时该引脚与外扩 ROM 芯片的 OE（使能）引脚相连。早期生产的单片机，内部 ROM 空间有限，当执行复杂程序时需要外扩 ROM，现在生产的单片机内部的 ROM 空间已经足够使用，因此不必外扩 ROM。

3）ALE/$\overline{PROG}$

该引脚有 2 个功能，第一个功能为 ALE，即地址锁存使能，用来输出信号。当访问外部存储器时，P0 口既需要输出地址信号，又需要输出数据信号，为了实现地址与数据信号的分离，通常单片机用 ALE 先将 P0 口输出的地址信号锁存，然后 P0 口输出 8 位数据。

单片机正常工作时，该引脚以 1/6 振荡器频率输出正脉冲信号。需要注意每当单片机访问外部 RAM 或者 I/O 时，都会跳过 1 个 ALE 脉冲。

第二个功能是 $\overline{PROG}$，输入信号，当对片内 Flash 编程时，用于编程的脉冲输入端。

4）$\overline{EA}/V_{PP}$

该引脚有 2 个功能。第一个功能为 $\overline{EA}$，即外部程序存储器访问允许控制端。

当 $\overline{EA}=1$ 时，"先片内再片外"，即当 PC 值不超过 4 KB ROM 范围时（因为 8051 单片机片内程序存储器最大范围为 4 KB），单片机读取片内 ROM 的内容；当 PC 值超过 4 KB ROM 范围时，单片机将自动读取片外 ROM 的内容。

当 $\overline{EA}=0$ 时，"片外"，即单片机将不再读取片内程序存储器程序，只读取外部程序存储器的内容。

该引脚第二个功能为 V_{PP}，当对片内 Flash 编程时，V_{PP} 用于提供 12 V 编程电源。

4. I/O 口

8051 单片机有 4 个并行 I/O 口，分别是 P0、P1、P2 和 P3 口，每个并口有 8 位，用于传送数据、控制信号或者地址。当作为输入口时，可以用于检测外部设备的状态；当作为输出口时，可以写入低电平或者高电平控制外部设备。

（1）P0 口：P0.0 ~ P0.7，对应 39 ~ 32 脚，P0 口有 2 个功能，第一个功能是当 CPU 访问外部存储器时，可以分时提供低 8 位地址和 8 位数据；第二个功能是作为普通 I/O 口。

（2）P1 口：P1.0 ~ P1.7，对应 1 ~ 8 脚，为普通 I/O 口，用于传送输入/输出数据。

（3）P2 口：P2.0 ~ P2.7，对应 21 ~ 28 脚。P2 有 2 个功能，第一个功能是当对外部存储器进行读写操作时，P2 口作为高 8 位输出地址传输线；第二个功能是作为普通 I/O 口。

（4）P3 口：P3.0 ~ P3.7，对应 10 ~ 17 脚。P3 口第一个功能作为普通 I/O 口；P3 口的第二个功能如表 2.1 所示。在应用单片机解决实际问题时，应用 P3 口的第二功能较多。

表 2.1　P3 口第二功能

引脚名称	第二功能符号	说明
P3.0	RXD	串行通信接收
P3.1	TXD	串行通信发送
P3.2	$\overline{INT0}$	外部中断 0 输入
P3.3	$\overline{INT1}$	外部中断 1 输入
P3.4	T0	定时/计数器 0 作计数器使用时，该引脚为外部计数输入
P3.5	T1	定时/计数器 1 作计数器使用时，该引脚为外部计数输入
P3.6	$\overline{WR}$	外部 RAM 写选通控制
P3.7	$\overline{RD}$	外部 RAM 读选通控制

8051 单片机 40 个引脚除了电源引脚、时钟引脚和复位引脚外，其余引脚是为了用户而使用的 I/O 引脚和实现系统扩展总线控制引脚，其中为实现系统扩展总线从功能上分可以分为三总线结构，8051 单片机总线结构图如图 2.5 所示。

（1）地址总线（Address Bus，AB）：8051 单片机地址总线一共有 16 位，由 P0 口（A0 ~ A7）和 P2 口（A8 ~ A15）构成，每位总线有两种状态，分别是 0 或者 1，因此

8051 单片机对外可访问的地址范围是 $0 \sim 2^{16}-1$，即 64 KB。

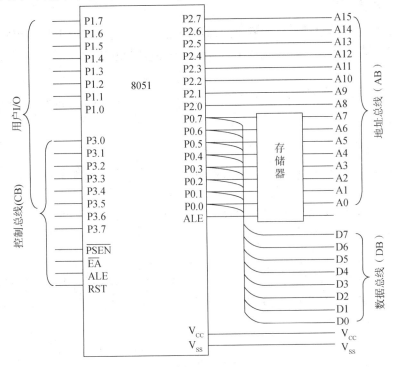

图 2.5 8051 单片机总线结构图

（2）数据总线（Data Bus，DB）：8051 单片机数据总线的宽度为 8 位，由 P0 口提供。

（3）控制总线（Control Bus，CB）：8051 单片机控制总线共由 2 部分组成，分别是 P3 口的第二功能及 RST、$\overline{\text{EA}}$、$\overline{\text{PSEN}}$ 和 ALE 4 个引脚。

2.3 单片机的中央处理器

中央处理器（简称 CPU）主要负责控制、指挥和调度整个系统协调工作，完成运算、控制、输入、输出等操作。CPU 设置了一些工作寄存器，来暂存数据或状态，CPU 由运算器和控制器构成，其组成框图如图 2.6 所示。运算器包括累加器、算术逻辑单元、程序状态字寄存器及其他寄存器；控制器包括程序计数器、指令寄存器、指令译码器及其他寄存器。

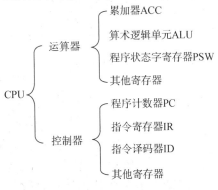

图 2.6 CPU 组成框图

2.3.1 运算器

运算器主要对操作数进行算术逻辑运算和位运算，存储运算结果并做相应标记。它包括累加器、算术逻辑单元、程序状态字寄存器、暂存器及 B 寄存器等。

1. 累加器

累加器（ACC）是 CPU 中使用最频繁的寄存器。它除了提供运算的操作数外，还用来存放运算结果。

2. 算术逻辑单元

算术逻辑单元（ALU）用来完成二进制数的加、减、乘、除和布尔代数运算，运算结果直接影响 PSW 状态。ALU 只能进行运算，不能寄存数据，数据事先应放到累加器或其他寄存器中。运算时，数据先传送到暂存器 1 和 2 中，再送 ALU 运算，结果由内部总线送回累加器或其他寄存器中。

3. 程序状态字寄存器

程序状态字寄存器（PSW）是一个 8 位特殊寄存器，用来保存各种运算结果的状态信息供查询，在程序运行过程中有时需要查询该寄存器中某些位的状态。PSW 中各标志位如图 2.7 所示。

PSW	D7	D6	D5	D4	D3	D2	D1	D0	D0H
	Cy	Ac	F0	RS1	RS0	OV	–	P	

图 2.7　PSW 中各标志位

（1）Cy（PSW.7）：进位标志位，当进行算术运算，最高位有进位或者借位时，硬件自动将此位置 1，否则清零。

（2）Ac（PSW.6）：辅助进位标志位，当进行算术运算，低 4 位向高 4 位有进位或借位时，硬件自动将此位置 1，否则清零。

（3）F0（PSW.5）：供用户使用的状态标志位。用户根据需要可以编程将该位置位或者清零。

（4）RS1、RS0（PSW.4、PSW.3）：工作寄存器组选择位，片内 RAM 有 4 组工作寄存器，选择哪组工作寄存器由 RS1、RS0 组合决定，用户可以通过编程决定这 2 位状态。其对应关系如表 2.2 所示。

表 2.2　寄存器选择对应关系

RS1	RS0	工作寄存器组	RAM 中地址范围
0	0	0 区	00H ~ 07H
0	1	1 区	08H ~ 0FH
1	0	2 区	10H ~ 17H
1	1	3 区	18H ~ 1FH

（5）OV（PSW.2）：溢出标志位，当进行加、减运算，有符号 8 位二进制数进行算术运算时，结果超出范围，OV 置 1，表示计算结果错误，否则为 0，表示计算结果正确。

当进行 8 位无符号数乘法运算时，若乘积超出无符号数范围（255），则 OV 置 1，此时运算结果高 8 位存于 B 寄存器中，低 8 位存于 ACC 中；若乘积未超出无符号范围，则

OV 位为 0，此时乘积只放在 ACC 中。

当进行无符号除法运算时，若除数为 0，则 OV 置 1，表示运算错误，不能进行；否则 OV 位为 0，表示除法可以正常计算。

（6）PSW.1 位：未用。

（7）P（PSW.0）：奇偶标志位，表示运算结果中含有 "1" 个数的奇偶性。若 P=1，表示运算结果 "1" 的个数为奇数；若 P=0，表示 "1" 的个数为偶数。

4. 暂存器

暂存器（TMP）用来暂存由数据总线或通用寄存器送来的操作数。

5. B 寄存器

B 寄存器在进行乘法运算时，存放乘数，运算后存放高 8 位；进行除法运算时，存放除数。ACC 和 B 寄存器既提供操作数又存放运算结果。

2.3.2 控制器

控制器是单片机的主要控制部件，主要负责识别程序指令，并根据指令控制单片机各部件协调工作。

1. 程序计数器

程序计数器（PC）是最基本的寄存器，是一个 16 位计数器，其宽度决定访问 ROM 的范围，因此 8051 单片机可以对 2^{16} B（64 KB）进行寻址。值得注意的是用户不能对 PC 进行读写，复位时 PC 值为 0000H，即 CPU 从 ROM 0000H 开始读取指令，CPU 每读取一条指令后 PC 内容自动加 1。

当 CPU 执行指令时，根据 PC 中存放的地址，从 ROM 中取出要执行的指令代码，经指令译码器后由微操作控制电路发出控制信号，并由各功能部件执行完相应的指令操作后，PC 自动加 1 指向下一条指令在内存中的地址，为读取程序的下一条指令做准备。

当执行转移指令、调用子程序、响应中断时，PC 不再加 1，而是由执行的指令自动将 PC 值更改为所要转移的目的地址。这样，PC 不断自动形成下一条指令地址，顺序存放在 ROM 中的程序就被一条条地执行，直到执行完程序。

2. 指令寄存器、指令译码器和各种时序控制电路

单片机执行程序过程就是读取程序指令和执行指令的过程。单片机首先读取指令，然后依次将指令送入指令寄存器、指令译码器，由指令译码器完成指令译码工作。时序控制电路根据指令译码器结果自动产生控制信号，控制单片机各个部件按照一定的顺序协调工作。

2.4 单片机存储器

存储器指能与 CPU 直接进行数据交换的半导体器件，按读、写功能分为随机读/写存储器 RAM 和只读存储器 ROM。RAM 在断电后原来的信息全部丢失。ROM 只能读出信息，不能写入，断电后信息不丢失，因此它主要用来存放固定不变的程序和数据。

单片机有两类存储器，一类是程序存储器 ROM，另一类是数据存储器 RAM。8051 单片机采用的是 ROM 和 RAM 各自独立的哈佛结构。存储器的基本单位是字节（B）。

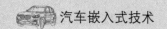

2.4.1　程序存储器 ROM

8051 片内 ROM 为 4 KB，存储器空间从物理存储介质上来分，分为片内 ROM 和片外 ROM，其结构如图 2.8 所示。当 $\overline{EA}$ 引脚为低电平时，单片机只读取片外 ROM 内容；当 $\overline{EA}$ 引脚为高电平时，先读取片内 ROM 内容，再读取片外 ROM 内容。8051 片内有 4 KB ROM（地址空间为 0000H ~ 0FFFH），用于存放程序和相关数据常数。在实际应用中如果程序小于 4 KB，则 8051 单片机片内 ROM 空间即可满足要求；实际应用中如果程序大于 4 KB，则 8051 单片机片内 ROM 空间不能满足要求，需要外扩 ROM，但是最多只能外扩 64 KB（因为单片机地址总线宽度为 16 位）。因此 8051 单片机程序存储器可以采用片内、片外、片内加片外的形式，根据具体情况而定。

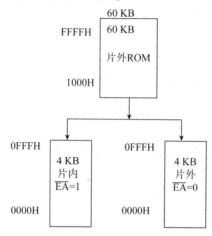

图 2.8　8051 单片机 ROM 结构

此外，一般情况下，8051 单片机 ROM 开始某段区域（0000H ~ 002AH）不能使用。该区域被预留存放 5 个中断源的中断服务程序，如表 2.3 所示。

表 2.3　8051 单片机 5 个中断源对应的入口地址

中断源	入口地址
外部中断 0	0003H
T0	000BH
外部中断 1	0013H
T1	001BH
串口	0023H

2.4.2　数据存储器 RAM

RAM 主要用来存放数据、运算的中间结果，物理逻辑上分为片内和片外两个空间。8051 片内 RAM 空间是 128 B，片外最大可扩展到 64 KB。

8051 的片外 RAM 与片内 RAM 是分开编址的，片外地址范围为 0000H ~ FFFFH（64 KB），片内地址范围为 00H ~ 7FH（128 B）。

1. 片内数据存储器

8051 单片机片内 RAM 结构如图 2.9 所示，片内 SFR 分布在 80H ~ FFH。

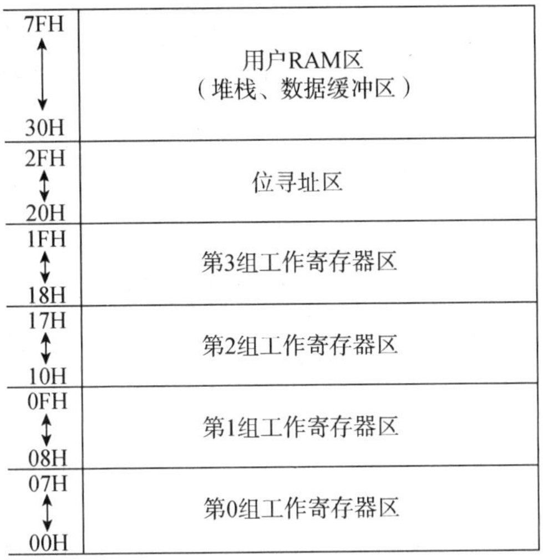

7FH ↕ 30H	用户RAM区 （堆栈、数据缓冲区）
2FH ↕ 20H	位寻址区
1FH ↕ 18H	第3组工作寄存器区
17H ↕ 10H	第2组工作寄存器区
0FH ↕ 08H	第1组工作寄存器区
07H ↕ 00H	第0组工作寄存器区

图 2.9　8051 单片机片内 RAM 结构

片内 RAM 主要分为以下 4 部分：

1）工作寄存器区

地址范围 00H ~ 1FH，分为 4 组，每组对应 8 个工作寄存器 R0 ~ R7。任一时刻，CPU 只能使用其中一组寄存器，称为当前通用寄存器组，由 PSW 中 RS1、RS0 位的组合状态来确定，如表 2.2 所示。通用寄存器为 CPU 提供了就近存取数据的便利，提高了工作效率。

2）位寻址区

地址范围 20H ~ 2FH，每一位都分配一个位地址。位寻址区既可按字节操作，也可按位操作，字节地址与位地址的对应关系如表 2.4 所示。

3）用户 RAM 区

地址范围为 30H ~ 7FH，用来存放数据。此区域用户可以按字节寻址，用户堆栈一般设在这个区间。

4）特殊功能寄存器区（SFR）

地址范围为 80H ~ FFH，共 128 字节，分布着 21 个 SFR，如表 2.5 所示。SFR 用于控制、管理单片机内部主要部件，比如 TCON 寄存器用于控制定时/计数器的开始、停止，TMOD 用于设置定时/计数器功能、工作方式，TH0、TL0 用于存放定时/计数器计数初值。在表 2.5 中，凡是可以进行位寻址的 SFR，其字节地址的末位都为 0H 或者 8H。

表 2.4　字节地址与位地址的对应关系

字节 地址	位地址							
	D7	D6	D5	D4	D3	D2	D1	D0
2FH	7FH	7EH	7DH	7CH	7BH	7AH	79H	78H
2EH	77H	76H	75H	74H	73H	72H	71H	70H
2DH	6FH	6EH	6DH	6CH	6BH	6AH	69H	68H
2CH	67H	66H	65H	64H	63H	62H	61H	60H

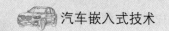

续表

字节地址	位地址							
	D7	D6	D5	D4	D3	D2	D1	D0
2BH	5FH	5EH	5DH	5CH	5BH	5AH	59H	58H
2AH	57H	56H	55H	54H	53H	52H	51H	50H
29H	4FH	4EH	4DH	4CH	4BH	4AH	49H	48H
28H	47H	46H	45H	44H	43H	42H	41H	40H
27H	3FH	3EH	3DH	3CH	3BH	3AH	39H	38H
26H	37H	36H	35H	34H	33H	32H	31H	30H
25H	2FH	2EH	2DH	2CH	2BH	2AH	29H	28H
24H	27H	26H	25H	24H	23H	22H	21H	20H
23H	1FH	1EH	1DH	1CH	1BH	1AH	19H	18H
22H	17H	16H	15H	14H	13H	12H	11H	10H
21H	0FH	0EH	0DH	0CH	0BH	0AH	09H	08H
20H	07H	06H	05H	04H	03H	02H	01H	00H

（1）堆栈指针 SP。

SP 是在片内 RAM 中数据按先进后出原则形成的一个存储区域，SP 存放的是当前堆栈栈顶所对应的存储单元地址。系统复位后 SP 值为 07H，可以通过程序对 SP 内容重新定义，但堆栈的深度不应超过片内 RAM 区空间。

堆栈的主要功用是保护断点和保护现场。

保护断点。单片机执行主程序，当执行到子程序或中断服务程序时，主程序会被"打断"，"打断"的点称为断点，此时单片机会暂停运行主程序，转而去执行子程序或中断服务程序，执行完后，再返回主程序继续执行程序。因此应预先把断点在堆栈中保护起来，为正确返回主程序做准备。

保护现场。单片机无论是执行中断服务程序还是子程序，最终都要返回主程序，在转去执行中断服务程序或子程序时，可能要用到某些寄存器，这就会破坏这些寄存器原有的内容，因此需把这些寄存器的内容保护起来，送入堆栈，即保护现场。

表 2.5　SFR 名称及其地址

特殊功能寄存器符号	名称	字节地址	位地址
B	B 寄存器	F0H	F7H ~ F0H
A（或 Acc）	累加器	E0H	E7H ~ E0H
PSW	程序状态字	D0H	D7H ~ D0H
IP	中断优先级控制	B8H	BFH ~ B8H
P3	P3 口	B0H	B7H ~ B0H
IE	中断允许控制	A8H	AFH ~ A8H
P2	P2 口	A0H	A7H ~ A0H

续表

特殊功能寄存器符号	名称	字节地址	位地址
SBUF	串行数据缓冲器	99H	
SCON	串行控制	98H	9FH ~ 98H
P1	P1 口	90H	97H ~ 90H
TH1	定时/计数器 1（高字节）	8DH	
TH0	定时/计数器 0（高字节）	8CH	
TL1	定时/计数器 1（低字节）	8BH	
TL0	定时/计数器 0（低字节）	8AH	
TMOD	定时/计数器方式控制	89H	
TCON	定时/计数器控制	88H	8FH ~ 88H
PCON	电源控制	87H	
DPH	数据指针高字节	83H	
DPL	数据指针低字节	82H	
SP	堆栈指针	81H	
P0	P0 口	80H	87H ~ 80H

　　堆栈指针 SP 为 8 位寄存器，用于指示栈顶单元地址。堆栈是只允许在其一端进行数据删除、插入操作的线性表。数据写入堆栈叫入栈（PUSH），数据读出堆栈叫出栈（POP）。堆栈的最大特点是"先进后出""后进先出"。

　　SP 特点：具有自动加 1、减 1 功能，始终指向栈顶地址。单片机堆栈有向下生长型堆栈、向上生长型堆栈两种，分别如图 2.10 和图 2.11 所示。

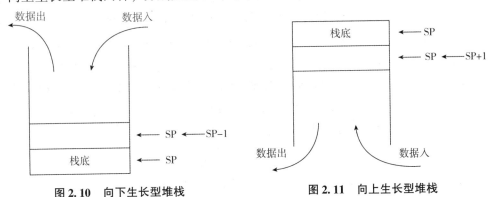

图 2.10　向下生长型堆栈　　　　　图 2.11　向上生长型堆栈

　　8051 单片机堆栈属于向上生长型，堆栈基本操作有：①进栈：使 SP 的内容增 1 后进行数据压入操作；②出栈：先把栈顶的数据弹出，然后使 SP 的内容减 1（先进后出，后进先出）。

　　例如（SP）= 42H，当执行一条子程序或者中断服务程序后，PC 内容（即此时是断点地址）进栈，SP 是 8 位的，PC 是 16 位的，因此需要先将 PC 低 8 位 PCL 的内容压入 43H，PC 高 8 位 PCH 的内容压入 44H，此时（SP）= 44H。

（2）数据指针 DPTR。

DPTR 为 16 位 SFR，DPTR 分为 DPL 和 DPH，分别表示低 8 位、高 8 位寄存器。DPTR 在访问外部 RAM 时作为地址指针使用，以便对片外 RAM 中的数据进行读写操作，用户可以通过指令对 DPTR 值进行设置。

2. 片外数据存储器

当片内 RAM 不够用时，需要外扩 RAM，8051 单片机最多外扩 64 KB。对于 8051，虽然片内 128 B RAM 与片外低 128 B RAM 地址相同，但是可以通过不同指令进行区分，因此不会发生数据冲突。

2.5 单片机的输入/输出口

8051 单片机 4 个 I/O 口对应 4 个 SFR，其中 P0 口的字节地址为 80H，P1 口的字节地址为 90H，P2 口的字节地址为 A0H，P3 口的字节地址为 B0H，都可以进行位寻址。输入时具有缓冲功能，输出时具有锁存能力，既可按字节操作，也可按位操作。

2.5.1 P0 口

P0 口是一个三态双向口，P0 口任意一位 P0.x（$x = 0 \sim 7$）电路结构如图 2.12 所示。该电路由输出锁存器、三态缓冲器、输出驱动电路和输出控制电路组成。由于 P0 口有 2 个场效应管和 1 个三态门，当 2 个场效应管和 1 个三态门都处于截止状态时，P0.x 引脚处于高阻状态，因此 P0 口作地址总线/数据总线时，是一个三态口。

1. P0 口结构

1）P0 口作普通 I/O 口

当"控制"=1 时，多路转换开关 MUX 向下，接通输出锁存器 $\overline{Q}$ 端，与门输出 0，上面场效应管处于截止状态，P0 输出电路为漏极开路输出。

当 P0 口作输出口使用时，CPU 执行写操作加在锁存器的 C1 端，此时数据写入锁存器，当锁存器为 1 时，$\overline{Q}$ 端为 0，下面场效应管截止，漏极开路输出，因此此时必须外接上拉电阻才能输出 1；当锁存器为 0 时，$\overline{Q}$ 端为 1，下面场效应管导通，P0 输出 0。

当 P0 口作输入口使用时，可以通过读锁存器和读引脚来读入信息，当 CPU 读锁存器时，锁存器 Q 端的状态经过缓冲器 BUF1 读入；当 CPU 读引脚时，锁存器 $\overline{Q}$ 端为 0，下方场效应管截止，引脚 P0.x 状态经 BUF2 读入。

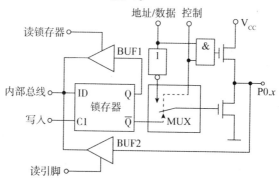

图 2.12　P0.x 电路结构

2）P0 口作地址/数据总线

P0 口一般作低 8 位地址/数据总线使用，在这种情况下，P0 口是一个双向、三态的 I/O 口。当"控制"输出 1 时，MUX 向上接地址/数据端，此时 2 个场效应管构成推挽式输出，只有一个场效应管导通。当地址/数据输出 1 时，上面场效应管导通；输出数据经非门取反后为低电平 0，下面场效应管截止，内部 V_{CC} 电压作用于 P0.x 引脚上，输出 1。当地址/数据端口输出 0 时，上面场效应管截止，下面场效应管导通，P0.x 引脚输出 0。

2. P0 口功用

P0 口有 2 个功用：作普通 I/O 口使用；作低 8 位地址/数据总线使用。

2.5.2　P1 口

P1 口位地址为 90H~97H，P1 口任意一位 P1.x（$x=0~7$）电路结构如图 2.13 所示。由于 P1 口结构中没有多路转换开关 MUX，因此只有一个功能。

1. P1 口结构

P1 口只能作为普通 I/O 口使用，当 P1 口作为输出口使用时，若 CPU 输出 1，则锁存器 Q 端输出 1，锁存器 $\overline{Q}$ 端输出 0，此时场效应管截止，P1.x 引脚输出 1；若 CPU 输出 0，则锁存器 Q 端输出 0，锁存器 $\overline{Q}$ 端输出 1，此时场效应管导通，P1.x 引脚输出 0。

当 P1 口作为输入口使用时，可以通过"读锁存器"和"读引脚"读入信息，若 CPU "读锁存器"，则锁存器 Q 端的状态经过缓冲器 BUF1 读入；若 CPU "读引脚"，则先向锁存器写入 1，使场效应管截止，引脚 P1.x 状态经 BUF2 读入内部总线。

2. P1 口功能

由于 P1 口内部有上拉电阻，因此为准双向口，当作输出口使用时，不需要外接上拉电阻。当 P1 口作"读引脚"时，必须先向锁存器写入 1。

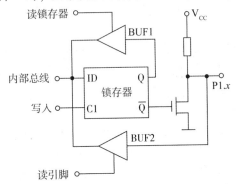

图 2.13　P1.x 电路结构

2.5.3　P2 口

P2 口位地址为 A0H~A7H，P2 口任意一位 P2.x（$x=0~7$）电路结构如图 2.14 所示。

1. P2 口结构

（1）P2 口作普通 I/O 口时，多路转换开关 MUX 与锁存器 Q 端接通，当作输出口使用时，若 CPU 输出 1，则 Q 端输出 1，场效应管截止，引脚 P2.x 输出 1；若 CPU 输出 0，则

Q 端输出 0，场效应管导通，引脚 P2. x 输出 0。

当 P2 口作为输入口时，通过"读锁存器"和"读引脚"读入信息，若 CPU "读锁存器"，则锁存器 Q 端的状态经过缓冲器 BUF1 读入；若 CPU "读引脚"，则先向锁存器写入 1，使场效应管截止，引脚 P2. x 状态经 BUF2 读入内部总线。

（2）P2 口作高 8 位地址总线时，在控制信号作用下，多路转换开关 MUX 与"地址"接通。当"地址"线为 0 时，场效应管导通，脚 P2. x 输出 0；当"地址"线为 1 时，场效应管截止，脚 P2. x 输出 1。

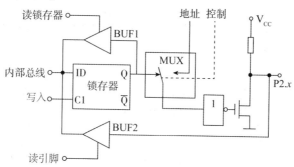

图 2.14 P2. x 电路结构

2. P2 口功用

P2 口作普通 I/O 口使用时为准双向口。

P2 口作高 8 位地址总线时，与 P0 口的低 8 位地址总线一起构成 16 位地址总线，P2 口一般作高 8 位地址总线。

2.5.4 P3 口

P3 口位地址为 B0H ~ B7H，P3 口任意一位 P3. x（x = 0 ~ 7）电路结构如图 2.15 所示。由于 8051 单片机的引脚数目有限，故 P3 口引脚增加了第二功能。

1. P3 口结构

（1）P3 口作普通 I/O 口使用时，第二输出功能端为 1，与非门开启。I/O 口作输出口时，若 CPU 输出 1，则锁存器 Q 端输出 1，场效应管截止，P3. x 引脚输出 1；若 CPU 输出 0，则锁存器 Q 端输出 0，场效应管导通，P3. x 引脚输出 0。

I/O 口作输入口使用时，有"读锁存器"和"读引脚"2 种状态，当执行"读锁存器"时，信息通过 Q 端经过缓冲器 BUF1 进入内部总线；当执行"读引脚"操作时，场效应管截止，P3. x 引脚信息通过 BUF2 和 BUF3 进入内部总线。

（2）P3 口作第二输出功能时，锁存器置 1，使与非门开启，当第二输出功能为 1 时，场效应管截止，P3. x 引脚输出 1；当第二输出功能为 0 时，场效应管导通，P3. x 引脚输出 0。

当 P3 口作第二输入功能时，锁存器和第二输出功能端均应置 1，使场效应管截止，P3. x 引脚的信息由输入缓冲器 BUF3 的输出获得。

2. P3 口功能

由于 P3 口内部结构有上拉电阻，因此为准双向口。

P3 口有普通 I/O 口功能和第二功能，具体使用哪种功能不需要用户设置，由单片机程序控制指令来完成。

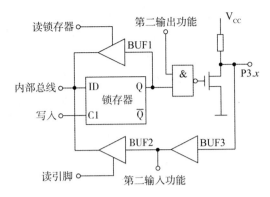

图 2.15　P3.x 电路结构

【例 2-1】 P1 口控制 LED 点亮原理图如图 2.16 所示，发光二极管 LED0 阴极接至 8051 单片机（本书均采用其改进型 AT89C51 单片机）P1.0 引脚，阳极经过限流电阻接 +5 V 电源。编写程序控制发光二极管点亮。

分析：当 P1.0 输出 0 时，LED0 点亮；当 P1.0 输出 1 时，LED0 灭，根据题意可知，控制 P1.0 引脚输出低电平 0 即可。

解　参考程序如下：

```
#include<reg51. h>
sbit LED0 = P1^0;
void main()
{
        LED0 =0;
        while(1);
}
```

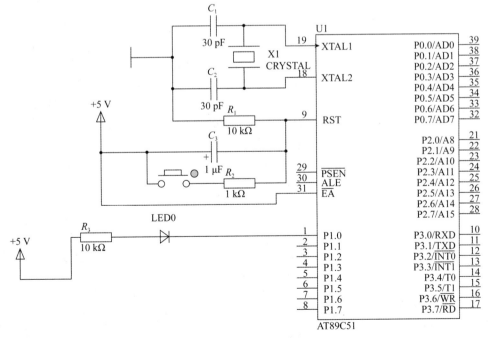

图 2.16　P1 口控制 LED 点亮原理图

【例2-2】P1口控制8个LED闪烁原理图如图2.17所示，LED0～LED7阴极分别接至8051单片机P1.0～P1.7引脚上，阳极经限流电阻接+5 V电源。编写程序控制8个LED闪烁。

分析：当LED对应的I/O口输出0时，LED点亮；当LED对应的I/O口输出1时，LED灭。题中要求8个LED闪烁，当P1口输出为0000 0000B（0x00）时，8个LED全亮，当P1口输出为1111 1111B（0xff）时，8个LED全灭。

解　参考程序1如下：

```
#include<reg51. h>
#define uint unsigned int
void delay(uint z)
{
    uint x,y;
    for(x=z;x> 0;x- - )
    for(y=114;y> 0;y- - );
}
void main()
{
    while(1)
    {
        P1 =0xff;                 //LED 全灭
        delay(1000);              //延时
        P1 =0x00;                 //LED 全亮
        delay(1000);              //延时
    }
}
```

参考程序2如下：

```
#include<reg51. h>
#define uint unsigned int
void delay(uint z)
{
    uint x,y;
    for(x=z;x> 0;x- - )
    for(y=114;y> 0;y- - );
}
void main()
{
    while(1)
    {
        P1 = ~ P1;                //P1 口输出状态取反
        delay(1000);             //延时
    }
}
```

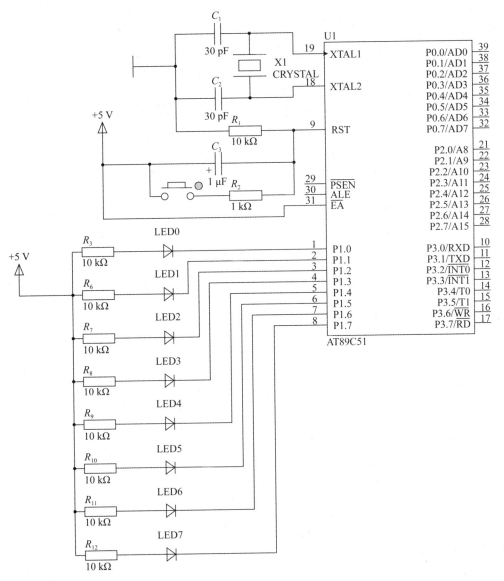

图 2.17　P1 口控制 8 个 LED 闪烁原理图

【例 2-3】Proteus 电路原理图如图 2.17 所示，编写程序实现第 1、3、5、7 个 LED 闪烁。

解　参考程序如下：

```
#include<reg51. h>
#define uint unsigned int
void delay(uint z)
{
    uint x,y;
    for(x=z;x> 0;x- - )
    for(y=114;y> 0;y- - );
}
```

```
void main()
{
    while(1)
    {
        P1 =0x55;              //第 1、3、5、7 个 LED 亮
        delay(1000);           //延时
        P1 =0xAA;              //第 1、3、5、7 个 LED 灭
        delay(1000);           //延时
    }
}
```

【例 2-4】Proteus 电路原理图如图 2.17 所示，编写程序控制第 0、2、4、6 个 LED 与第 1、3、5、7 个 LED 交替闪烁。

分析：当 I/O 口输出为 0 时，对应的 LED 点亮；当 I/O 口输出为 1 时，对应的 LED 灭。要使第 0、2、4、6 个 LED 亮，第 1、3、5、7 个 LED 灭，P1 口应输出 1010 1010B，转换为十六进制数为 0xAA；第 0、2、4、6 个 LED 灭，第 1、3、5、7 个 LED 亮，P1 口应输出 0101 0101B，转换为十六进制数为 0x55。

解 参考程序 1 如下：

```
#include<reg51. h>
#define uint unsigned int
void delay(uint z)
{
    uint x,y;
    for(x =z;x> 0;x- - )
    for(y =114;y> 0;y- - );
}
void main()
{
    while(1)
    {
        P1 =0xAA;              //第 1、3、5、7 个 LED 灭,第 0、2、4、6 个 LED 亮
        delay(1000);           //延时
        P1 =0x55;              //第 1、3、5、7 个 LED 亮,第 0、2、4、6 个 LED 灭
        delay(1000);           //延时
    }
}
```

参考程序 2 如下：

```
#include<reg51. h>
#define uint unsigned int
void delay(uint z)
{
    uint x,y;
    for(x =z;x> 0;x- - )
```

```
        for(y=114;y> 0;y- - );
    }
    void main()
    {
        P1 =0xAA;
        while(1)
        {
            P1 = ~ P1;
            delay(1000);
        }
    }
```

2.6 单片机的复位电路设计

复位是对单片机的初始化操作，对于 8051 单片机，当程序出错（如程序跑飞）或者陷入死循环时，需要对系统进行复位操作。实现复位的引脚是 RST，如果给 RST 引脚施加 2 个机器周期以上的高电平，就可以实现复位。

8051 单片机各寄存器复位后的状态如表 2.6 所示。在表 2.6 中，×表示该位的状态不定，复位后 PC 为 0000H，说明单片机复位后从程序存储器 0000H 开始读取指令，值得注意的是复位后 P0 ~ P3 的值都为 FFH，表明复位后单片机 I/O 口都是高电平。因此在实际应用中，需要注意单片机复位后对外电路的影响。

表 2.6 各寄存器复位后的状态

寄存器	复位状态	寄存器	复位状态
PC	0000H	TMOD	00H
ACC	00H	TCON	00H
B	00H	TH0	00H
PSW	00H	TL0	00H
SP	07H	TH1	00H
DPTR	0000H	TL1	00H
P0 ~ P3	FFH	SCON	00H
IP	×××00000B	SBUF	××××××××B
IE	0××00000B	PCON	0×××0000B
DPH	00H	DPL	00H

复位是由复位电路实现的，复位电路主要分为上电复位和按键复位。上电复位电路如图 2.18 所示，按键复位电路如图 2.19 所示。

上电复位是利用电容充电完成的。单片机上电过程是对电容 C 进行充电，电路有电流流过，在电阻 R 上产生压降，RST 引脚电压等于加在 R 上的电压，为高电平；经过一段时间电容 C 充满电后，电路相当于断开，没有电流流过，RST 引脚电压与地相同，复位结束，因此电容 C 充电时间为单片机复位时间，可以通过调整 R、C 的值来调整单片机复位时间。

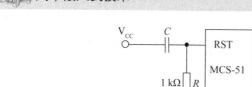
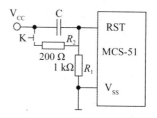

图 2.18　上电复位电路　　　　图 2.19　按键复位电路

按键复位电路功能与上电复位相同，按下按键 K 后，通过 R_1 和 R_2 形成回路，使 RST 端产生高电平，复位时间长短由按键时间决定。设计按键复位电路时应该注意对 R_1、R_2 阻值的选取，要确保按下按键 RST 端为高电平。

除了上电复位和按键复位，还可以通过专用复位芯片实现复位，比如 MAX813L 芯片。MAX813L 是 MAXIN 公司生产的一种体积小、功耗低的复位芯片。MAX813L 与单片机的连接电路如图 2.20 所示。

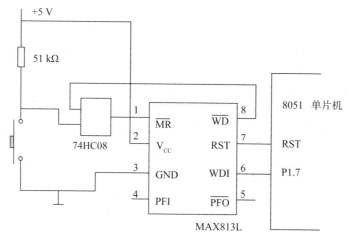

图 2.20　MAX813L 与单片机的连接电路

2.7　周期及指令时序

单片机是在时钟脉冲控制下一拍一拍工作的，这个时钟脉冲是由单片机中的时序电路发出的。

1. 时钟周期(P)

时钟周期是 8051 单片机中最小的时间单位，如果采用内部时钟电路，时钟周期是晶体的振荡周期；若采用外部时钟电路，则时钟周期是外部振荡脉冲的周期，用 P 表示。若时钟晶体振荡频率为 f_{osc}，则时钟周期为振荡频率的倒数，即 $T_{osc} = 1/f_{osc}$。若 $f_{osc} = 12$ MHz，则：

$$T_{osc} = 1/(12 \times 10^6 \text{ Hz}) = 0.083 \text{ μs}$$

2. 状态(S)

时钟脉冲经二分频后得到的就是状态信号，把状态信号的周期称为状态，用 S 表示。1 个状态包含 P1 和 P2 两拍，因此有：

$$1 \text{ 个状态} = 2 \text{ 个时钟周期}$$

3. 机器周期

机器周期是单片机的基本操作单位，每个机器周期包含 S1～S6 6 个状态 12 拍，依次可表示为 S1P1、S1P2、…、S6P1、S6P2。CPU 完成一个基本操作所需的时间称为机器周期。8051 单片机 P、S 和机器周期之间的关系如图 2.21 所示。由图可得：

$$1 \text{ 个机器周期} = 6 \text{ 个状态}$$
$$1 \text{ 个机器周期} = 12 \text{ 个时钟周期}$$

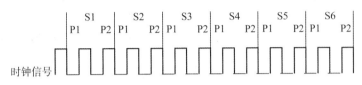

图 2.21　8051 单片机 P、S 和机器周期之间的关系

4. 指令周期

计算机从读取指令到执行完该指令所需要的时间称为指令周期，指令周期以机器周期为单位。8051 单片机中大多数指令周期为 1 或 2 个机器周期，只有乘法、除法指令需要 4 个机器周期。

8051 单片机中指令按字节来分，可以分为单字节、双字节、三字节指令。几种典型指令的读取指令和执行指令时序如图 2.22～图 2.24 所示。

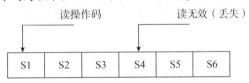

图 2.22　单字节单机器周期

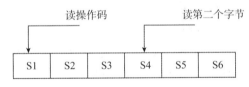

图 2.23　双字节单机器周期

图 2.24　单字节双机器周期指令的时序

2.8　低功耗节电模式

在实际控制系统中，有时受环境因素的影响，嵌入式控制系统需要由电池来供电，因此必须尽可能地降低系统的功耗，8051 单片机设置了空闲模式（Idle Mode）和掉电模式（Power Down Mode）。单片机可以通过内部特殊功能寄存器 PCON 设置来实现对两种节电

模式的选择。

PCON 寄存器格式如图 2.25 所示，地址为 87H。PCON 寄存器各位的含义如下：

（1）SMOD：串口波特率倍增位，该位与串行通信中波特率大小有关，具体应用见串口部分。

（2）-：保留位，未定义。

（3）GF1、GF0：通用标志位，由用户使用。

（4）PD：掉电模式控制位。若该位置 1，则进入掉电模式；若该位清零，则退出掉电模式。

（5）IDL：空闲模式控制位，若该位置 1，则进入空闲模式；若该位清零，则退出空闲模式。

PCON	D7	D6	D5	D4	D3	D2	D1	D0
	SMOD	-	-	-	GF1	GF0	PD	IDL

图 2.25　PCON 寄存器格式

2.8.1　空闲模式

1. 空闲模式进入

若想进入空闲模式，则需要用户编写程序将 PCON 寄存器中 IDL 位置 1，CPU 便进入空闲模式，此时振荡器仍然工作，单片机内部所有的模块（定时/计数器、中断系统、串口）继续工作，数据存储器 RAM 和特殊功能寄存器 SFR 的内容维持原状态不变，即保持进入空闲模式前的状态。

2. 空闲模式退出

若想退出空闲模式，则可以采用以下两种方式：响应中断和硬件复位。

在空闲模式下，若系统任一中断请求被响应，则 PCON 寄存器中 IDL 位由硬件自动清零，自动退出空闲模式。当执行完中断程序，返回主程序后，将从设置空闲模式语句（指令）的下一条指令（断点）继续执行程序。

采用硬件复位的方式也可以退出空闲模式，在复位硬件电路控制前，单片机有 2 个机器周期的时间要从断点处继续执行程序，在此期间，CPU 不能对内部 RAM 进行访问，但是可以对外部端口或者外部 RAM 进行访问。因此为了避免采用硬件复位退出空闲模式时对端口的不期望写入，在编程"IDL=1"语句后不要出现写端口或者外部 RAM 的语句。

2.8.2　掉电模式

1. 掉电模式进入

用户编写程序时将 PD 位置 1，即 PD=1，此时单片机进入掉电模式，振荡器停止工作，由于没有时钟信号，因此单片机内部所有模块都停止工作，数据存储器 RAM 和特殊功能寄存器 SFR 的内容维持原状态不变。

2. 掉电模式退出

掉电模式的退出也有两种方式：硬件复位和外部中断。采用硬件复位的方式退出掉电模式不改变内部 RAM 的内容，但是要初始化特殊功能寄存器 SFR 的内容。只有 V_{cc} 恢复到正常水平，硬件复位信号维持 10 ms，才可退出掉电模式。

习　题

1. 在 8051 单片机中，写出时钟周期、状态和机器周期之间的关系。

2. 若 8051 单片机的振荡器晶振为 12 MHz，则时钟周期、状态和机器周期各为多少？若采用振荡器晶振为 6 MHz，则时钟周期、状态和机器周期又各为多少？

3. 在内部 RAM 中，位地址 2CH 和 51H 对应的字节地址分别为多少？

4. 在内部 RAM 中，字节地址 2EH 对应的位地址范围是多少？字节地址 2EH 对应的位地址最低位是多少？字节地址 20H 对应的位地址最高位是多少？

5. 简述 8051 单片机 $\overline{EA}$ 外接高电平和低电平的区别。

6. 8051 单片机总线从功能上分可以分为 3 种总线结构，简述这 3 种总线。

7. 简述 P0、P1、P2、P3 的功能。

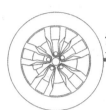

第3章
单片机内部模块

第2章主要介绍了8051单片机硬件结构,本章主要介绍8051内部主要功能部件,包括中断系统、定时/计数器及串口。在实际应用中常常应用这些功能部件解决实际问题。

通过本章的学习,读者应掌握中断概念、8051单片机中断源、中断响应条件,了解中断的处理过程,会根据系统要求编写中断函数。了解定时/计数器的结构、对外部输入计数信号的要求,掌握定时/计数器的工作方式,会根据系统要求编写定时/计数器应用程序。了解串行通信与并行通信、8051单片机串口结构,掌握串口工作方式,掌握波特率的计算方法,会根据系统要求编写串口应用程序。

3.1 中断系统

中断技术的应用大大提高了单片机处理事件的效率,8051单片机包括3类中断,5个中断源,2个中断优先级。外部中断0(信号从P3.2输入)、外部中断1(信号从P3.3输入),定时/计数器T0中断、T1中断,串口中断。每个中断源根据实际需要可以设置为高优先级或低优先级。

3.1.1 中断概述

中断在实际中经常发生,比如我们正在家里学习,突然来了朋友,这时我们会中断学习,去接待朋友;如果在接待朋友过程中,突然电话响起,这时我们会中断接待朋友,去接听电话;接听完电话后,会继续接待朋友;招待完朋友后,才会继续学习。在这里接待朋友对于学习来说就是一个中断事件,把接待朋友称为中断事件处理。同理,接听电话对于接待朋友来说也是中断事件,把接听电话过程称为中断事件处理。能够中断学习的因素很多,将这些因素称为中断源。这些中断源根据事件的重要性不同,其处理过程也有优先顺序，称为中断优先级。在中断处理过程中如果有更重要的新的中断出现，就去处理新的中断，称为中断嵌套。

1. 中断的概念

中断是指单片机正在处理某事件，突然发生了另一紧急事件，请求单片机去处理，单片机暂停当前事件转而去处理所发生的紧急事件，处理完紧急事件后继续处理被中止的事件。具有中断功能的部件称为中断系统，能够产生中断请求的事件称为中断源，原事件被断开的位置称为断点。中断处理过程如图3.1所示，中断嵌套处理过程如图3.2所示。

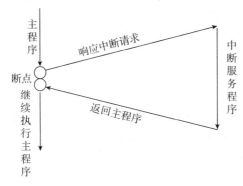

图 3.1 中断处理过程

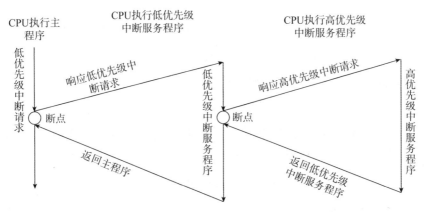

图 3.2 中断嵌套处理过程

中断处理过程与调用子程序类似，都是暂停当前程序去执行另一程序，但是又有区别，两者区别如表3.1所示。

表 3.1 中断服务程序与子程序的区别

中断服务程序	子程序
随机产生	事先安排好的
软件、硬件结合处理	软件处理
为外设服务、处理各种事件	为主程序服务

2. 中断的优点

1）提高了单片机的工作效率

中断系统解决了快速CPU与慢速外设之间的矛盾，实现了CPU与外设的同步并行工作。当 CPU 启动外设后返回继续执行主程序，如果有其他的外设请求中断，那么 CPU 继续去处理中断。这样多个外设和单片机可同时工作，大大提高了 CPU 的工作效率。

2）实现实时控制

实时控制要求单片机能快速、及时地响应被控对象请求，以达到最佳的控制效果。由于被控对象的请求是随机发出的，因此必须应用中断技术。

3）故障及时处理

实际系统运行过程中，难免会发生故障，比如电源电压突变、硬件故障，应用中断系统，可以及时发现并进行处理，提高了系统的可靠性。

3.1.2　8051 单片机的中断源

1. 定时/计数器中断

在 8051 单片机内部，有 2 个定时/计数器，对应 2 个中断源，即 T0、T1 中断。

定时/计数器中断是为定时或者计数而设计的，每来一个计数脉冲，单片机计数器就加 1，计满时产生溢出，同时中断标志位 TFx（x = 0、1）由硬件自动置 1，此时单片机可以发出中断请求信号。

2. 外部中断

所谓的外部中断，中断源来自外部，对于 8051 单片机，有 2 个外部中断，即外部中断 0（对应于单片机 $\overline{\text{INT0}}$（P3.2）引脚）、外部中断 1（对应于单片机 $\overline{\text{INT1}}$（P3.3）引脚），每个中断源有电平触发和跳沿触发 2 种触发方式。

3. 串口中断

串口中断是为串行通信传送数据而设置的，是单片机内部自动产生的，根据信息的传输方向不同分为发送中断和接收中断，当串口发送或接收完一帧有效数据时，硬件自动将串口中断标志位 TI 或 RI 置 1，表示产生一个串口中断请求。

3.1.3　中断系统的结构

8051 中断系统的结构如图 3.3 所示，5 个中断源都可以通过软件对相关的寄存器进行设置，实现中断处理，涉及的寄存器有 TCON、SCON、IE、IP。由图 3.3 可知，5 个中断源中只有 2 个外部中断首先需要对触发方式进行设置，各个中断源都有对应的中断标志位，如果满足条件，中断标志位会置 1。

每个中断源有个允许开关，只有该允许开关置 1，开关才闭合；5 个中断源有个总开关 EA，只有总开关位置 1，总开关才闭合，通过设置中断优先级寄存器 IP 将这 5 个中断设置为高优先级或者低优先级，然后通过中断优先级查询电路发出中断请求信号。

可以把这个过程看作一个房间有 5 盏灯，每个灯有对应独立的控制开关，而这 5 盏灯有个总开关，只有总开关闭合，再闭合对应灯的开关，对应的灯才会亮。

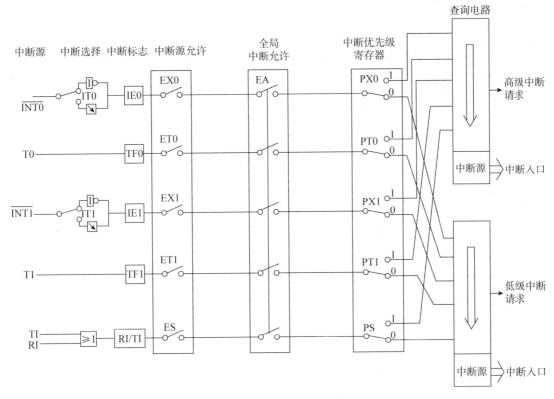

图 3.3　8051 中断系统的结构

1. 中断请求标志信号

当满足中断请求后，单片机硬件会自动将相应的中断标志位置 1。5 个中断源的中断标志位在 TCON 和 SCON 寄存器中。

1）定时/计数器控制寄存器 TCON

TCON 可以进行位寻址，高 4 位实现对定时/计数器的控制，低 4 位是 2 个中断源的中断标志位和触发方式控制位。TCON 的格式如图 3.4 所示。

TCON	D7	D6	D5	D4	D3	D2	D1	D0
(88H)	TF1	TR1	TF0	TR0	IE1	IT1	IE0	IT0

图 3.4　TCON 的格式

IE1：$\overline{INT1}$ 请求标志位，当 CPU 检测到 $\overline{INT1}$ 引脚出现有效的中断请求信号时，硬件将 IE1 置 1。如果中断得到响应，硬件会自动将该位清零。

IE0：$\overline{INT0}$ 请求标志位，当 CPU 检测到 $\overline{INT0}$ 引脚出现有效的中断请求信号时，硬件将 IE0 置 1。如果中断得到响应，硬件会自动将该位清零。

8051 有 2 个外部中断，分别从引脚 P3.2、P3.3 输入，输入信号有高电平、低电平，到底哪种方式可以触发外部中断，需要用户在 TCON 寄存器中设置。

IT1：$\overline{INT1}$ 触发方式控制位，IT1 = 1 时，$\overline{INT1}$ 下降沿触发；IT1 = 0 时，$\overline{INT1}$ 低电平触发。

IT0：$\overline{INT0}$ 触发方式控制位，IT0 = 1 时，$\overline{INT0}$ 下降沿触发；IT0 = 0 时，$\overline{INT0}$ 低电平

触发。

2）串口控制寄存器 SCON

SCON 的格式如图 3.5 所示，地址为 98H，可以进行位寻址，这里只介绍与中断有关的 TI 和 RI，其余各位将在串口一节中进行介绍。

SCON	D7	D6	D5	D4	D3	D2	D1	D0
(98H)	SM0	SM1	SM2	REN	TB8	RB8	TI	RI

图 3.5　SCON 的格式

TI：串口发送中断标志位。当单片机发送完一帧有效数据后，硬件将 TI 置 1，向 CPU 发出中断请求，值得注意的是该位必须由软件清零。

RI：串口接收中断标志位。当单片机接收完一帧有效数据后，硬件将 RI 置 1，向 CPU 发出中断请求，值得注意的是该位必须由软件清零。

单片机硬件中，串口 TI 和 RI 是逻辑或的关系，因此无论哪位为 1，都会触发串口中断。产生中断后，需要查询 RI 和 TI 位状态来判断是发送中断还是接收中断，这也是为什么 CPU 响应 T0、T1、$\overline{\text{INT0}}$、$\overline{\text{INT1}}$ 中断后硬件自动将标志位清零，而 CPU 响应串口中断后硬件不能将 TI 或 RI 清零。

2. 中断允许控制寄存器 IE

由图 3.3 可知，当中断源申请中断后，并不是所有的中断都能得到响应，只有 CPU 将总中断开关、对应的中断源开关闭合后才能得到响应。中断请求的屏蔽和允许是通过 IE 设置的，IE 的格式如图 3.6 所示。

IE	D7	D6	D5	D4	D3	D2	D1	D0
(A8H)	EA	—	—	ES	ET1	EX1	ET0	EX0

图 3.6　IE 的格式

EA：中断控制总允许位。EA=0，总中断开关断开，所有中断都被屏蔽；EA=1，总中断开关闭合，总中断允许。要想对应的中断被响应，还需要对应的中断源允许开关闭合。

EX0：$\overline{\text{INT0}}$ 允许控制位。EX0=1，表示 $\overline{\text{INT0}}$ 中断开关闭合，$\overline{\text{INT0}}$ 被允许；EX0=0，$\overline{\text{INT0}}$ 中断开关断开，$\overline{\text{INT0}}$ 被屏蔽。

EX1：$\overline{\text{INT1}}$ 允许控制位。EX1=1，表示 $\overline{\text{INT1}}$ 中断开关闭合，$\overline{\text{INT1}}$ 被允许；EX1=0，表示 $\overline{\text{INT1}}$ 中断开关断开，$\overline{\text{INT1}}$ 被屏蔽。

ET0：T0 中断允许控制位。ET0=1，表示 T0 中断开关闭合，T0 中断被允许；ET0=0，表示 T0 中断开关断开，T0 中断被屏蔽。

ET1：T1 中断允许控制位。ET1=1，表示 T1 中断开关闭合，T1 中断被允许；ET1=0，表示 T1 中断开关断开，T1 中断被屏蔽。

ES：串口中断允许控制位。ES=1，表示串口中断开关闭合，串口中断被允许；ES=0，表示串口中断开关断开，串口中断被屏蔽。

由第 2 章可知当 8051 单片机复位后，IE 寄存器被清零，即所有的中断都被禁止，想要使某个中断源允许，必须使对应的中断允许控制位用软件置 1，同时将总中断允许位置 1。

【例 3-1】单片机需要响应 $\overline{\text{INT1}}$、T0、串口中断，请设置 IE 寄存器对应位状态。

解 由上面的分析可知，要想响应外部中断 1、定时/计数器 T0 中断、串口中断，必须将对应的中断允许位和总中断允许位置 1。由于 IE 可以进行位寻址，因此既可以对 IE 进行字节操作，也可以对对应的各位进行位操作。

位操作的参考程序如下：

```
EX1 = 1;
ET0 = 1;
ES = 1;
EA = 1;
```

因为 IE = 1001 0110 = 0X96，所以字节操作的参考程序如下：

```
IE = 0X96;
```

3. 中断优先级寄存器 IP

IP 的格式如图 3.7 所示，可以进行位寻址。

IP	D7	D6	D5	D4	D3	D2	D1	D0
(B8H)	—	—	—	PS	PT1	PX1	PT0	PX0

图 3.7　IP 格式

PS：串口中断优先级控制位。

PT1：T1 中断优先级控制位。

PX1：$\overline{\text{INT1}}$ 中断优先级控制位。

PT0：T0 中断优先级控制位。

PX0：$\overline{\text{INT0}}$ 中断优先级控制位。

该寄存器由软件进行设置，若对应位设置为 1，表示对应中断源的中断优先级为高优先级；若对应位设置为 0，表示对应中断源的中断优先级为低优先级。在实际系统中，将必须紧急处理的中断设置为高优先级。

当 2 个以上中断源同时发出中断请求时，CPU 先响应优先级高的中断请求，再响应优先级低的中断请求。对于同级中断，CPU 按照表 3.2 所示的查询次序进行响应。

表 3.2　同级中断查询次序

中断源	中断优先级
外部中断 0	最高
定时/计数器中断 0	
外部中断 1	↓
定时/计数器中断 1	
串口中断	最低

【例 3-2】 如果 IP = 0X0C，求 8051 单片机的 5 个中断源的中断响应次序。

解 IP = 0X0C = 0000 1100B，由对应 IP 寄存器可知，PT1 = 1，T1 中断优先级为高，PX1 = 1，$\overline{\text{INT1}}$ 中断优先级为高，其余中断源优先级为低。因此中断查询次序由高到低是：$\overline{\text{INT1}}$、T1、$\overline{\text{INT0}}$、T0、串口中断。

8051 中断优先级的控制原则如下。

（1）一个中断请求被响应，如果其他同级中断请求申请中断，则不能被响应，即同级不能实现中断嵌套，但是该中断标志位被封存，防止丢失。

（2）正在执行的低优先级中断能被高优先级中断请求中断，实现两级中断嵌套，即高级中断可以打断低级中断；与之对应的是正在执行的高优先级中断不能被低优先级中断请求中断，即低级中断不能打断高级中断。

（3）如果 CPU 同时接收到几个中断请求，按照中断查询次序响应中断，即首先响应中断优先级最高的中断请求。

3.1.4 中断响应条件

某个中断源的中断请求要得到响应，必须满足以下条件：

（1）有中断源发出中断请求，即对应的标志位为 1；

（2）申请中断的中断源对应的中断允许控制位为 1，即该中断源中断开关处于闭合状态；

（3）中断总允许控制位 EA=1，即总中断开关处于闭合状态；

（4）没有同级或更高级的中断正在被响应。

3.1.5 中断的处理过程

中断的处理过程分为中断响应、中断处理和中断返回 3 个过程，8051 单片机中断处理过程如下。

1. 中断响应

当满足中断响应条件后，CPU 暂停当前程序去响应中断，中断响应过程如下。

（1）单片机执行完正在执行的指令，中断系统通过硬件自动生成一条长调用指令（LCALL addr16），addr16 为 16 位目标地址，对应中断服务程序入口地址，简称中断向量。8051 单片机的中断源对应的入口地址如表 3.3 所示。

表 3.3 中断源对应的入口地址

中断源	入口地址
外部中断 0	0003H
定时/计数器 T0	000BH
外部中断 1	0013H
定时/计数器 T1	001BH
串口	0023H

（2）将 PC 值进行入栈保护，即保护断点。PC 值为刚执行完指令的下一条指令的地址，以便中断服务程序执行完后能返回到原地址继续执行。

（3）addr16 赋值给 PC 后，转入该中断源对应的目标地址执行中断服务程序，对于定时/计数器 T0、定时/计数器 T1、外部中断 0、外部中断 1，硬件自动将中断标志位清零；对于串口中断，需要用软件清零。

2. 中断处理

中断响应后，进入中断处理过程，中断处理是从中断入口地址开始直到遇到指令

RETI 的过程，又称为中断服务，中断处理包括保护现场和处理中断源的请求。

由前面可知，8051 单片机 5 个中断源的入口地址相差 8 个字节，一般不能存放完整的中断服务程序，因此，在中断入口地址放一条无条件转移指令，将 PC 转移到真正的中断服务程序。在执行中断服务程序过程中可能改变某些寄存器或存储单元的内容，为了不影响中断服务程序，需要"保护现场"，也就是在执行中断服务程序前将这些寄存器或存储单元的内容进行入栈保护。

3. 中断返回

中断处理完后单片机返回到断点位置，继续执行原来的程序，中断返回指令为 RETI，RETI 功能是将断点地址送回 PC，并通知中断系统已经完成中断处理过程，将中断优先级状态触发器清除。

需要注意的是，如果在执行当前中断服务时禁止其他所有中断源中断，则需要用户关闭总中断开关，即 EA=0，在中断返回前再开放总中断；如果在执行当前中断服务时想禁止更高级中断源中断，则需要用户关闭更高优先级中断开关，在中断返回前再开放更高优先级中断。中断处理流程如图 3.8 所示。

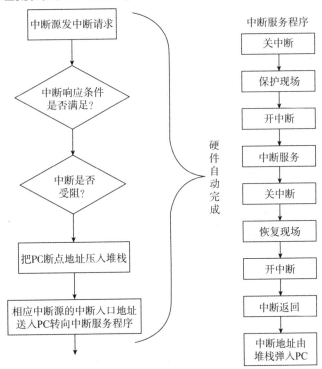

图 3.8 中断处理流程

3.1.6 中断请求的撤销

当某个中断请求被响应后，中断标志位必须被撤销，不然就会发生反复响应中断的问题。下面介绍 3 类中断请求的撤销方法。

1. 定时/计数器中断请求的撤销

当定时/计数器中断 0、定时/计数器中断 1 的中断请求被响应后，硬件自动将中断标志位 TF0、TF1 清零。

2. 外部中断请求的撤销

外部中断信号有两种触发方式，因此外部中断请求的撤销不仅涉及中断标志位的清零，还涉及外部中断信号的撤销问题。

1）跳变沿触发方式

中断标志位的清零是在中断响应后硬件自动完成的，跳变沿触发方式是负跳变沿有效，由于信号过后负跳变沿消失了，因此跳变沿触发方式中断信号的撤销是自动完成的。

2）电平触发方式

中断标志位的清零是在中断响应后硬件自动完成的，电平触发方式是低电平有效，中断响应后中断信号的负电平可能继续存在，这样在以后的机器周期里，CPU 会继续检测到低电平，这样中断标志位又会被置1，因此必须把低电平强制拉为高电平。电平触发方式外部中断请求的撤销电路如图 3.9 所示。

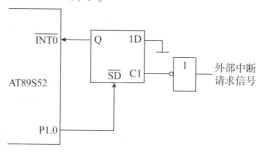

图 3.9 电平触发方式外部中断请求的撤销电路

3. 串口中断请求的撤销

串口通信涉及数据发送和数据接收两个过程，因此对应发送中断标志位 TI 和接收中断标志位 RI，这两个标志位是逻辑或的关系，只要任一个中断标志位置1，就会发出中断请求。因此在响应中断后，CPU 不知道是哪个标志位置1，需要用软件判断后才能将该标志位清零。所以串口中断的撤销是用户在中断服务程序中用软件清零。

3.1.7　中断响应时间

中断响应时间是指从查询中断标志位有效到转向中断入口地址所需的时间，用机器周期表示。

中断响应时间最短为 3 个机器周期。查询中断标志位占 1 个机器周期，如果查询中断标志位正好处于正在执行指令的最后一个机器周期，查询后中断被响应，CPU 自动执行长调用指令 LCALL addr16 并转到相应的中断入口地址，占 2 个机器周期。

中断响应时间最长为 8 个机器周期。当 CPU 查询中断标志位恰好发生在开始执行返回指令 RETI 或者访问 IP、IE 指令，需要执行完该指令再执行 1 条指令后，中断才能响应。因此中断响应时间等于指令 RETI 或者访问 IP、IE 指令时间加上再执行 1 条指令的时间。

执行 RETI 或者访问 IP、IE 指令，最长需要 2 个机器周期；再执行的指令，如果是乘法或者除法，最长需要 4 个机器周期；再加上执行长调用指令的 2 个机器周期，最长可达 8 个机器周期。

3.1.8 中断函数

C51 为中断定义了中断函数，在 C51 编译器中，自动添加了现场保护、阻断其他函数、返回时自动恢复现场等操作，因此在编写中断服务程序时只需要考虑编写中断函数即可。

中断服务函数的一般形式为：

> 函数类型 函数名(形式参数表) interrupt n using m

其中，n 表示中断号，对于 8051，n 取值为 0、1、2、3、4，该项为必选项。各中断源对应的中断号及中断向量如表 3.4 所示。

表 3.4 各中断源对应的中断号及中断向量

中断源	中断号	中断向量
外部中断 0	0	0003H
定时/计数器 T0	1	000BH
外部中断 1	2	0013H
定时/计数器 T1	3	001BH
串口中断	4	0023H

关键字 using 后的 m 是所选的寄存器组，对应于片内 RAM 空间中的 4 组工作寄存器，该项是可选项，若不用，则中断函数中的所有工作寄存器内容被保存到堆栈中。为了简便，编程时可以不选用。

在编写中断函数时，没有返回值，没有参数。

例如外部中断 0 的中断服务函数可以表示为：

> void exint0( ) interrupt 0 using 1

using 1 可以不写。

例如定时/计数器中断 0 的中断服务函数可以表示为：

> void intT0 ( ) interrupt 1

3.1.9 中断的应用

对于 2 个定时/计数器中断，将在 3.2 节定时/计数器中进行介绍，对于串口中断，将在 3.3 节串行接口一节中介绍，这里只介绍外部中断的应用。

8051 单片机有 2 个外部中断源，在实际应用中往往存在多个外部设备发出中断请求的情况，多外部中断源扩展硬件框图如图 3.10 所示。

在图 3.10 中，存在 4 个外部中断源，外部中断 0 经过非门连接到 8051 单片机的 $\overline{INT0}$ 引脚，外部中断 1、外部中断 2、外部中断 3 经过或非门后连接到 $\overline{INT1}$ 引脚。外部中断 1、外部中断 2、外部中断 3 分别连接到 8051 的 P2.1、P2.2、P2.3 引脚。

设置外部中断 0、外部中断 1 的触发方式为电平触发方式，即低电平有效。

当外部中断 0 信号为 1 时，经过非门后变成 0，向外部中断 0 发出中断请求。外部中断 1～3 任意一个为 1 时，经过或非门后都为 0，则向外部中断 1 发出中断请求。CPU 响应 $\overline{INT1}$ 的中断请求后，不知道哪个中断源发出的中断请求，因此在 INT1 服务程序中还需要检测 P2.1、P2.2、P2.3 引脚的电平状态，从而执行对应中断源的中断程序。这 3 个中断源的优先级由中断服务程序中对 P2.1、P2.2、P2.3 引脚的电平检测顺序决定。

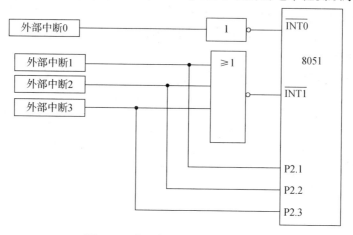

图 3.10 多外部中断扩展硬件框图

1. 单中断源应用

【例 3-3】如图 3.11 所示，独立按键 K1 接 AT89C51 单片机的 P3.2($\overline{\text{INT0}}$)引脚，LED0 接 51 单片机的 P1.1 引脚，外部中断 0 低电平触发。编程实现当按键 K1 未被按下时，LED0 交替闪烁，当按键 K1 被按下时，$\overline{\text{INT0}}$ 引脚产生低电平信号，触发外部中断 0，LED0 常亮。

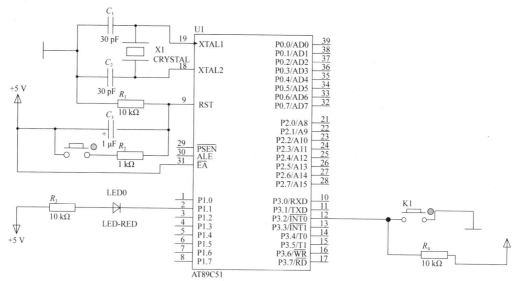

图 3.11 单中断源应用

解 参考程序如下：

```
#include<reg51. h>
sbit LED0 = P1^1;
#define uint unsigned int
void delay( uint k)                    //延时函数
```

```
{uint i,j;
    for(i=0;i<k;i++)
    for(j=0;j<200;j++);
}
main()
{
    EA=1;                          //总中断允许
    EX0=1;                         //INT0 允许
    IT0=0;                         //INT0 电平方式触发
    while(1)
    {
        LED0=0;                    //LED0 亮
        delay(200);                //延时
        LED0=1;                    //LED0 灭
        delay(200);                //延时
    }
}
void intx0()interrupt 0
{
    EX0=0;                         //关外部中断 0
    LED0=0;                        //LED0 亮
    EX0=1;                         //外部中断 0 允许
}
```

2. 多中断源应用

【例 3-4】如图 3.12 所示，按键 K0 ~ K7 接 P1 口，P2 口接 8 个 LED，8 个按键经过与非门 74LS30 后再经过非门 74LS04 接到单片机外部中断 0 引脚。编程要求实现当没有键被按下时，所有 LED 灭；如果有键被按下，产生外部中断 0，并使对应的 LED 点亮。

分析：无论哪个开关闭合，经过与非门 74LS30 和非门 74LS04 都会产生一个低电平外部中断信号，进入中断后需要判断是哪个按键闭合，并使对应的 LED 点亮。

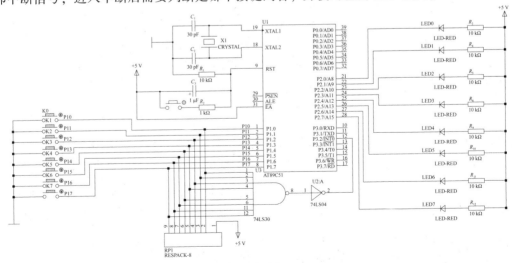

图 3.12　多中断源应用

解 参考程序如下：

```
#include<reg51.h>
sbit K0 = P1^0;
sbit K1 = P1^1;
sbit K2 = P1^2;
sbit K3 = P1^3;
sbit K4 = P1^4;
sbit K5 = P1^5;
sbit K6 = P1^6;
sbit K7 = P1^7;
main()
{
    EA=1;                        //总中断允许
    EX0=1;                       //INT0 允许
    IT0=0;                       //INT0 电平方式触发
    while(1)
    {
        P2=0Xff;                 //常灭
    }
}
void intx0()interrupt 0          //外部中断 0 函数
{
    EX0=0;                       //关外部中断 0
    if(K0==0)P2=0Xfe;            //如果 K0 闭合,LED0 亮
    if(K1==0)P2=0Xfd;            //如果 K1 闭合,LED1 亮
    if(K2==0)P2=0Xfb;            //如果 K2 闭合,LED2 亮
    if(K3==0)P2=0Xf7;            //如果 K3 闭合,LED3 亮
    if(K4==0)P2=0Xef;            //如果 K4 闭合,LED4 亮
    if(K5==0)P2=0Xdf;            //如果 K5 闭合,LED5 亮
    if(K6==0)P2=0Xbf;            //如果 K6 闭合,LED6 亮
    if(K7==0)P2=0X7f;            //如果 K7 闭合,LED7 亮
    EX0=1;                       //外部中断 0 允许
}
```

3. 中断嵌套应用

【例 3-5】如图 3.13 所示，独立按键 K1、K2 分别接 8051 的 P3.2（$\overline{INT0}$）、P3.3（$\overline{INT1}$）引脚，8051 P1 口外接 8 只 LED，外部中断 0、1 低电平触发。编程要求实现当按键 K1、K2 未被按下时，8 只 LED 由上到下流水点亮；当按键 K1 被按下，$\overline{INT0}$ 引脚产生低电平信号，触发外部中断 0，LED0 ~ LED3 点亮；此时如果按键 K2 被按下，$\overline{INT1}$ 引脚产生低电平信号，触发外部中断 1，LED4 ~ LED7 点亮。

分析： 由题意可知，外部中断 0 应设置为低优先级，外部中断 1 应设置为高优先级。无论 K1 是否被按下，只要 K2 被按下，都会执行外部中断 1 请求。

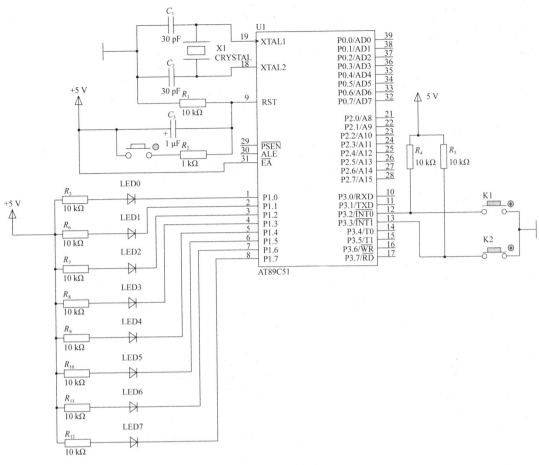

图 3.13 中断嵌套应用

解 参考程序如下：

```
#include<reg51. h>
#include<intrins. h>
sbit K1 = P3^2;
sbit K2 = P3^3;
#define uchar unsigned char
void forward();
void delay( uchar k)                    //延时函数
{uchar i,j;
    for(i=0;i<k;i++)
    for(j=0;j<200;j++);
}
main()
{
    EA=1;                               //总中断允许
    EX0=1;                              //INT0 允许
    IT0=0;                              //INT0 电平方式触发
```

```
        EX1 =1;                              //INT1 允许
        IT1 =0;                              //INT1 电平方式触发
        PX0 =0;                              //INT0 设置为低优先级
        PX1 =1;                              //INT1 设置为高优先级
        while(1)
        {
            forward();                       //LED 由上到下流水点亮
        }
    }
    void intx0()interrupt 0                  //外部中断 0 中断函数
    {
        EX0 =0;                              //关 INT0
        P1 =0Xf0;                            //LED0 ~ LED3 点亮
        EX0 =1;                              //开外部中断 0
    }
    void intx1()interrupt 2                  //外部中断 1 中断函数
    {
        EX1 =0;                              //关外部中断 1
        P1 =0X0f;                            //LED4 ~ LED7 点亮
        EX1 =1;                              //开外部中断 1
    }
    void forward()                           //LED 由上到下流水点亮
    {
        uchar i;
        uchar j=0xfe;                        //LED0 点亮
        for(i=0;i<8;i++)
        {
            delay(200);                      //延时
            j=_ crol_(j,1);                  //左移一位
            P1 =j;                           //轮流点亮
        }
    }
```

3.2 定时/计数器

在工业控制、生产生活中，常常需要定时功能，比如定时检测、定时输出、手机闹钟定时等。在汽车运行过程中，常常需要定时检测某些信号，比如定时检测汽车车速、发动机水温、电机扭矩，当然也常常要有计数功能。要想实现定时器、计数器功能，一般具有以下 3 种方法。

（1）软件定时：单片机 CPU 应用循环结构执行空语句，达到软件定时的目的。该方法简单易于实现，但是由于要占用 CPU 资源，因此降低了 CPU 利用率，而且定时精度较差。

（2）硬件定时：采用硬件定时电路，比如由 555 定时芯片组成硬件定时电路，但是一

且硬件电路连接好后，定时时间就不能修改。

（3）可编程的定时器：硬件定时不能对定时时间进行修改，即不可编程，如果利用可编程的定时器则定时时间可以由软件进行修改，灵活性高，使用方便。

8051 有 2 个可编程的定时/计数器 T0、T1，本节介绍 8051 定时/计数器结构、功能、工作原理、4 种工作方式，并能利用 8051 的 2 个定时/计数器 T0、T1 进行编程解决实际问题。

3.2.1 定时/计数器的结构

8051 的定时/计数器的结构框图如图 3.14 所示，其由加法计数器（初值寄存器）、TMOD 和 TCON 寄存器组成。

$Tx（x=0、1）$加法计数器由 2 个 8 位寄存器 THx 和 TLx 组成 1 个 16 位加法计数器。TMOD 和 TCON 寄存器实现对定时/计数器的控制和状态的查询。

定时/计数器 T0、T1 既可以实现定时功能又可以实现计数功能，定时功能是对 8051 内部的时钟信号进行计数实现的，定时时间 = 计数值×机器周期；而计数功能是对外部脉冲信号进行计数。由此可知无论是定时还是计数实质都是对脉冲信号进行计数，只是一个来自单片机内部，一个来自单片机外部。

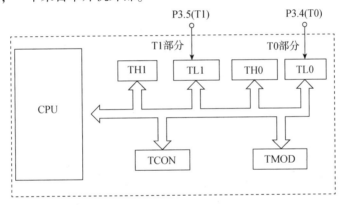

图 3.14 定时/计数器结构框图

1. 定时/计数器的工作模式寄存器 TMOD

TMOD 的格式如图 3.15 所示，地址为 89H，地址末位为 9H，不可位寻址，高 4 位和低 4 位分别实现对 T1、T0 的控制，TMOD 寄存器实现对定时/计数器功能选择和工作模式的设定，其各位的含义如下。

TMOD	D7	D6	D5	D4	D3	D2	D1	D0
(89H)	GATE	$C/\overline{T}$	M1	M0	GATE	$C/\overline{T}$	M1	M0
	←——定时/计数器T1——→				←——定时/计数器T0——→			

图 3.15 TMOD 的格式

（1）GATE：门控位。当 GATE = 0 时，Tx 的启动仅受 TCON 寄存器的 $TRx（x=0，1）$位控制；当 GATE = 1 时，Tx 的启动受 TCON 寄存器的 $TRx（x=0，1）$位和外部中断引脚 $\overline{INTx}$（$x=0，1$）共同控制。

（2）C/$\overline{\text{T}}$：定时/计数器功能选择位。当 C/$\overline{\text{T}}$=0 时，选择定时功能，对时钟信号 12 分频后进行计数，因此一个计数脉冲时间等于一个机器周期，每隔一个机器周期，计数值加 1，当计数器加满后，产生溢出，计数器清零。因此由机器周期和计数值可以算出定时时间，即定时时间=计数值×机器周期。

当 C/$\overline{\text{T}}$=1 时，选择计数功能，对外部输入引脚脉冲信号进行计数，对 T1 而言，是对 P3.5（T1）引脚的外部负跳变脉冲信号进行采样，对 T0 而言，是对 P3.4（T0）引脚的外部负跳变脉冲信号进行采样，如果采样到负跳变信号，那么在下一个机器周期 S3P1 时刻计数器加 1。

（3）M1、M0：工作模式选择位，8051 的定时/计数器对应的工作方式如表 3.5 所示。

表 3.5 定时/计数器对应的工作方式

M1	M0	工作方式	方式说明
0	0	0	13 位定时/计数器，最大计数值 2^{13}（8 192）
0	1	1	16 位定时/计数器，最大计数值 2^{16}（65 536）
1	0	2	8 位自动重装载定时/计数器，最大计数值 2^8（256）
1	1	3	只有 T0 分为 2 个 8 位计数器，T1 停止计数

2. 定时/计数器的控制寄存器 TCON

TCON 寄存器是用于控制 T0、T1 的启动和溢出，可以位寻址，其格式如图 3.16 所示。其高 4 位对定时/计数器 T0、T1 进行控制，低 4 位用于中断，在中断系统中已经作了详细介绍。

TCON	D7	D6	D5	D4	D3	D2	D1	D0
(88H)	TF1	TR1	TF0	TR0	IE1	IT1	IE0	IT0

图 3.16 TCON 的格式

（1）TFx（x=0、1）：溢出标志位。当定时/计数器计数满时，产生溢出，该位由硬件自动置 1。产生溢出后有中断和查询 2 种方式处理中断，采用中断方式时，计数满后，自动转向中断服务程序进行处理，进入中断后硬件自动将该位清零；采用查询方式时，CPU不断查询该位的状态，当查询到该位为 1 时，表示计数已满，执行对应的程序操作，采用查询方式处理必须由软件将该位清零。

（2）TRx（x=0、1）：运行控制位。该位置 1 表示启动定时/计数器，该位为 0 表示停止运行定时/计数器，该位由用户根据需要进行设置。

3.2.2 定时/计数器的工作方式

1. 工作方式 0

Tx 工作方式 0 的结构框图如图 3.17 所示，加法计数器由 TLx 的低 5 位和 THx 的高 8 位构成。因此最大计数值为 2^{13}=8 192。

当 C/$\overline{\text{T}}$=0 时，开关 S1 接通振荡器，此时为定时器模式；C/$\overline{\text{T}}$=1 时，开关 S1 接通外

部引脚 Tx，此时为计数器模式，即定时/计数器可以实现 2 个功能：定时和计数。

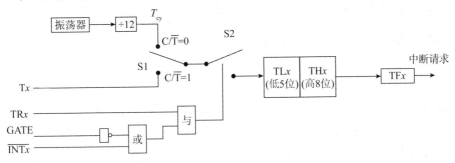

图 3.17　Tx 工作方式 0 的结构框图

当开关 S2 为 1 时，开关闭合，此时电路接通；当开关 S2 为 0 时，开关断开，此时电路断开。

当 GATE＝0 时，无论 $\overline{\text{INT}x}$ 为何种状态，或门输出都为 1，只要 TRx 为 1，与门输出就为 1，开关 S2 闭合；当 GATE＝1 时，或门输出 0，只有 $\overline{\text{INT}x}$ 为 1 时，或门输出才为 1，此时 TRx 为 1，与门输出为 1，即开关 S2 闭合。

由此可知 GATE＝0 时，定时/计数器的启动仅受 TRx 控制；GATE＝1 时，定时/计数器的启动受 TRx 和 $\overline{\text{INT}x}$ 共同控制。

8051 的定时/计数器是加 1 计数器，每来一个脉冲，计数器就加 1，当计数器计数满时，产生溢出，此时硬件自动将 TFx 位置位，即表示计数或者定时时间到。若定时/计数器从 0 开始计数，则定时时间为 2^{13} 与单片机机器周期的乘积，若单片机的时钟电路固定，则机器周期是一个定值，那么定时时间是个定值。在实际应用中，往往根据需要调整定时时间，因此就需要改变定时/计数器的计数初值，下面介绍计数初值和 TMOD、TCON 寄存器的设置方法。

1）定时/计数器计数初值计算方法

设定时/计数器计数初值为 x，定时时间为 $T_{定时}$，单片机的机器周期为 T_{cy}，则有

$$T_{定时} = (2^{13} - x) \times T_{cy}$$

【例 3-6】若 8051 的时钟频率为 12 MHz，定时时间为 5 ms，定时器采用工作方式 0，求计数初值。

解　系统时钟频率为 12 MHz，设计数初值为 x，则机器周期为

$$T_{cy} = \frac{12}{f_{osc}} = \frac{1 \times 12}{12 \times 10^6}\,\text{s} = 1 \times 10^{-6}\,\text{s} = 1\ \mu\text{s}$$

代入公式有

$$5 \times 10^{-3} = (2^{13} - x) \times 1 \times 10^{-6}$$

解得 $x = 3\ 192 = 0\text{xc78}$。

2）TMOD 设置方法

若采用定时/计数器 T0，由于 TMOD 不可以位寻址，因此需要对整个寄存器进行设置。在 TMOD 寄存器中，需要对低 4 位进行设置，则在低 4 位中，$C/\overline{T}=0$，为定时功能，

M1M0 = 00，GATE = 0，高4位不用都设置为0，所以 TMOD = 00000000B = 0x00。

若采用定时/计数器 T1，在 TMOD 寄存器中，需要对高4位进行设置，则在高4位中，$C/\overline{T} = 0$，为定时功能，M1M0 = 00，GATE = 0，低4位不用都设置为0，所以 TMOD = 00000000B = 0x00。

3）TCON 设置方法

TCON 寄存器的低4位与外部中断有关，因此不用设置，在高4位中，TF1、TR1 是对定时/计数器 T1 进行设置的，TF0、TR0 是对定时/计数器 T0 进行设置的。而 TF0 和 TF1 位是定时/计数器计数满后由硬件自动置1的供查询的状态位，因此也不用设置，只需要对 TR1、TR0 进行设置，当选择定时/计数器 T0 时，由软件将 TR0 位置1即可，即 TR0 = 1；当选择定时/计数器 T1 时，由软件将 TR1 位置1即可，即 TR1 = 1。

2. 工作方式1

Tx 工作方式1的结构框图如图3.18所示，加法计数器低8位由 TLx，高8位由 THx 构成，因此最大计数值为 $2^{16} = 65\ 536$。

若系统时钟频为12 MHz，则最大定时时间为

$$T_{\max} = 2^{16} \times T_{\text{cy}} = 2^{16} \times 1\ \mu s = 65\ 536\ \mu s$$

其工作原理同工作方式0，这里不再赘述，则有

$$T_{定时} = (2^{16} - x) \times T_{\text{cy}}$$

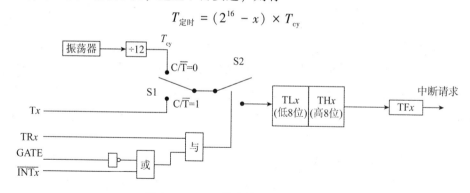

图3.18　Tx 工作方式1的结构框图

3. 工作方式2

在工作方式0和工作方式1中，计数器计满溢出后，计数器全为0，因此在需要循环定时或者计数的场合，必须通过软件重新装初值，CPU 执行重装指令会花费时间，这会影响定时精度，因此工作方式2采用了自动重装载方式，解决了这个问题。

Tx 工作方式2的结构框图如图3.19所示，计数器只用了 TLx，而 THx 用于装初值。当 TLx 计数满溢出时，硬件自动将 TFx 位置1，同时自动将 THx 计数初值装入 TLx，使 TLx 重新开始计数。因此省去了软件重新装初值指令的执行时间，定时时间非常精确。

Tx 在工作方式2的工作过程如图3.20所示。

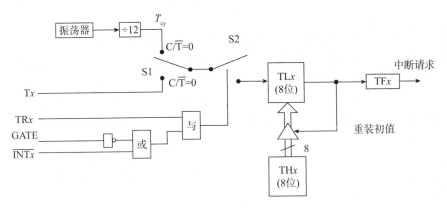

图 3.19　Tx 工作方式 2 的结构框图

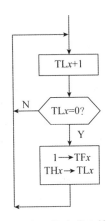

图 3.20　Tx 在工作方式 2 的工作过程

工作方式 2 为 8 位重装载模式，因此最大计数值为 $2^8 = 256$。

若系统时钟频率为 12 MHz，则最大定时时间为

$$T_{max} = 2^8 \times T_{cy} = 2^8 \times 1\ \mu s = 256\ \mu s$$

定时时间计算公式为

$$T_{定时} = (2^8 - x) \times T_{cy}$$

【例 3-7】若系统时钟频率为 12 MHz，定时时间为 250 μs，单片机采用工作方式 2，定时/计数器应如何设置？

解　系统时钟频率为 12 MHz，设计数初值为 x，则机器周期为

$$T_{cy} = \frac{1 \times 12}{12 \times 10^6}\ s = 1 \times 10^{-6}\ s = 1\ \mu s$$

代入公式有

$$250 \times 10^{-6} = (2^8 - x) \times 1 \times 10^{-6}$$

解得 $x = 6 = 0x06$。

若采用 T0，对于 TMOD 寄存器，需要对低 4 位进行设置，则在低 4 位中，$C/\overline{T} = 0$，为定时功能，M1M0 = 10，GATE = 0，高 4 位不用，可以都设置为 0，所以 TMOD = 00000010B = 0x02。

若采用 T1，对于 TMOD 寄存器，需要对高 4 位进行设置。则在高 4 位中，$C/\overline{T} = 0$，为定时功能，M1M0 = 00，GATE = 0，低 4 位不用，可以都设置为 0，所以 TMOD = 00100000B =

0x20。

TCON 寄存器的设置：TCON 寄存器的低 4 位与外部中断有关，因此不用设置。在高 4 位中，TF1、TR1 是对 T1 进行设置的，TF0、TR0 是对 T0 进行设置的。而 TF0 和 TF1 位是定时/计数器计数满后由硬件自动置 1 的，供查询的状态位，因此也不用设置，只需要对 TR1、TR0 进行设置，当选择 T0 时，由软件将 TR0 位置 1 即可，即 TR0 = 1；当选择 T1 时，由软件将 TR1 位置 1 即可，即 TR1 = 1。

4. 工作方式 3

8051 单片机有 2 个定时/计数器，为了在实际应用中扩展定时/计数器个数，采用工作方式 3 可增加 1 个定时/计数器。

1）工作方式 3 下的 T0

工作方式 3 只适用于 T0，T0 被分为两部分，TL0 可作为定时/计数器使用，占用了 T0 全部资源；而 TH0 只能作定时器使用，占用了 T1 的中断资源。若要 T1 停止工作，则将 T1 设为方式 3 即可。工作方式 3 下的 TL0 和 TH0 结构框图如图 3.21、图 3.22 所示。

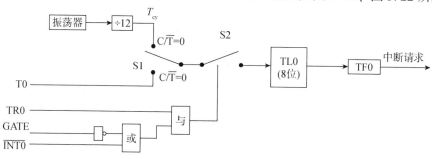

图 3.21 工作方式 3 下的 TL0 结构框图

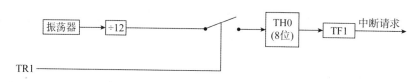

图 3.22 工作方式 3 下的 TH0 结构框图

2）T0 工作在工作方式 3 时，T1 的工作方式

由于 T0 工作在方式 3 时占用了 TR1 和 TF1 位，此时 T1 可用于不需要中断的场合，经常用作串口波特率发生器，T1 可工作于工作方式 0、1 或 2，若设置为工作方式 3，则停止计数。T0 工作在工作方式 3 时 T1 的工作方式如图 3.23 所示。

（1）T1 工作在工作方式 0。

T1 工作在工作方式 0 的结构框图如图 3.23（a）所示。

（2）T1 工作在工作方式 1。

T1 工作在工作方式 1 的结构框图如图 3.23（b）所示。

（3）T1 工作在工作方式 2。

T1 工作在工作方式 2 的结构框图如图 3.23（c）所示，仍然是 8 位重装载模式，此时可用作串口波特率发生器。

（4）T1 工作在工作方式 3。

当 TMOD 寄存器高 4 位中 M1M0 = 11 时，T1 工作在工作方式 3，此时 T1 停止计数。

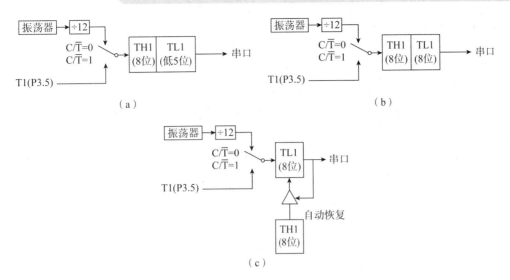

图 3. 23　T0 工作在工作方式 3 时 T1 的工作方式

(a)T1 工作在工作方式 0；(b)T1 工作在工作方式 1；(c)T1 工作在工作方式 2

从对工作方式 0、工作方式 1 的分析可知，计数器从初值开始加 1 计数，计数满后产生溢出，计数器变为 0，此时是从初值 0 开始计数。若需要反复定时场合，则计数器产生溢出后，需要用户重新用指令装入初值。而定时/计数器工作于工作方式 2 时，可以自动装入初值，不再需要用户编程重新装入初值。

3. 2. 3　对外部输入计数信号的要求

当定时/计数器工作在计数功能时，是对外部 P3. 4(T0) 或 P3. 5(T1) 引脚的事件进行计数。

当输入信号产生负跳变时，计数器加 1。由于确认高电平 1 需要 1 个机器周期，确认低电平 0 需要 1 个机器周期，因此确认一次负跳变需要 2 个机器周期，即 24 个振荡器周期，因此对于来自 P3. 4(T0) 或 P3. 5(T1) 引脚的外部输入，计数脉冲的最高频率为振荡器频率的 1/24，对外部输入信号的要求如图 3.24 所示，图中 T_{cy} 为机器周期。

例如，若单片机的振荡频率为 6 MHz，则允许从 P3. 4 或 P3. 5 引脚输入计数脉冲的最高频率为 250 kHz；若单片机的振荡频率为 12 MHz，则允许从 P3. 4 或 P3. 5 引脚输入计数脉冲的最高频率为 500 kHz。

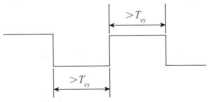

图 3. 24　对外部输入信号的要求

3. 2. 4　定时/计数器的应用

学习前面定时/计数器的知识，最终目的是在实际系统中，应用定时/计数器解决实际问题。这里一共涉及 3 个寄存器，分别是 TMOD、TCON 及初值寄存器(THx、TLx)，定时/计数器的应用程序初始化包括以下内容。

（1）设置 TMOD：确定工作模式及功能（定时或者计数）。

（2）计算计数初值，写入 THx、TLx。

（3）将对应启动位设置为 1，即 TRx = 1。

（4）若采用中断方式，则需要设置 IE：开放定时器中断，编写中断服务程序；若采用查询方式，则查询对应 TFx 位状态，若为 1 则进行相应处理。

【例 3-8】 Proteus 电路图如图 3.25 所示，系统时钟频率为 12 MHz，应用 T0 编程实现从 P1.1 输出周期为 500 μs 的方波。

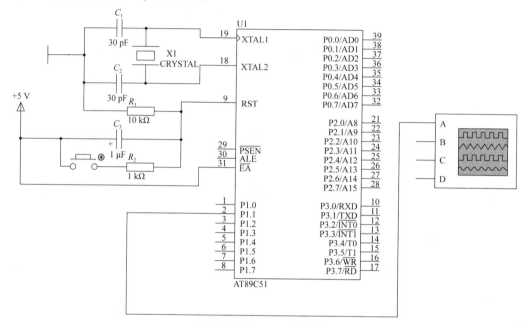

图 3.25　Proteus 电路图

解　利用定时/计数器产生周期性的定时，定时时间到后对 I/O 口进行相应的处理。如果要求产生周期性的方波，则定时时间到后对输出端取反。由于定时周期为 500 μs，因此高、低电平持续时间各为 250 μs。

（1）TMOD 寄存器的设置。

51 单片机有 2 个定时/计数器，选用 T0 定时，TMOD 寄存器中 C/$\overline{\text{T}}$ = 0，如果采用工作方式 0，则 M1M0 = 00，TMOD = 0000 0000B = 0x00；如果采用工作方式 1，M1M0 = 01，则 TMOD = 0000 0001B = 0x01；如果采用工作方式 2，M1M0 = 10，则 TMOD = 0000 0010B = 0x02。

选用 T1 定时，如果采用工作方式 0，则 TMOD = 0000 0000B = 0x00；如果采用工作方式 1，则 TMOD = 0001 0000B = 0x10；如果采用工作方式 2，则 TMOD = 0010 0000B = 0x20。

（2）计数初值计算。

如果采用工作方式 0，设计数初值是 x，则有

$$T_{\text{定时}} = (2^{13} - x) \times T_{\text{cy}} = (2^{13} - x) \times \frac{1 \times 12}{f_{\text{osc}}}$$

$$250 \times 10^{-6} = (2^{13} - x) \times T_{\text{cy}} = (2^{13} - x) \times \frac{1 \times 12}{12 \times 10^{6}}$$

解得 $x = 7\ 942 = 0\text{x}1\text{F}06$。

如果采用工作方式 1，设计数初值是 x，则有

$$T_{\text{定时}} = (2^{16} - x) \times T_{\text{cy}} = (2^{16} - x) \times \frac{1 \times 12}{f_{\text{osc}}}$$

$$250 \times 10^{-6} = (2^{16} - x) \times T_{\text{cy}} = (2^{16} - x) \times \frac{1 \times 12}{12 \times 10^{6}}$$

解得 $x = 65\ 286 = 0\text{x}\text{FF}06$。

如果采用工作方式 2，设计数初值是 x，则有

$$T_{\text{定时}} = (2^{8} - x) \times T_{\text{cy}} = (2^{8} - x) \times \frac{1 \times 12}{f_{\text{osc}}}$$

$$250 \times 10^{-6} = (2^{8} - x) \times T_{\text{cy}} = (2^{8} - x) \times \frac{1 \times 12}{12 \times 10^{6}}$$

解得 $x = 6 = 0\text{x}06$。

（3）TCON 寄存器的设置。

在 TCON 寄存器中，需要设置启动定时/计数器。

如果选用 T0，则 TR0 = 1；如果选用 T1，则 TR1 = 1。

（4）中断处理。

定时时间到后，若采用中断处理，则需要设置 IE，总中断开关 EA = 1，如果选用 T0，那么 ET0 = 1；如果选用 T1，那么 ET1 = 1。

下面以采用定时/计数器 T0，工作方式 2，中断处理方式为例，参考程序如下：

```
#include<reg51. h>              //包含特殊功能寄存器库
sbit P1_1=P1^1;
void main()
{
    TMOD=0x02;
    TH0=0x06;
    TL0=0x06;
    EA=1;
    ET0=1;
    TR0=1;
    while(1);
}
void time0_int(void) interrupt 1      //中断服务程序
{
    P1_1=! P1_1;

}
```

下面以采用定时/计数器 T0，工作方式 2，查询处理方式为例，参考程序如下：

```
#include<reg51. h>                    //包含特殊功能寄存器库
sbit P1_1=P1^1;

void main()
{
    TMOD=0x02;
    TH0=0x06;TL0=0x06;
    TR0=1;
    for(;;)
    {
        if( TF0==1)                   //查询计数溢出
        {TF0=0;
        P1_1=! P1_1;}
    }
}
```

在 Proteus 中进行仿真，在示波器上得到的仿真波形如图 3.26 所示。

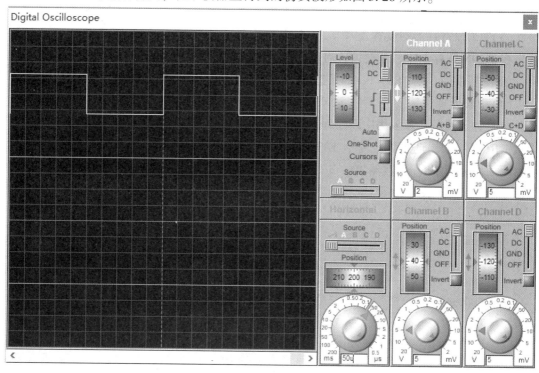

图 3.26　在示波器上得到的仿真波形

【例 3-9】Proteus 电路图如图 3.25 所示，系统时钟频率为 12 MHz，编程实现从 P1.1 输出周期为 1 s 的方波。

分析：题目要求产生周期为 1 s 的方波信号，要求高电平持续时间为 500 ms，低电平持续时间为 500 ms。如果系统时钟频率为 12 MHz，定时/计数器工作在工作方式 0、1、2 下最大的定时时间分别为 8 192 μs、65 536 μs、256 μs，因此无论采用哪种方式均不能达到定时 500 ms。这时用一个变量 i 记录定时/计数器进入中断的次数，如果定时/计数器定时时间为 10 ms，那么进入中断 50 次就可以达到定时 500 ms 的目的，再对输出口进行取反操作。除此以外还有很多方式。如：

定时 1 ms，进入中断 500 次；

定时 2 ms，进入中断 250 次；

定时 5 ms，进入中断 100 次；

定时 10 ms，进入中断 50 次；

定时 20 ms，进入中断 25 次；

定时 25 ms，进入中断 20 次；

定时 50 ms，进入中断 10 次……

本例中采用定时/计数器 T0 在工作方式 1 下定时 10 ms，进入中断 50 次的方式实现。

解　（1）中断处理方式。参考程序如下：

```c
#include<reg51.h>              //包含特殊功能寄存器库
sbit P1_1=P1^1;
unsigned char i;
void main()
{
    TMOD=0x01;
    TH0=0xd8;
    TL0=0xf0;
    EA=1;
    ET0=1;
    TR0=1;
    i=0;
    while(1);
}
void time0(void) interrupt 1           //中断服务程序
{
    TH0=0xd8;TL0=0xf0;
    i++;
    if(i==50)
    {P1_1=! P1_1;i=0;}
}
```

（2）用定时/计数器 T1 计数实现。

定时/计数器 T1 工作于计数方式时，计数脉冲通过 T1（P3.5）输入，设定时/计数器 T0 定时 10 ms，定时时间到对 T1（P3.5）取反一次，则 T1（P3.5）每 20 ms 产生一个计数脉冲，计数 25 次即可定时 500 ms。参考程序如下：

```c
#include<reg51.h>              //包含特殊功能寄存器库
sbit P1_1=P1^1;
sbit P3_5=P3^5;
void main()
{
    TMOD=0x61;
```

```
        TH0 = 0xd8;TL0 = 0xf0;
        TH1 = 0xE7;TL1 = 0xE7;
        EA = 1;ET0 = 1;ET1 = 1;
        TR0 = 1;TR1 = 1;
        while(1);
    }
    void time0(void) interrupt 1                    //T0 中断服务程序
    {
        TH0 = 0xd8;TL0 = 0xf0;
        P3_5 = ! P3_5;
    }
    void time1_int(void) interrupt 3                //T1 中断服务程序
    {
        P1_1 = ! P1_1;
    }
```

【例 3-10】Proteus 电路图如图 3.27 所示，系统时钟频率为 12 MHz，采用 T0 工作于工作方式 1，编程实现在 P1.0 引脚上输出一个周期为 2 ms 的方波，产生的方波信号示意图如图 3.28 所示。

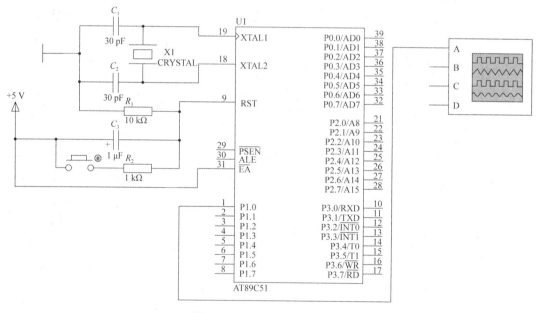

图 3.27　Proteus 电路原理图

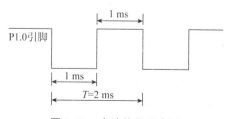

图 3.28　方波信号示意图

解 时钟频率 f_{osc} 为 12 MHz，机器周期为

$$T_{cy} = 12 \times \frac{1}{f_{osc}} = 1 \ \mu s$$

设 T0 的初值为 x，则有

$$T_{定时} = (2^{16} - x) \times T_{cy} = (2^{16} - x) \times \frac{1 \times 12}{f_{osc}}$$

解得 $x = 64\ 536$。

TH0 = 0xfc，TL0 = 0x18，或者 TH0 = 64536/256，TL0 = 64536%256。

参考程序如下：

```
#include<reg51. h>
sbit P1_0=P1^0;
void main()
{
    TMOD=0x01;
    TR0=1;
    while(1)
    {
        TH0=0xfc;
        TL0=0x18;
        do{}while(! TF0);
        {TF0=0;
        P1_0=! P1_0;
        }
    }
}
```

在 Proteus 中进行仿真，示波器上得到的 2 ms 方波信号波形如图 3.29 所示。

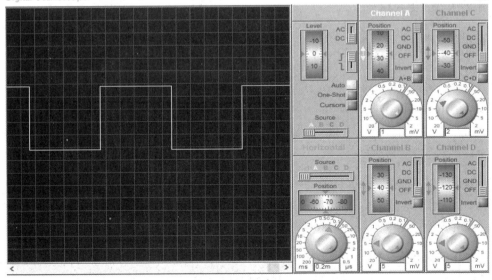

图 3.29 2 ms 方波信号波形

【**例 3-11**】若时钟频率为 6 MHz，采用 T1 工作于工作方式 1，在 P1.5 引脚上输出一个

周期为 4 ms 的方波。

解 晶振的频率 f_{osc} 为 6 MHz，机器周期为

$$T_{cy} = 12 \times \frac{1}{f_{osc}} = 2 \ \mu s$$

设 T1 的初值为 x，则有

$$T_{定时} = (2^{16} - x) \times T_{cy} = (2^{16} - x) \times \frac{1 \times 12}{f_{osc}}$$

解得 $x = 64\ 536$。

TH1 $= 0xfc$，TL1 $= 0x18$，或者 THl $= 64536/256$；TL1 $= 64536\%256$。

查询方式参考程序如下：

```
#include<reg51. h>
sbit P1_5=P1^5;
void main()
{
    TMOD=0x10;                   //定时/计数器 T1 工作在工作方式 1
    TR1=1;                       //启动 T1
    while(1)
    {
        TH1=0xfc;                //T1 初值高 8 位
        TL1=0x18;                //T1 初值低 8 位
        do{}
        while(! TF1);            //定时时间到执行下面程序,时间未到等待
        P1_5=! P1_5;             //P1.5 口取反
        TF1=0;                   //T1 溢出标志位清零
    }
}
```

中断方式参考程序如下：

```
#include<reg51. h>
sbit P1_5=P1^5;
void main()
{
    TMOD=0x10;                   //定时/计数器 T1 工作在工作方式 1
    TR1=1;                       //启动 T1
    TH1=0xfc;                    //T1 初值高 8 位
    TL1=0x18;                    //T1 初值低 8 位
    EA=1;                        //开总中断
    ET1=1;                       //开 T1 中断
    while(1);                    //等待
}
void time1() interrupt 3        //T1 中断程序
{
    P1_5=! P1_5;                 //P1.5 口取反
```

```
        TH1 =0xfc;                          //T1 初值高 8 位
        TL1 =0x18;                          //T1 初值低 8 位
    }
```

在 Proteus 中进行仿真，在示波器上得到的 4 ms 方波信号波形如图 3.30 所示。

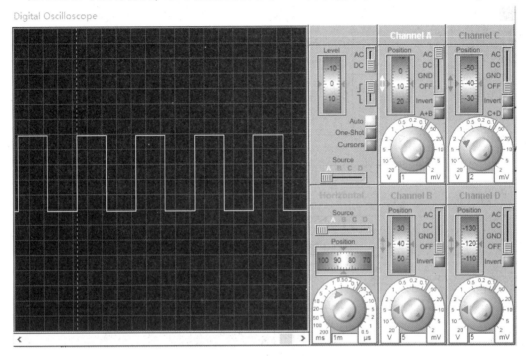

图 3.30　4 ms 方波信号波形

【例 3-12】Proteus 电路原理图如图 3.31 所示，时钟频率为 12 MHz，P1 口接有 8 只 LED，采用 T0 工作于工作方式 1 的中断方式，编程实现 8 只 LED 每 0.5 s 闪亮一次。

分析：时钟频率为 12 MHz 时，工作方式 1 最大定时时间为 65 536 μs，题目要求定时 0.5 s，不能满足要求，这里采用定时 50 ms，进入中断 10 次来实现。计算得定时器 T0 初值为 15 536＝0x3cb0。

解　参考程序如下：

```
#include<reg51. h>
unsigned char i=0;                          //进入中断次数的变量
void main()
{
        TMOD=0x01;                          //T0 工作在工作方式 1
        TH0 =0x3c;TL0 =0xb0;                //放初值
        EA=1;ET0=1;TR0=1;                   //开总中断,T0 中断,启动 T0
        while(1);                           //等待定时时间到,进入中断函数
}
void    intT0( ) interrupt 1                //T0 中断函数
{
        TH0 =0x3c;TL0=0xb0;                 //放初值
        i++;
```

```
    if(i==10)                    //判断定时时间是否到
    {P1 = ~ P1;                  //定时时间到后 P1 口取反
       i=0;                      //变量清零
    }
}
```

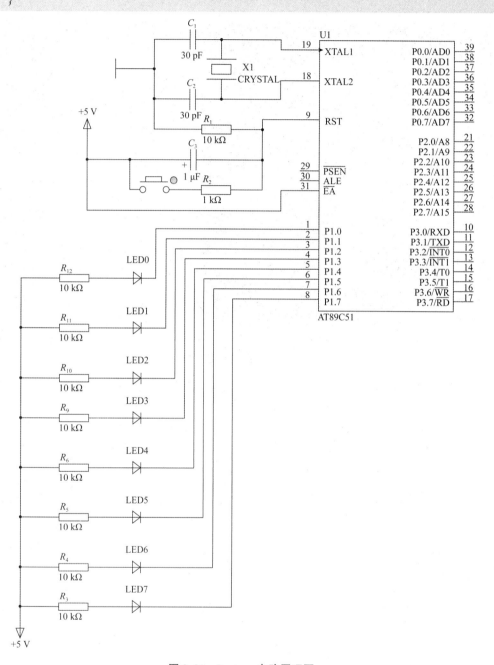

图 3.31　Proteus 电路原理图

【例 3-13】系统时钟频率为 12 MHz，应用定时/计数器编写程序实现从 P1.4 引脚上输出一个方波，该方波高电平和低电平持续时间各为 1 ms，如图 3.32 所示。

解　若采用 T0 工作于工作方式 1，则初值为 64 536=0xfc18。参考程序如下：

```
#include<reg51. h>
sbit P1_4=P1^4;
void main()
{
    TMOD=0x01;                      //T0 工作在工作方式 0
    TR0=1;                          //启动 T0
    while(1)                        //无限循环
    {
        TH0=0xfc;TL0=0x18;          //放初值
        while(! TF0);               //TF0 为 1 执行下面程序,TF0 为 0 等待
        {P1_4=! P1_4;               //P1.4 引脚取反
            TF0=0;                  //清 TF0 位
        }
    }
}
```

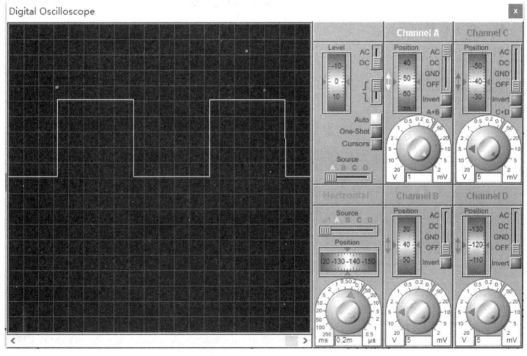

图 3.32 高低电平各为 1 ms 的方波

【例 3-14】Proteus 电路原理图如图 3.33 所示,时钟频率为 12 MHz,应用定时/计数器编写程序实现从 P1.7 引脚上输出一个矩形波,要求该矩形波高电平持续时间为 1 ms,低电平持续时间为 2 ms。

分析:由于题目中要求的高低电平周期不同,因此需要用 2 个定时/计数器,这里 T0 工作于工作方式 1 定时 1 ms,T1 工作于工作方式 1 定时 2 ms。计算得出 T0 初值为 64 536 = 0xfc18,T1 初值为 63 536 = 0xf830。由于要求高电平周期为 1 ms,因此在程序中先使 P1.7 口输出高电平。

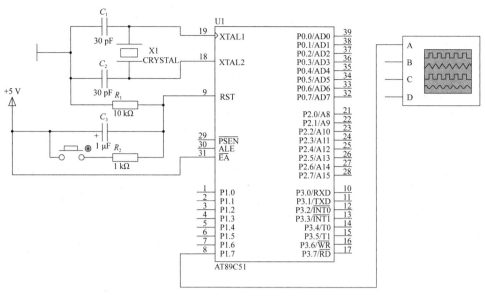

图 3.33 Proteus 电路原理图

解 参考程序如下：

```
#include<reg51. h>
sbit P1_7=P1^7;
void main()
{
    TMOD=0x11;              //T0 工作在工作方式 1,T1 工作在工作方式 1
    TR0=1;                  //启动 T0
    TH0=0xfc;TL0=0x18;      //T0 赋初值
    P1_7=1;                 //P1.7 输出高电平
    EA=1;                   //开总中断
    ET0=1;                  //开 T0 中断
    ET1=1;                  //开 T1 中断
    while(1);               //等待 T0 定时 1 ms 时间到
}
void tim0()interrupt 1     //T0 中断服务程序
{
    P1_7=! P1_7;           //P1.7 输出状态取反
    TR0=0;                  //关 T0 中断
    TH1=0xf8;TL1=0x30;      //T1 赋初值
    TR1=1;                  //启动 T1
}
void tim1()interrupt 3     //T1 中断服务程序
{
    P1_7=! P1_7;           //P1.7 输出状态取反
    TH0=0xfc;TL0=0x18;      //T0 赋初值
    TR0=1;                  //启动 T0
    TR1=0;                  //关 T1 中断
}
```

在 Proteus 中进行仿真，在示波器上得到的矩形波如图 3.34 所示。

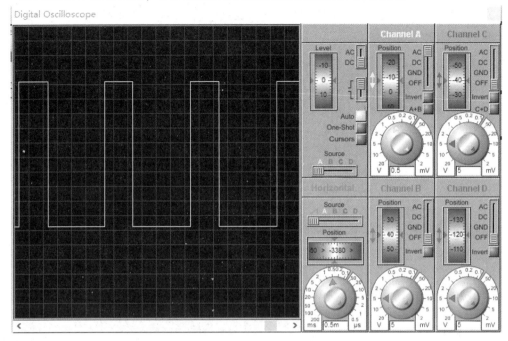

图 3.34 高、低电平分别为 1 ms、2 ms 的矩形波

【例 3-15】汽车在转向时需要打开转向灯开关，国标中规定转向信号灯闪烁频率为 60～120 次/min，设计基于 8051 单片机的转向灯控制系统电路图如图 3.35 所示，编写程序实现左转向和右转向功能。

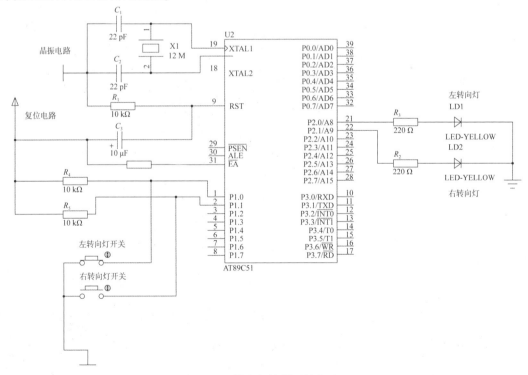

图 3.35 转向灯控制系统电路图

分析：本例中设计转向灯闪烁频率为 60 次/min，即每秒钟闪烁 1 次，频率为 1 Hz，周期为 1 s，高电平和低电平定时时间各为 500 ms。

解 参考程序如下：

```
#include<reg51. h>                    //包含8051单片机寄存器的头文件
#include<intrins. h>                  //包含一些函数定义的头文件
#define uchar unsigned char
#define uint unsigned int
sbit left=P2^0;                       //左转向灯
sbit right=P2^1;                      //右转向灯
sbit key_left=P1^0;                   //左转向灯开关
sbit key_right=P1^1;                  //右转向灯开关
unsigned int LedTimeCount;
void Led_left()                       //左转向灯闪
{
    if(LedTimeCount>=500)             //500 ms
    {
        LedTimeCount=0;
        left= ~ left;                 //LED 状态标志取反
    }
}
void Led_right()                      //右转向灯闪
{
    if(LedTimeCount>=500)             //500 ms
    {
        LedTimeCount=0;
        right= ~ right;               //LED 状态标志取反
    }
}
void Timer0Init(void)
{
    TMOD=0X01;                        //定时器 0 工作在工作方式 1
    TH0=(65536- 1000)/256;           //定时器赋初值,定时 1 ms
    TL0=(65536- 1000)%256;
    ET0=1;
    TR0=1;
    EA=1;
}
void timer0Isr(void)interrupt 1
{
    TH0=(65536- 1000)/256;           //定时器重装初值,定时 1 ms
```

```
        TL0 = (65536 - 1000)% 256;
        LedTimeCount++;                         //LED 计数器加 1
}
void main()
{
    left=0;
    right=0;
    Timer0Init();
    while(1)
    {
        if(key_left==0)              //按键按下
        Led_left();
        if(key_left==1)              //按键弹开
        left=0;
        if(key_right==0)             //按键按下
        Led_right();
        if(key_right==1)             //按键弹开
        right=0;
    }
}
```

3.3　串行接口

近年来，随着物联网及智能化的发展，通信技术应用越来越广泛，单片机需要与外部进行信息交换。比如车速作为汽车的一个重要信息，用于发动机管理系统、自动变速器、汽车仪表显示系统等，如果采用多个传感器测量车速，不仅会增加硬件成本，而且车上的引线也会非常烦琐，这时就需要将一个传感器检测的车速信息交予各个系统共用，这就涉及单片机与单片机的通信问题。不仅如此，单片机与计算机之间也需要通信。

3.3.1　通信概述

通常将计算机或单片机与外设之间的信息交换称为通信，通信分为并行通信和串行通信两种方式。

1. 并行通信与串行通信

并行通信指数据的各位用多条数据线同时发送或者接收，每位数据占用一条数据线，此外还需要信号线或者控制线，如图 3.36 所示。图 3.36 中的并行通信一次可以传送 8 位数据位，此外还有两条信号线。如果要传送一个字节的数据，传送一次即可完成。并行通信传送速度快、控制简单，但是需要的传输线多，适用于近距离传输，长距离传输时成本高。

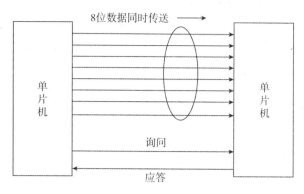

图 3.36　并行通信示意图

串行通信指数据的各位按顺序一位一位在一条传输线上传送，如图 3.37 所示。因此无论要传送多少位数据，都只要一条数据线，另外还需要一条公共地线和一些控制线。串行通信的优点是只需要一对传输线（如电话线），占用硬件少，降低了传输成本，适用于远距离通信；但是其传送时需要一位一位地传送，传送速度较慢，而且在控制上比并行通信复杂。

图 3.37　串行通信示意图

2. 串行通信方式

1）异步串行通信

当通信的发送方和接收方都使用各自的时钟控制数据的发送和接收时，称为异步串行通信。为了使发送方和接收方双方协调，要求双方的时钟尽可能一致。异步串行通信示意图和数据格式如图 3.38、图 3.39 所示。

异步串行通信是以数据帧（字符）为单位进行传输的，帧与帧之间的时间间隔任意，传输时低位在前、高位在后，每一帧信息由起始位、数据位、校验位和停止位组成。

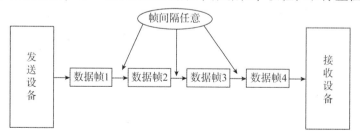

图 3.38　异步串行通信示意图

起始位	D0	D1	D2	D3	D4	D5	D6	D7	校验位	停止位

图 3.39　异步串行通信数据格式

其中：起始位为 0；数据位占 5～8 位，图 3.39 中为 8 位数据位 D0～D7；校验位占 1位，是可编程位，此位也可以省略；停止位为 1，可以占 1 位、1 位半或 2 位，表示一帧信息结束。

在异步串行通信时，双方必须事先约定好字符格式和波特率。

（1）字符格式。

在异步串行通信时，为了保证收、发双方对信息的理解一致，必须事先约定一帧信息的格式，即字符格式。如编码的形式、起始位、停止位及校验位。原则上字符格式由通信双方自由约定，但是从通用的角度出发，字符格式一般采用标准格式。

（2）波特率。

在通信系统中，涉及传输速率的问题，即数据传输的快慢，用波特率表示，单位为 bit/s。波特率等于每秒传输的字符数乘以一个字符的二进制编码位数。在异步串行通信中，要求双方波特率必须相同，否则不能正确接收信息。

比如某异步串行通信系统中，数据传送率为 240 字符/s，每个字符包含 10 位，求波特率。

每个字符传送的位数为 10 位，因此波特率为

$$10 \times 240 = 2\,400 \ (\text{bit/s})$$

由此可以看出：异步串行通信不要求双方时钟严格一致，而且硬件简单、应用范围广，在单片机应用系统中，常采用异步串行通信。

2）同步串行通信

由于在异步串行通信中，每传送一组数据（5～8 位），要附加起始位、停止位或者校验位（2～3 位），降低了数据传输效率。同步串行通信则是去掉了起始位和停止位，将要传送的数据连成一组数据块，在数据块的开头附加 1～2 个同步字符。

同步串行通信双方必须采用一个同步时钟，以达到完全同步的目的。采用同步串行通信时，双方约定好通信的格式，发送方先发送同步字符，然后发送数据。接收方检测到发送方发送的同步字符后，开始接收数据信息，按照事先约定好的格式拼成一个个数据字节，等整个数据接收完毕，经过校验正确后，一帧信息传送完毕。若数据块之间有间隔，则采用同步字符填充，同步串行通信示意图和数据格式如图 3.40、图 3.41 所示。

由此可以看出同步串行通信传输速率高，但是硬件比较复杂。

图 3.40　同步串行通信示意图

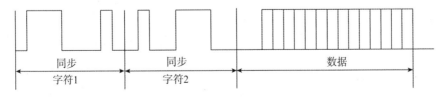

图 3.41　同步串行通信数据格式

3. 串行通信的数据传输方式

在串行通信中，根据信息的传送方向可以分为单工、半双工和全双工 3 种传送方式，

如图 3.42 所示。

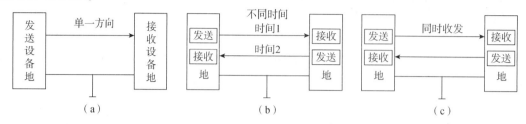

图 3.42　串行通信的传送方式

(a)单工；(b)半双工；(c)全双工

(1)单工方式。如图 3.42(a)所示，数据传输是单向的，仅能从发送方到接收方，沿着固定的方向传输。除了需要一条数据线外，还需要一条共地线。

(2)半双工方式。如图 3.42(b)所示，数据传输可以分时双向，但同一时刻只能单向传输，因此一般需要一条数据线。

(3)全双工方式。如图 3.42(c)所示，数据可同时双向传输，因此需要两条数据线。

4. 串行通信的错误校验

为了保证数据传输的正确性，串行通信常采用错误校验方式，错误校验一般分为奇偶校验、代码和校验及循环冗余校验 3 种。

1)奇偶校验

串行通信中，发送的数据是由 0 和 1 组成的数据块，根据发送数据 1 的个数决定校验位是 1 还是 0。采用奇校验时，传输的数据中 1 的个数与校验位 1 的位数之和为奇数；偶校验时，传输的数据中 1 的个数与校验位 1 的位数之和为偶数。接收方对 1 的个数进行校验，如果不一致，则说明传输数据出现错误，通知发送方重发。

2)代码和校验

发送方将要发送的数据求和，产生所发送帧信息的校验字符填充到校验位；同样，接收方在接收数据时，也按此方法算出校验字符，如果计算的字符与发送方发送的校验字符一致，表示传输正确，否则错误。

3)循环冗余校验

采用某种数学运算实现有效信息与校验信息之间的循环冗余校验，正确率高，在同步通信中应用广泛。

3.3.2　串行接口结构

8051 单片机有一个全双工的异步串口，全双工指通信双方可以同时双向传输，异步指双方使用各自的时钟，发送方和接收方均可以通过查询或中断方式处理。

8051 单片机串口内部结构框图如图 3.43 所示，通过 RXD(P3.0)接收信息，TXD(P3.1)发送信息。发送缓冲器和接收缓冲器 SBUF 共用一个地址 99H，串口控制寄存器 SCON 用于存放控制和状态信息。另外电源控制寄存器 PCON 用于改变串口波特率，波特率发生器由定时器 T1 组成。

当发送信息时，CPU 执行一条写指令将要发送的数据写入发送缓冲器，发送给接收方，即 SBUF = sd，其中，sd 为要发送的信息。要发送的信息通过 TXD(P3.1)引脚一位一位地发送出去，发送完毕后，发送中断标志位 TI 由硬件置 1；当接收信息时，将要接收的信息写入接收缓冲器，接收完后 RI 位由硬件置 1，并将接收缓冲器的信息取出以备使用，即 rd＝SBUF。其中，rd 表示接收到的信息。由图 3.43 可知，由于 RI、TI 是或的关系，因此无论是发送完成还是接收完成，都会产生串口中断。

在进行串行通信时，有 2 个寄存器 SCON 和 PCON 需要用户进行设置。

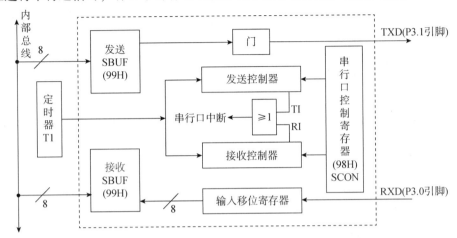

图 3.43　串口内部结构框图

1. 串口控制寄存器 SCON

SCON 的格式如图 3.44 所示。

SCON	D7	D6	D5	D4	D3	D2	D1	D0
(98H)	SM0	SM1	SM2	REN	TB8	RB8	TI	RI

图 3.44　SCON 的格式

SM0、SM1：串口工作模式选择位，2 位，每位有 0、1 两种状态，共 4 种工作方式，如表 3.6 所示，其中 f_{osc} 为单片机时钟频率。

表 3.6　串口工作方式

SM0	SM1	工作方式	说明	波特率
0	0	0	同步移位寄存器方式（用于扩展 I/O 口）	$f_{osc}/12$
0	1	1	8 位异步通信（双机通信）	可变，由定时器控制
1	0	2	9 位异步通信（多机通信）	$f_{osc}/32$ 或 $f_{osc}/64$
1	1	3	9 位异步通信（多机通信）	可变，由定时器控制

SM2：多机通信控制位，用于工作方式 2、工作方式 3。

在工作方式 0 下，SM2 必须设置为 0；

在工作方式 1 下，若 SM2＝1，则只有接收到有效停止位，接收才有效；

在工作方式 2 或方式 3 下，若 SM2＝0，则无论 RB8 是 0 还是 1，都将接收到的前 8 位数据送到接收 SBUF 中，硬件将 RI 置 1，发出中断请求；若 SM2＝1，则只有接收到 RB8＝1，硬件才将 RI 置 1，将接收到的前 8 位数据送到接收 SBUF 中，发出中断请求；当接收到 RB8＝0 时，将接收的数据丢弃。

REN：位地址为 9CH，允许接收位。REN＝1，允许接收；REN＝0，禁止接收。

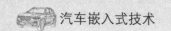

TB8：位地址为9BH，发送数据的第9位。

串口工作在双机通信时，该位作奇偶校验位；工作在多机通信时，TB8=1表示发送的是地址帧，TB8=0表示发送的是数据帧。

RB8：位地址为9AH，接收数据的第9位。

在工作方式0下，不用RB8位；

在工作方式1下，若SM2=0，则RB8表示接收到的是停止位；

在工作方式2和工作方式3下，则RB8存放的是接收到的第9位数据。

TI：发送中断标志位。

在工作方式0下，串口发送完8位数据，硬件将TI置1，在其他工作方式下，串口开始发送停止位时，硬件将TI置1，表示一帧信息发送完毕。可以申请串口中断或查询方式处理，无论用哪种方式处理，TI都必须由用户清零。

RI：接收中断标志位。

工作方式0下，接收完8位数据，硬件将RI置1；在其他工作方式下，当串口接收到停止位时，硬件将RI置1，表示接收完一帧数据。可以申请串口中断或查询方式处理，无论用哪种方式处理，RI都必须由用户清零。

2. 电源控制寄存器 PCON

PCON的格式如图3.45所示，低4位是掉电模式控制位，在第2章中已经介绍过。SMOD为波特率倍增位，用于改变串口波特率。

SMOD=0时，串口波特率不倍增；SMOD=1时，串口波特率加倍。

PCON	D7	D6	D5	D4	D3	D2	D1	D0
(98H)	SMOD	–	–	–	GF1	GF0	PD	IDL

图 3.45 PCON 的格式

3.3.3 串口工作方式

由对SCON寄存器的分析可知，串口的4种工作方式对应不同的工作模式，具体如下。

1. 工作方式 0

当串口工作于工作方式0，即SM0=0，SM1=0时，为同步移位寄存器方式，用于扩展并行I/O口，不是通信。

工作方式0的帧格式如图3.46所示，即只有8位数据，传输时低位在前，高位在后，波特率为$f_{osc}/12$。

…	D0	D1	D2	D3	D4	D5	D6	D7	…

图 3.46 工作方式 0 的帧格式

1）工作方式0下发送

在工作方式0下发送时，TXD引脚输出同步移位脉冲，当向发送缓冲器SBUF写入数据时，产生一个正脉冲信号，发送的8位数据以$f_{osc}/12$的固定波特率从RXD引脚串行发出，先发送D0，最后发送D7，发送完后，硬件将TI置1，发送时序如图3.47所示。

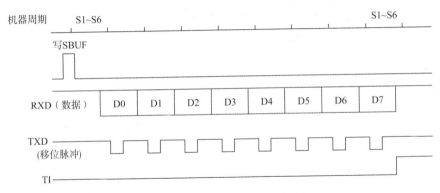

图 3.47 在工作方式 0 下发送时序

2）工作方式 0 下接收

工作方式 0 下接收与工作方式 0 下发送对应，首先要把 REN 置 1，即允许设备接收，同时软件将接收中断标志位清零，即 RI = 0，然后产生一个正脉冲信号，串口开始接收数据，TXD 引脚依然是输出同步移位脉冲，数据从 RXD 引脚串行输入。当接收完 8 位数据时，硬件将 RI 置 1，接收时序如图 3.48 所示。

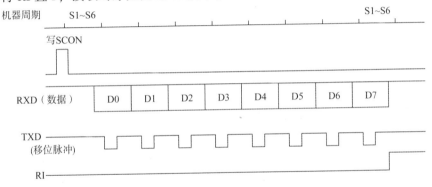

图 3.48 在工作方式 0 下接收时序

2. 工作方式 1

当串口工作于工作方式 1，即 SM0 = 0，SM1 = 1 时，串口为双机通信，如图 3.49 所示，其帧格式如图 3.50 所示。

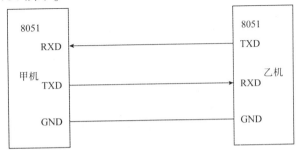

图 3.49 工作方式 1 下的双机通信图

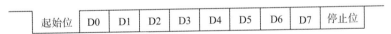

图 3.50 工作方式 1 的帧格式

在工作方式 1 下发送的数据位为 8 位,除此以外还有 1 位起始位、1 位停止位,一帧信息一共是 10 位。工作方式 1 的波特率由 T1 和 SMOD 共同决定,具体设置方法见波特率设置部分。

1)工作方式 1 下发送

工作方式 1 下发送时序如图 3.51 所示,其中 TX 为发送时钟,频率等于串口波特率,$\overline{SEND}$ 为内部发送控制信号,当 CPU 执行一条向发送缓冲器 SBUF 写入数据指令时,$\overline{SEND}$ 由高电平拉为低电平,同时开始从 TXD 引脚发送起始位,紧跟着为 8 位数据位,每产生一个移位脉冲,发送一位数据,8 位数据发送完后,硬件将串口 TI 置 1,$\overline{SEND}$ 由低电平拉为高电平,变为无效信号。8 位信息发送完成后插入停止位 1。

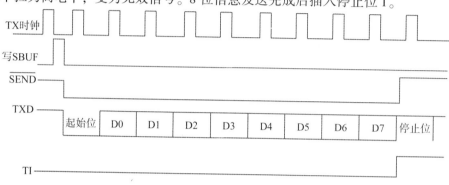

图 3.51　工作方式 1 下发送时序

2)工作方式 1 下接收

在工作方式 1 下接收时序如图 3.52 所示,其中 RX 时钟为接收时钟,其频率等于接收方的波特率。位检测采样信号来自位检测器,频率等于 RX 时钟频率的 16 倍。在工作方式 1 下,接收方接收数据前用户必须用软件将允许接收位 REN 置 1,接收的数据从 RXD 引脚输入,位检测采样器以 16 倍波特率的频率对 RXD 引脚进行采样,当检测到负跳变时启动检测器,接收值是 3 次(第 7、8、9 个脉冲)采样取 2 次相同的值,以确认起始位(负跳变)开始,这样可以很好地消除干扰的影响。

当 RXD 引脚接收完一帧数据后,必须同时满足以下两个条件,接收才有效,数据装入 SBUF,否则该帧数据被丢弃。

(1)RI=0,即上帧数据接收完成时,RI=1 发出的中断请求已被响应,SBUF 中的数据已被取走,说明"接收 SBUF"已空。

(2)SM2=0 或收到的停止位=1(在工作方式 1 下,停止位装入 RB8),则将接收到的数据装入 SBUF 和 RB8(装入的是停止位),且接收中断标志 RI 置 1。

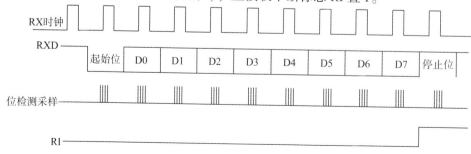

图 3.52　在工作方式 1 下接收时序

3. 工作方式 2、工作方式 3

当串口工作于工作方式 2，即 SM0 = 1，SM1 = 0 时，以及串口工作于工作方式 3，即 SM0 = 1，SM1 = 1 时的帧格式如图 3.53 所示。工作方式 2、工作方式 3 为 9 位数据通信模式，与工作方式 1 相比仅多了一位 D8 位。

在工作方式 2 和工作方式 3 下帧格式相同，通信过程相同，仅波特率不同，具体请参照波特率设置方法部分。

图 3.53　工作方式 2、工作方式 3 的帧格式

1）工作方式 2、工作方式 3 下发送

发送前，将发送的 D8 位装入 SCON 的 TB8 位，根据需要可将该位作奇偶校验（双机）或地址/数据标志位（多机）。检测到 TI = 0 后，CPU 将要发送的数据写入 SBUF，硬件将 TB8 位取出装入 D8，按位依次发送，发送完毕后，硬件将 TI 位置 1，发送时序如图 3.54 所示。

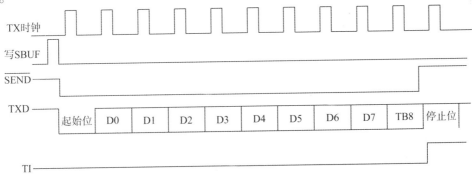

图 3.54　在工作方式 2、工作方式 3 下发送时序

2）工作方式 2、工作方式 3 下接收

接收前将 REN 置 1，数据从 RXD 引脚接收，当位检测器检测到 RXD 引脚负跳变，并判断起始位有效后，开始接收信息，当接收完 9 位信息后，若同时满足以下两个条件，接收到的信息有效，将接收到的前 8 位数据送入 SBUF，第 9 位数据送入 RB8，硬件将 RI 置 1；否则信息被丢弃，接收时序如图 3.55 所示。

（1）RI = 0，接收缓冲器为空。

（2）SM2 = 0 或 RB8 = 1。

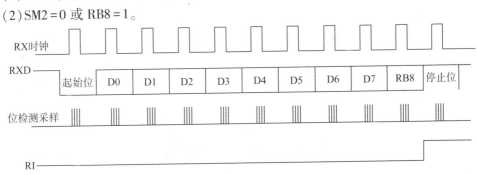

图 3.55　在工作方式 2、工作方式 3 下接收时序

3.3.4 波特率设置方法

在异步串行通信中，发送方和接收方对通信的速率要事先约定，下面就 4 种工作方式波特率设置方法进行介绍。

1. 工作方式 0

工作方式 0 为同步移位寄存器方式，每个机器周期产生一个移位脉冲，发送一位或接收一位数据，因此工作方式 0 的波特率为时钟频率的 1/12，即

$$波特率_0 = f_{osc}/12$$

2. 工作方式 2

在工作方式 2 下，波特率与 SMOD 和 f_{osc} 有关，即

$$波特率_2 = \frac{2^{SMOD}}{64} \cdot f_{osc}$$

设时钟频率为 12 MHz，在工作方式 2 下，若 SMOD = 0，则波特率为 187.5 kHz；若 SMOD = 1，则波特率为 375 kHz。

3. 工作方式 1、工作方式 3

在工作方式 1、工作方式 3 下，串口的移位脉冲由 T1 溢出率决定，波特率为

$$波特率_{1,3} = \frac{2^{SMOD}}{32} \cdot T1\ 溢出率$$

一般采用 T1 工作于工作方式 2(8 位初值重装载模式)作波特率发生器，这样可以省去装初值的时间，避免软件重装初值产生的定时误差。

T1 溢出率为定时器 T1 在 1 s 内溢出的次数，即

$$T1\ 溢出率 = \frac{1}{T1\ 定时时间}$$

若定时器 T1 定时初值为 X，则

$$T1\ 定时时间 = \frac{1 \times 12}{f_{osc}}(2^8 - X)$$

因此在工作方式 1 和工作方式 3 下，串口波特率为

$$波特率_{1,3} = \frac{2^{SMOD}}{32} \cdot \frac{f_{osc}}{12(256 - X)}$$

由此可算出在工作方式 1、工作方式 3 下，T1 工作在工作方式 2 时的初值为

$$X = 256 - \frac{f_{osc} 2^{SMOD}}{32 \times 12 \times 波特率} = 256 - \frac{f_{osc} 2^{SMOD}}{384 \cdot 波特率}$$

【例 3-16】若 8051 的时钟频率为 12 MHz，串口工作在工作方式 1 下，波特率为 2 400 bit/s，选用 T1 工作于工作方式 2 作波特率发生器，求定时器 T1 的初值 X。

解 设 SMOD = 0，串口工作在工作方式 1 时，波特率为

$$波特率_1 = \frac{2^{SMOD}}{32} \cdot \frac{f_{osc}}{12(256 - X)}$$

$$X = 256 - \frac{12 \times 10^6 \times 2^0}{384 \times 2\ 400} \approx 243 = F3H$$

此时定时器 T1 的初值约等于 243，TH1 = TL1 = F3H。也就是说当向定时器 T1 装入初值 F3H 时，串口产生的波特率并不是 2 400 bit/s，此时就会产生误差。为了使定时器 T1 的初值为精确的整数值，选择系统的时钟频率为 11.059 2 MHz，代入公式计算：

$$X = 256 - \frac{11.059\ 2 \times 10^6 \times 2^0}{384 \times 2\ 400} = 244 = F4H$$

通常情况下，选用 11.0592 MHz 频率，串口波特率都是整数值，如 2 400、4 800、9 600。如果系统的时钟频率采用 12 MHz 或者 6 MHz，计算的定时器 T1 的初值不是整数，通信时产生误差，随时间推移，累计误差会增大，因此为了不影响串行通信的同步，一般会采用 11.059 2 MHz 的时钟频率。T1 工作在工作方式 2 下，常用的波特率、定时初值、误差等之间的对应关系如表 3.7 所示。

表 3.7　常用的波特率、定时初值、误差等之间的对应关系

波特率 /(bit·s⁻¹)	晶振/MHz	SMOD=0		SMOD=1		波特率 /(bit·s⁻¹)	晶振 /MHz	SMOD=0		SMOD=1	
		初值	误差/%	初值	误差/%			初值	误差/%	初值	误差/%
1 200	11.059 2	0xE8	0	0xD0	0	1 200	12	0xE6	0.16	0xCC	0.16
2 400	11.059 2	0xF4	0	0xE8	0	2 400	12	0xF3	0.16	0xE6	0.16
3 600	11.059 2	0xF8	0	0xF0	0	3 600	12	0xF7	-3.55	0xEF	2.12
4 800	11.059 2	0xFA	0	0xF4	0	4 800	12	0xF9	-6.99	0xF3	0.16
9 600	11.059 2	0xFD	0	0xFA	0	9 600	12	0xFD	8.51	0xF9	-6.99
14 400	11.059 2	0xFE	0	0xFC	0	14 400	12	0xFE	8.51	0xFC	8.51

3.3.5　串口硬件设计

在单片机通信系统应用中，常采用单片机与单片机之间、单片机与电脑之间进行通信，在进行设计时，需要考虑以下几个问题：

（1）根据系统需要确定通信距离和传输速率；

（2）根据（1）确定串口的标准；

（3）通信线的选择，一般选用双绞线，再根据通信距离选择线的直径，若应用系统中干扰较多，则选择有屏蔽层的双绞线。

1. 双机通信技术

在双机通信中，硬件连接有以下多种形式。

1）TTL 信号直接传输

当通信距离小于 1.5 m 时，可以采用单片机自带的 TTL 电平直接传输，如图 3.56 所示，这时需要通信双方共地。

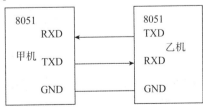

图 3.56　TTL 信号直接传输

2）RS-232C 电平传输

当通信双方的距离为 1.5～30 m 时，可采用 RS-232C 标准接口实现，电路框图如图 3.57 所示，通信双方共地。

RS-232C 接口是标准的串口，在电气特性上规定如下：

逻辑"1"：-5～-15 V；

逻辑"0"：+5～+15 V。

单片机电平与 TTL 电平兼容，TTL 电平在电气特性上规定如下：

逻辑"1"：>2.4 V；

逻辑"0"：<0.4 V。

由于 TTL 电平和 RS-232C 电平不兼容，因此需要转换，在实际应用中，多采用 MAX232A 芯片或 MAX232 芯片完成以上 2 种电平的转换，MAX232A 芯片与 MAX232 芯片完全兼容。该芯片内部集成 2 个发送器和 2 个接收器，具有 TTL 输入到 MAX232 信号输出和 MAX232 信号输入到 TTL 输出功能。MAX232 芯片引脚及内部结构分别如图 3.58、图 3.59 所示。

RS-232C 标准规定电缆长度要小于 15 m，最高传输速率为 20 kbit/s。

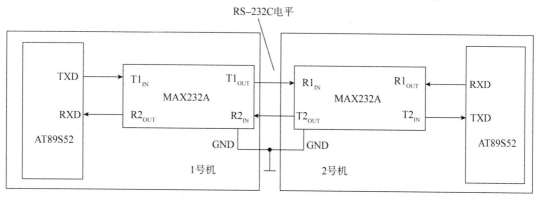

图 3.57　RS-232C 电平传输电路框图

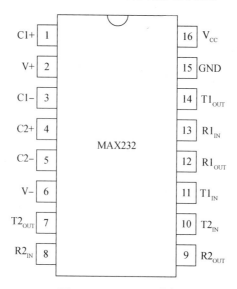

图 3.58　MAX232 引脚

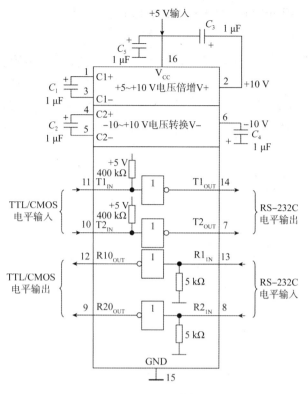

图 3.59 MAX232 内部结构

3）RS-422A、RS-485 信号传输

RS-232C 电平传输速率低、通信距离短、易干扰，因此当传输距离大于 15 m 时，可采用 RS422A、RS-485 标准信号传输。

RS-422A、RS-485 传输与 RS-232C 电平传输和 TTL 信号直接传输最大的区别是通信双方不再共地。RS-422A、RS-485 采用双线差分信号传输，有效抑制远距离传输产生的信号干扰。

RS-422A 传输更快、传输距离更远，最大传输速率可以达到 10 Mbit/s（电缆为 12 m 时），传输距离为 1 000 m 时，传输速率可以达到 100 kbit/s。为了增加传输距离和传输可靠性，RS-422A 可以采用光电隔离的方法，其通信接口电路如图 3.60 所示。为了起到隔离、抗干扰的作用，图 3.60 中的光电耦合器必须使用 2 组独立电源。

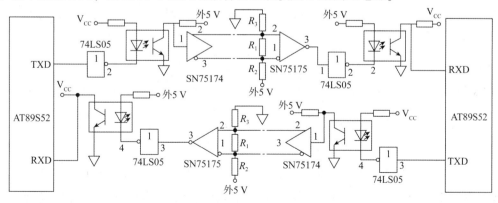

图 3.60 RS-422A 通信接口电路

RS-422A 传输采用四芯线，对于长距离通信成本高，因此在工业控制中，常采用 RS-485，RS-485 是 RS-422A 的变形，采用双绞线。

RS-422A 采用两对平衡差分信号线，而 RS-485 采用一对平衡差分信号线，易实现多机通信，RS-485 最多可并联 32 台驱动器和 32 台接收器，RS-485 通信接口电路如图 3.61 所示。SN75176 芯片实现 TTL 电平与 RS-485 电平相互转换，MAX485 芯片也可以实现这两种电平之间的转换。RS-485 最大传输速率和传输距离可分别达 10 Mbit/s、1 219 m，传输速率与距离成反比。

3 种串口的性能比较如表 3.8 所示。

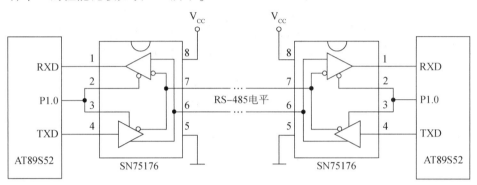

图 3.61　RS-485 通信接口电路

表 3.8　3 种串口的性能比较

	接口		
	RS-232C	RS-422A	RS-485
功能	全双工	全双工	全双工
信号线传输方式	单端	差分	差分
电平"0"/V	3～15	2～6	1.5～6
电平"1"/V	−3～−15	−2～−6	−1.5～−6
最大传输速率	20 kbit/s	10 Mbit/s	10 Mbit/s
最大传输距离/m	30	1 200	1 200
组态方式	点对点	10 台驱动器、10 台驱动器	32 台驱动器、32 台驱动器
抗干扰能力	弱	强	强
常用驱动芯片	MAX232、MC1488	SN75174、MC3487	SN75174、MC3487、MAX485
常用接收芯片	MAX232、MC1489	SN75175、MC3486	SN75174、MC3486、MAX485
传输线	扁平或者多芯电缆	2 对双绞线	1 对双绞线

2. 多机通信技术

8051 的串口工作于工作方式 2、工作方式 3 下可实现多机通信，多机通信时，常采用主从结构，如图 3.62 所示。主机从 TXD 发送的信息可以被所有从机通过 RXD 接收，任一从机从 TXD 发送的信息均可被主机通过 RXD 接收。

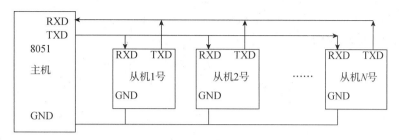

图 3.62　多机通信结构框图

进行多机通信时，需要设置 SM2 位，除此以外还需要设置 TB8、RB8 位，若主机给从机发送的是地址，则 TB8 位设置为 1；若主机给从机发送的是数据或命令，则 TB8 位设置为 0。当从机接收时可以根据 SM2 情况分为以下 2 种情况。

(1)SM2 = 1 时，若从机接收到 RB8 = 0，则 RI 不置 1，不产生中断，信息丢失；若从机接收到 RB8 = 1，则将 RI 置 1，产生中断请求，并将接收到的信息装入从机的接收缓冲器 SBUF 中。

(2)SM2 = 0 时，无论接收的 RB8 是 0 还是 1，都将 RI 置 1，产生中断请求，并将接收到的信息装入从机的接收缓冲器 SBUF 中。

主机发送给从机的信息分为地址帧(RB8 = 1)和数据帧(RB8 = 0)，多机通信过程如下：

(1)首先对从机进行多机通信初始化，即设置串口工作在工作方式 2(SM0 = 1，SM1 = 0)或者工作方式 3(SM0 = 1，SM1 = 1)，且 REN = 1(处于允许接收状态)、SM2 = 1(可以进行多机通信)，此时从机只能接收主机的地址帧，称为从机复位。

(2)由于 8051 的多机通信是主从模式，因此主机首先要确定与哪个从机进行通信，即主机先发送地址帧，设置 TB8 = 1，同时发送一帧信息(包括 8 位数据和 TB8 = 1)。从机都接收主机信息，并将 RI 位置 1，产生串口接收中断，接收到的数据放入 SBUF 中，在接收中断服务程序中，判断主机发送的地址是否与本机地址相同，若相同，则软件将该从机的 SM2 清零，准备接收主机的数据；若不相同，则不作处理，直到主机发来新的地址帧。

(3)主机紧接着发送数据帧，设置 TB8 = 0，地址相符的从机接收该数据帧。接收结束后，软件置 SM2 = 1，等待接收主机发来的新地址。

(4)当主机与其他从机通信时，再发地址帧激活其他从机。

3.3.6　综合应用

由于 8051 只有 32 个 I/O 口，数量有限，因此在实际应用中常需要扩展。工作方式 0 既可以扩展并行输入口，用于检测外设(比如开关，按键)状态，又可扩展并行输出口，用于控制外设(比如 LED)状态，无论哪种形式都需要外接芯片。扩展并行输出口，常采用 74LS164、CD4094 芯片；扩展并行输入口，常采用 74LS165、CD4014 芯片。【例 3-17】是扩展并行输出口，【例 3-18】是扩展并行输入口。

【例 3-17】8051 外接串入并出芯片 CD4094 扩展并行输出口，如图 3.63 所示，编写程序控制 8 个 LED，使 LED 从左向右循环点亮。

分析：CD4094 是一个 8 位串入并出芯片，有 16 个引脚，8051 单片机 TXD 与 CD4094 的 3 脚 CLK 相连，用于产生时钟信号，8051 单片机 RXD 与 CD4094 的 2 脚 DATA 相连，P1.7 引脚与 CD4094 的 1 脚 STB 相连，CD4094 的 8 个并行输出口 Q0 ~ Q7 接 8 只 LED。

CD4094 芯片工作原理如下：当控制 STB = 0 时，打开串行输入端，在时钟信号 CLK 的控制下，数据从串行输入端 DATA 依次输入，一个时钟周期输入一位；当控制 STB = 1 时，打开并行端，CD4094 中的 8 位数据从 Q0 ~ Q7 端并行输出。

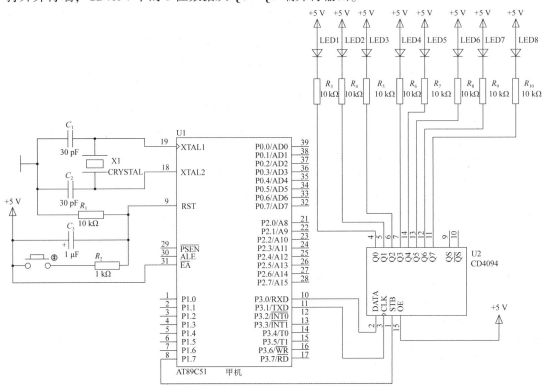

图 3. 63　8051 单片机扩展并行输出口

解　参考程序(查询方式)如下：

```
#include<reg51. h>                //包含特殊功能寄存器头文件
sbit P1_7=P1^7;

void delay()                     //延时函数
{
    unsigned int i,j;
    for(j=0;j<200;j++)
    for(i=0;i<100;i++)
    ;
}
void main()
{
    unsigned char i=0x80;
    SCON=0x00;                   //设置串口工作在工作方式0
    while(1)
    {
        P1_7=0;                  //打开CD4094串行输入端
        SBUF=i;                  //8051串口发送数据i
        while(! TI) {;}          //等待发送完毕
```

```
        P1_7=1;                        //CD4094 数据并出 LED 显示
        TI=0;                          //清发送中断标志位
        delay();
        i=i/2;                         //循环点亮 LED
        if(i==0x00)
        {i=0x80;}
    }
}
```

【**例 3-18**】8051 单片机外接并入串出芯片 CD4014，CD4014 的 CLK 和 P/S 分别与 8051 单片机的 TXD 和 P1.7 相连，如图 3.64 所示。编写程序实现 8 个开关的检测，并使对应发光二极管点亮。

分析：CD4014 是一个 8 位并行输入串行输出芯片，一共有 16 个引脚，如果 P/S=1，CD4014 将检测到的 D0～D7 信息写入内部寄存器中；若 P/S=0，在时钟信号 CLK 控制下，CD4014 将内部寄存器的 8 位数据从 Q7～Q5 端输出，先传输高位再传输低位。

图 3.64 中 CD4014 的 Q7 端与 8051 单片机的 RXD 相连，数据可以从 4014 的 Q7 端串行输入 8051，8051 将接收到的信息通过发光二极管显示出来。

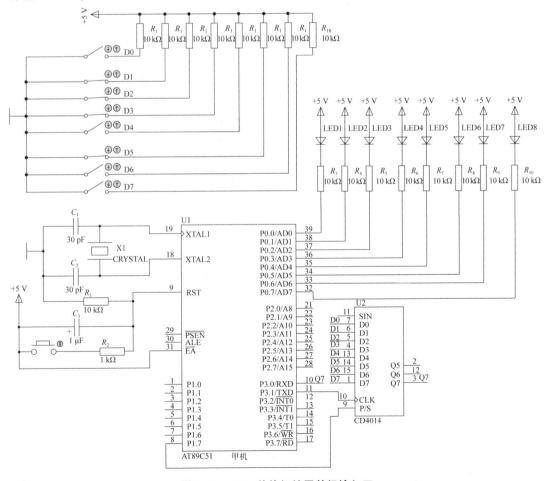

图 3.64 8051 单片机扩展并行输入口

解 参考程序如下：

```
#include<reg51. h>                     //加载 8051 寄存器
#include<intrins. h>
sbit P1_7=P1^7;
void main()
{
    unsigned char i;                   //中间变量
    while(1)
    {
        P1_7=1;{_nop_();_nop_();_nop_();} //CD4014 并入,采集开关状态
        P1_7=0;{_nop_();_nop_();_nop_();} //CD4014 串出给 8051
        SCON=0x10;                     //串口初始化为方式 0,允许接收
        while(! RI){;}                 //等待接收完毕
        RI=0;                          //接收标志位清零
        i=SBUF;                        //接收到收据放入变量 i
        P0=i;                          //P0 口输出显示
    }
}
```

【例 3-19】甲、乙双机通信仿真图如图 3.65 所示，甲、乙的 P2 口分别接 1 位 LED 数码管，2 位 LED 数码管共阴极，要求甲机发送 0 ~ F 字符给乙机，甲机将发送的字符送至第一位 LED 数码管显示，乙机将接收到的字符送至第二位 LED 数码管显示。分别编写甲机发送、乙机接收程序。

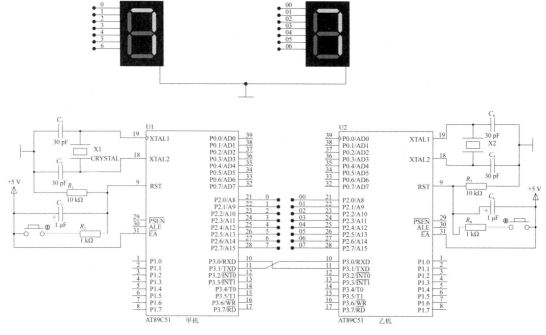

图 3.65 甲、乙双机通信仿真图

解 甲机发送参考程序如下：

```c
#include<reg51. h>
#define uchar unsigned char
char code map[]={
0x3F,0x06,0x5B,0x4F,0x66,0x6D,0x7D,0x07,0x7F,0x6F,0x77,0x7c,0x39,0x5e,0x79,0x71};
                                        //显示 0～F 共阴极数码管字段码
void delay(unsigned int time)           //延时函数
{
    unsigned int j=0;
    for(;time>0;time- - )
    for(j=0;j<125;j++);
}
void main(void)
{
    uchar counter=0;                    //0～F 字符变量
    TMOD=0x20;                          //T1 工作于工作方式 2 作波特率发生器
    TH1=TL1=0xf4;                       //T1 初值, 2 400 bit/s
    PCON=0;                             //波特率倍增位为 0
    SCON=0x50;                          //串口工作于工作方式 1,允许接收
    TR1=1;                              //启动 T1
    while(1)
    {
        SBUF=counter;
        while(TI= =0);                  //等待发送完毕
        TI=0;                           //清发送标志位
        while(RI= =0);                  //等待接收完毕
        RI=0;                           //清接收标志位
        if(SBUF= =counter)
        {
            P2=map[counter];            //送数码管显示
            if(++counter>15 ) counter=0;//循环显示
            delay(1000);
        }
    }
}
```

乙机接收参考程序如下:

```c
#include<reg51. h>
#define uchar unsigned char
char code map[]={
0x3F,0x06,0x5B,0x4F,0x66,0x6D,0x7D,0x07,0x7F,0x6F,0x77,0x7c,0x39,0x5e,0x79,0x71};
                                        //显示 0～F 共阴极数码管字段码
void delay(unsigned int time)           //延时函数
{
    unsigned int j=0;
    for(;time>0;time- - )
```

```
        for(j=0;j<125;j++);
    }
void main(void){
    uchar receive;                      //接收字符临时变量
    TMOD=0x20;                          //T1 工作于工作方式 2 作波特率发生器
    TH1=TL1=0xf4;                       //T1 初值,2 400 bit/s
    PCON=0;                             //波特率倍增位为 0
    SCON=0x50;                          //串口工作于工作方式 1,允许接收
    TR1=1;                              //启动 T1
    while(1)
    {
        while(RI==1)                    //等待接收完毕
        {
            RI=0;                       //清接收标志位
            receive=SBUF;               //取接收到的字符
            SBUF=receive;               //将接收到的字符发送给甲机
            while(TI==0);               //等待发送完毕
            TI=0;                       //清发送标志位
            P2=map[receive];            //送数码管显示
        }
    }
}
```

【例3-20】8051 向电脑 PC 机发送数据 Proteus 仿真图如图 3.66 所示，8051 的 TXD 与 MAX232 芯片的 $T1_{IN}$ 相连，8051 的 RXD 与 MAX232 芯片的 $R1_{OUT}$ 相连，CONN-D9M 模拟 PC 串口，VT-8051 虚拟终端显示的是 8051 经串口发送的数据，VT-PC 虚拟终端显示的是 PC 串口接收到的数据，如图 3.67 所示。编写程序实现 8051 向虚拟终端发送显示字符 "0x01，0x02，0x03，0x04，0x05，0xdf，0xbf，0x7f，0xba，0xbc"。

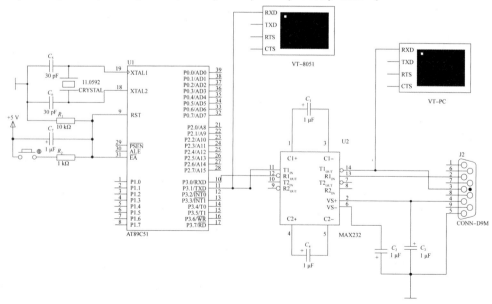

图 3.66　单片机向 PC 发送数据仿真图

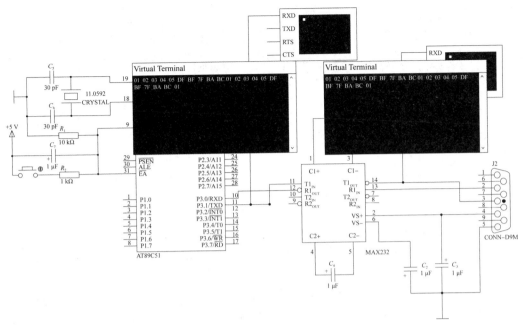

图 3.67　虚拟终端显示数据

解　参考程序如下：

```
#include<reg51. h>
#define uchar unsigned char
uchar code led[10]= {0x01,0x02,0x03,0x04,0x05,0xdf,0xbf,0x7f,0xba,0xbc};
                                        //显示的 10 位数据
void send(uchar datt)                   //发送函数
{
    SBUF=datt;                          //写数据到 SBUF
    while(TI==0);                       //等待发送完毕
    ;
    TI=0;                               //清发送标志位
}
void delay(void)                        //延时函数
{
    uchar i,j;
    for(i=0;i<500;i++)
    for(j=0;j<100;j++);
}
void main(void)
{
    uchar m;
    TMOD=0x20;                          //T1 工作于工作方式 2
    SCON=0x50;                          //方式 1,允许接收
    PCON=0x00;
    TH1=0xfd;                           //T1 初值
```

汽车嵌入式技术

```
    TL1 =0xfd;
    TR1 =1;                          //启动 T1
    while(1)
    {
        for(m=0;m<10;m++)
        {
            send(led[m]);            //发送数据
            delay();
        }
    }
}
```

【例3-21】8051 双机通信 Proteus 仿真图如图 3.68 所示，发送机 P1 接 8 个按键，接收机 P1 接 8 个 LED，要求编写程序实现发送机将 8 个开关的状态发送给接收机并通过 LED 显示。

分析：由于是双机通信，因此串口工作在工作方式 1，这里通信双方均采用 11.059 2 MHz 时钟频率，要求 T1 工作在工作方式 2，波特率为 9 600 bit/s。甲机程序需要完成两部分，一部分是采集 8 个开关状态，另一部分是将开关状态信息发送给乙机。乙机程序也需要完成两部分，一部分是通过串口接收甲机发送的数据，另一部分是将甲机发送的数据通过 P1 口输出。

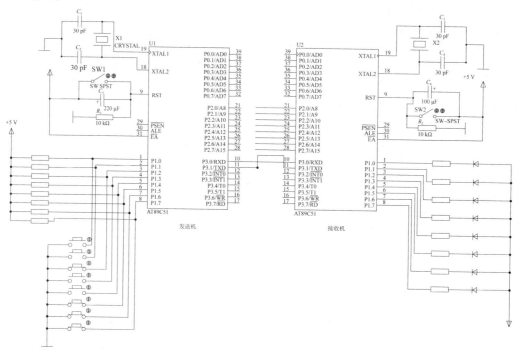

图 3.68　发送机将开关状态发送给接收机显示仿真图

解　发送机程序如下：

```
#include<reg52. h>
#define uint unsigned int
```

```
#define uchar unsigned char
void send(uchar state)                    //发送函数
{
    SBUF=state;                           //写发送数据到发送缓冲器
    while(TI==0);                         //等待发送完毕
    TI=0;                                 //清发送中断标志位
}
void SCON_Init()                          //串口初始化函数
{
    TMOD=0x20;                            //T1 工作于工作方式 2
    SCON=0x40;                            //串口工作于工作方式 1,允许接收
    PCON=0x00;
    TH1=0xfd;                             //T1 初值
    TL1=0xfd;
    TR1=1;                                //启动 T1
}
void main()
{
    P1=0xff;
    SCON_Init();
    while(1)
    {
        send(P1);
    }
}
```

接收机程序如下:

```
#include<reg52. h>
#define uint unsigned int
#define uchar unsigned char
uchar state;
void receive()
{
    while(RI==0);
    state=SBUF;
    RI=0;
}
void SCON_Init()
{
    TMOD=0x20;                            //T1 工作于工作方式 2,作波特率发生器
    SCON=0x40;                            //串口工作于工作方式 1,允许接收
    PCON=0x00;
    TH1=0xfd;                             //T1 初值
    TL1=0xfd;
```

```
        TR1 =1;                          //启动 T1
        REN=1;                           //允许接收
    }
    void main()
    {
        P1 =0xff;
        SCON_Init();
        while(1)
        {
            receive();                   //接收数据
            P1 =state;                   //接收数据送 P1 口显示
        }
    }
```

习 题

1. 8051 单片机定时/计数器有几种工作方式? 分别对其进行说明。

2. 8051 单片机串口有几种工作方式? 分别对其进行说明。

3. 写出 8051 单片机的 5 个中断源。

4. 已知系统振荡频率 12 MHz, 编程实现从 P1.3 引脚上输出一个周期为 2 ms 的方波。

5. 设系统振荡频率为 12 MHz, 51 单片机 P1.0 接 LED, 编程实现 LED 亮、灭交替进行, 持续时间各为 0.5 s。

6. 什么叫中断? 中断有什么优点?

7. 8051 单片机的定时/计数器由哪些寄存器组成?

8. 一个中断源的中断请求得到响应, 必须满足什么条件?

9. 8051 有 5 个中断源, 写出同优先级中断源的查询顺序(由高到低)。

10. 简述串行通信中单工通信、半双工通信和全双工通信的含义。

11. 8051 串口有几种工作方式? 分别对其进行说明, 由哪个特殊功能寄存器来设置? 若 PCON 寄存器中的 SMOD 置为 1, T1 以工作方式 2 作波特率发生器, 计数初值为 56, 系统时钟频率为 12 MHz, 计算串口在工作方式 1 下的波特率。

12. 定时/计数器 T0 的启动受 TCON 寄存器的哪一位控制? 与 GATE 有何关系?

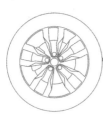

第4章
单片机与常用接口设计

学习目标

　　本章学习8051单片机与常用的接口设计，包括单片机与开关、单片机与独立式键盘、单片机与矩阵式键盘、单片机与LED数码管、单片机与LED点阵显示器、单片机与LCD显示器。通过本章的学习，读者应掌握8051与开关接口设计的方法、独立式键盘按键检测方法、矩阵式键盘按键检测方法，重点掌握8051与独立式键盘及矩阵式键盘接口设计的方法。掌握LED数码管静态显示和动态显示的方法，重点掌握8051与LED数码管接口设计的方法。了解LED点阵显示器的显示原理，了解LCD1602显示器。

4.1　单片机与开关接口设计

　　开关与单片机引脚相连时，单片机通过检测与开关相连引脚的电平状态，从而检测开关的状态。

　　单片机与开关接口的电路框图如图4.1所示。开关一端接到I/O引脚P2.1，再通过上拉电阻R接到电源+5 V，另一端与地相连。

　　开关检测原理：当开关K断开时，单片机P2.1引脚通过R与+5 V相连，此时P2.1引脚为高电平；当开关K闭合时，P2.1引脚与地相连为低电平。因此可以通过P2.1引脚的电平状态来判断开关的状态。若开关闭合，则与开关相连的单片机引脚为低电平0；若开关断开，则与开关相连的单片机引脚为高电平1。

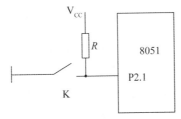

图4.1　单片机与开关接口的电路框图

【例4-1】如图4.2所示，作为单片机的输入设备，开关 K1 接 P2.0 口，LED0 接 P1.0 口。要求编写程序实现当 K1 闭合时 LED0 点亮，当 K1 断开时 LED0 灭。

分析：当开关 K1 闭合时，P2.0 引脚为低电平，此时要求 P1.0 引脚输出低电平，点亮 LED0；当开关 K1 断开时，P2.0 引脚为高电平，此时要求 P1.0 引脚输出高电平，LED0 灭。

解　参考程序如下：

```
#include<reg51.h>              //包含8051寄存器
sbit K1=P2^0;
sbit LED0=P1^0;
main()
{
    while(1)
    {
        if(K1==0)              //如果开关 K1 闭合
        {LED0=0;}              //LED0 点亮
        else                  //如果开关 K1 断开
        LED0=1;               //LED0 灭
    }
}
```

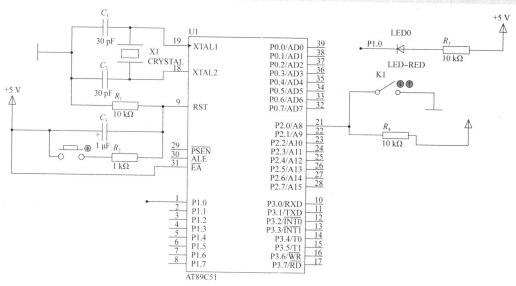

图 4.2　开关控制 LED 的电路原理图

【例4-2】如图4.3所示，4 个开关 K0～K3 分别接 8051 单片机的 P1.4～P1.7 口，LED0～LED3 分别接 P1.0～P1.3 口。要求编写程序实现开关状态体现在 LED 上。

分析：当 K0 闭合时 LED0 点亮，当 K0 断开时 LED0 灭；

当 K1 闭合时 LED1 点亮，当 K1 断开时 LED1 灭；

当 K2 闭合时 LED2 点亮，当 K2 断开时 LED2 灭；

当 K3 闭合时 LED3 点亮，当 K3 断开时 LED3 灭。

解　参考程序 1 如下：

```
#include<reg51. h>
sbit LED0 = P1^0;
sbit LED1 = P1^1;
sbit LED2 = P1^2;
sbit LED3 = P1^3;
sbit K0 = P1^4;
sbit K1 = P1^5;
sbit K2 = P1^6;
sbit K3 = P1^7;
main()
{
    while(1)
    {
        if(K0 = =0){LED0 =0;} else LED0 =1;   //如果开关 K0 闭合,点亮 LED0,否则灭
        if(K1 = =0){LED1 =0;} else LED1 =1;   //如果开关 K1 闭合,点亮 LED1,否则灭
        if(K2 = =0){LED2 =0;} else LED2 =1;   //如果开关 K2 闭合,点亮 LED2,否则灭
        if(K3 = =0){LED3 =0;} else LED3 =1;   //如果开关 K3 闭合,点亮 LED3,否则灭
    }
}
```

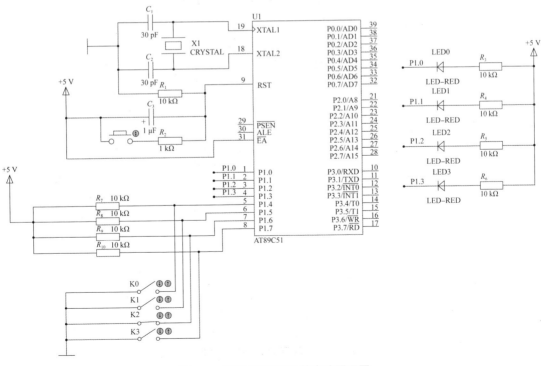

图 4.3　开关控制 LED 的电路原理图

参考程序 2 如下：

```
#include<reg51. h>
#define uchar unsigned char
void delay( uchar k)
{uchar i,j;
    for(i=0;i<k;i++)
    for(j=0;j<200;j++);
}
main()
{
    while(1)
    {
        uchar var;              //定义临时变量
        P1 =0xff;               //P1 口低4位输出为1,使 LED 灭,高4位置1作为输入
        var=P1&0xf0;            //取 P1 口高4位,屏蔽低4位送给变量 var
        var=var>>4;             //var 向右移4位,var高4位移至低4位
        P1 = var;               //var 值赋值给 P1 输出,控制 LED
        delay(20);
    }
}
```

【例 4-3】如图 4.4 所示，2 个开关 K0、K1 分别接 8051 单片机的 P1.0、P1.1 口，LED0 ~ LED3 接 P3.0 ~ P3.3。编写程序实现：K0、K1 均闭合，LED0 亮；K0 断开，K1 闭合，LED1 亮；K0 闭合，K1 断开，LED2 亮；K0、K1 均断开，LED3 亮。

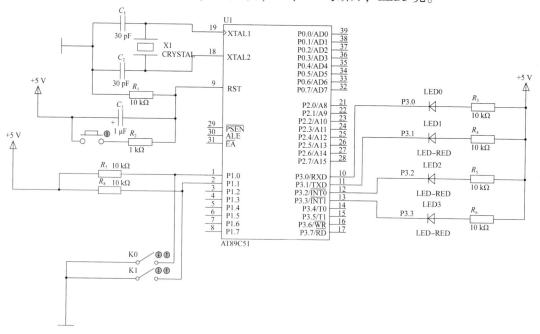

图 4.4　开关控制 LED 的电路原理图

解　参考程序如下：

```
#include<reg51. h>
main()
{
    char state;
    do
    {
        P1 =0xff;
        state=P1;                    //读入 P1 口状态
        state=state&0x03;            //取 P1 口低 2 位
        switch( state)
        {
            case 0 : P3 =0xfe;break;  //K0、K1 均闭合,LED0 亮
            case 1 : P3 =0xfd;break;  //K0 断开,K1 闭合,LED1 亮
            case 2 : P3 =0xfb;break;  //K0 闭合,K1 断开,LED2 亮
            case 3 : P3 =0xf7;break;  //K0、K1 均断开,LED3 亮
        }
    }while(1);
}
```

4.2　单片机与键盘接口设计

4.2.1　键盘概述

键盘是由按键按照一定的规则组成的，按键实际是按钮开关。按键式键盘应用最广，本节主要讲述的是按键式键盘。

1. 键盘的工作原理

键盘的结构如图 4.5 所示，键盘有两端，一端直接与地相连，另一端接到单片机 P1.0 引脚。当键盘被按下时，P1.0 引脚读入 0；当键盘未被按下时，P1.0 引脚读入 1，通过读 P1.0 引脚电平状态可以判断键盘的状态，键盘产生的理想波形如图 4.6 所示。

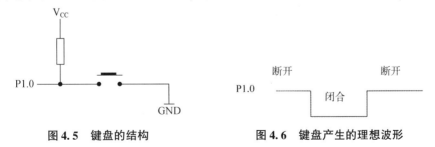

图 4.5　键盘的结构　　　　　图 4.6　键盘产生的理想波形

2. 按键抖动的消除

按键式键盘为机械式开关，由于机械触点具有弹性，因此其在被按下瞬间会产生抖动，同样，断开瞬间也会产生抖动，如图 4.7 所示。前者称为前沿抖动（从断开到闭合过程的抖动），后者称为后沿抖动（从闭合到断开过程的抖动），前沿抖动时间和后沿抖动时

间与按键的机械特性有关，一般为 5 ~ 10 ms。如果对抖动不作处理，按一次键单片机会误认为多次，因此为了保证按一次键单片机只确认一次，必须消除抖动。消除按键抖动的方法有软件消抖和硬件消抖 2 种。

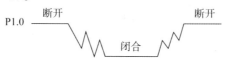

图 4.7　键盘产生的实际波形

1）软件消抖

软件消抖是利用延时实现的，无论是前沿抖动还是后沿抖动，都只有 5 ~ 10 ms，因此应用延时跳过抖动，在实际中多采用该种方法，其基本思想如下。

（1）前沿抖动的消除。

当检测到按键被按下时，即与按键相连的 I/O 口为 0，执行延时 10 ms 程序，再检测该 I/O 口电平，如果为 0 则与 I/O 口相连的按键被按下，否则没被按下，这样可以消除前沿抖动。

（2）后沿抖动的消除。

当按键松开时，与按键相连的 I/O 口电平状态为 1，执行延时 10 ms 程序，再检测该 I/O 口电平，如果为 1 则与 I/O 口相连的按键已经松开，否则没被松开，这样可以消除后沿抖动。

2）硬件消抖

硬件消抖是采用添加硬件电路的方法来消除抖动。一种是采用专用键盘/显示接口芯片，这类芯片内部都有自动消抖的电路；另一种是采用 R-S 触发器或者单稳态电路。

R-S 触发器硬件消抖电路如图 4.8 所示，"输出"端接单片机 I/O 口，下面分析按键由断开到闭合的过程：当按键未被按下时，开关接到"断开"，上面的与非门输入 1，下面的与非门输入 0，"输出"为 1；当按键被按下时，开关接到"闭合"，上面的与非门输入 0，下面的与非门输入 1，由于 R-S 具有反馈作用，因此"输出"迅速变为 0，不会产生抖动。

当按键松开时，开关接到"断开"，"输出"端迅速变为 1，不会产生后沿抖动，因此经过 R-S 触发器后按键的输出波形是理想的波形。

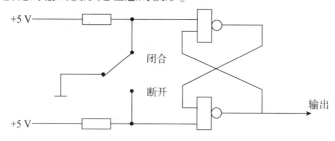

图 4.8　R-S 触发器硬件消抖电路

3. 键盘的任务

在单片机应用系统中，键盘作为输入需要完成以下 3 项任务。

（1）判断是否有键被按下，如果有，那么进入下一步。在这一步中需要注意的是要考虑去除抖动的问题，若采用的是专用键盘，则可以不另外处理抖动问题；若采用的不是专用键盘，则需要加硬件电路消抖，或者在编写软件程序时加延时消抖。可以采用中断或查询方式来判断是否有键被按下。

（2）识别哪个键被按下，并计算该键键值。根据不同的编码形式求出对应的键值。

（3）根据键值，找到对应的处理程序。

4. 键盘分类

键盘根据编码的形式可以分为非编码式键盘和编码式键盘。编码式键盘是当有键被按下后，被按下的按键键值可以直接得到；非编码式键盘被按下的按键键值不能直接得到，需要用户编写程序来获取。

非编码式键盘应用于需要处理的任务比较少、按键少的场合，具有成本低的优点。非编码式键盘分为独立式键盘和矩阵式键盘，下面分别对这 2 种键盘进行介绍，并对其接口技术进行设计。

4.2.2 单片机与独立式键盘接口设计

1. 独立式键盘概述

独立式键盘指的是各按键相互独立的键盘。每个按键都独立地接单片机的一根 I/O 口线，称独立式按键，其与单片机的连接如图 4.9 所示。通过检测 I/O 口电平状态可判断哪个键被按下，例如，若 P1.0 引脚的电平状态为高电平 1，则 K1 未被按下；若 P1.0 引脚的电平状态为低电平 0，则 K1 被按下。独立式键盘接口电路和软件编程都简单，但是一个按键需要一位 I/O，在实际系统中如果按键数量多，就会占用大量 I/O，因此独立式键盘应用于按键数量较少的场合。

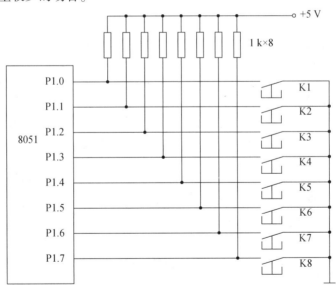

图 4.9 独立式键盘与单片机的连接

2. 单片机与独立式键盘接口设计

在考虑独立式键盘与单片机连接时，如果与 P1 ~ P3 口相连，则可不接上拉电阻。由于 P0 内部没有上拉电阻，因此与 P0 相连时必须外接上拉电阻。检测是否有键被按下有两种方式：查询方式和中断方式。

【例 4-4】如图 4.10 所示，独立式按键 K1 与单片机 P2.0 口相连，P1.1 引脚与 LED0

相连，编程实现如果 K1 被按下，则 LED0 点亮，否则 LED0 灭。

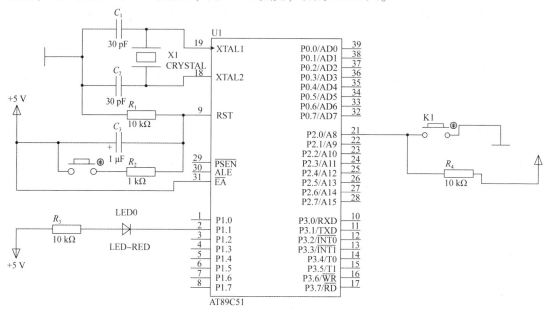

图 4.10　独立式按键检测电路

解　参考程序如下：

```
#include<reg51. h>
sbit K1 = P2^0;
sbit LED0 = P1^1;
#define uchar unsigned char
void delay( uchar k)                    //延时函数
{uchar i,j;
    for(i=0;i<k;i++)
    for(j=0;j<200;j++);
}
main()
{
    while(1)
    {
        P2 =0xFF;                       //P2 口作为输入口
        if(K1 ==0)
        {
            delay(10);                  //消除抖动
            if(K1 ==0)
            {LED0 =0;}                   //K1 被按下,LED0 点亮
            else LED0 =1;               //K1 未被按下,LED0 灭
        }
    }
}
```

【例4-5】如图4.11所示，独立式按键 K0～K3 分别与单片机 P1.0～P1.3 口相连，P2 口接8个 LED，编程实现：如果 K0 被按下，8个 LED 闪烁点亮；如果 K1 被按下，8个 LED 一直亮；如果 K2 被按下，8个 LED 正向(由上至下)流水点亮；如果 K3 被按下，8个 LED 反向(由下而上)流水点亮。

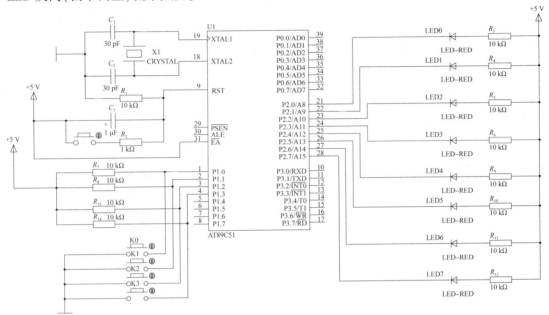

图 4.11　独立式按键检测电路

解　参考程序如下：

```
#include<reg51.h>
#include<intrins.h>
#define uchar unsigned char
void delay(uchar k);
sbit K0=P1^0;
sbit K1=P1^1;
sbit K2=P1^2;
sbit K3=P1^3;
uchar keyval;                        //定义键值变量
void key_scan()                      //键盘扫描函数
{
    P1=0xff;
    if((P1&0x0f)! =0x0f)             //检测是否有键被按下
    {
        delay(20);                   //消除抖动
        if(K0==0) keyval=1;          //K0被按下,键值返回1 blink
        if(K1==0) keyval=2;          //K1被按下,键值返回2 blinklight
        if(K2==0) keyval=3;          //K2被按下,键值返回3 blinkforward
        if(K3==0) keyval=4;          //K3被按下,键值返回4 blinkbackward
```

```
    }
}
void forward()
{
    uchar i;
    uchar j=0xfe;
    for(i=0;i<8;i++)
    {
        delay(200);                    //延时
        j=_crol_(j,1);                 //左移 1 位
        P2=j;
    }
}
void backward()
{
    uchar i;
    uchar j=0x7f;
    for(i=0;i<8;i++)
    {
        delay(200);                    //延时
        j=_cror_(j,1);                 //右移 1 位
        P2=j;
    }
}
void light()
{
    P2=0x00;                           //LED 亮
}
void blink( )
{P2=0xff;                              //LED 灭
    delay(200);                        //延时
    P2=0x00;                           //LED 亮
    delay(200);                        //延时
}
void delay( uchar k)                   //延时函数
{uchar i,j;
    for(i=0;i<k;i++)
    for(j=0;j<200;j++);
}
void main(void)
{
    keyval=0;
    while(1)
```

```
    {
        key_scan();                              //检测是否有键被按下
        switch(keyval)
        {
            case 1:blink();                      //K0 被按下,LED 闪烁
            break;
            case 2:light();                      //K1 被按下,LED 常亮
            break;
            case 3:forward();                    //K2 被按下,LED 由上到下流水点亮
            break;
            case 4:backward();                   //K3 被按下,LED 由下到上流水点亮
            break;
        }
    }
}
```

以上按键检测采用的是查询方式,为了提高单片机效率,常采用中断方式。

【**例 4-6**】在汽车行驶过程中,往往需要监测多个参数,在仪表盘上会有一些指示灯,如果被检测的参数不在正常值范围内,那么需要报警,由指示灯闪烁来提醒驾驶员。多中断源连接电路如图 4.12 所示,4 个按键 K0 ~ K3 分别模拟发动机水温报警、车速报警、车门未关报警和电池电压低报警。如果参数在正常范围内,那么按键不被按下,对应的 LED 灭;当被检测的参数超出正常范围时,按下按键使对应的 LED 点亮。

分析:4 个按键的电平状态经过与非门 74LS30 后,再经过非门 74LS04 接到单片机外部中断 0 引脚。若所有的参数都正常,则与按键相连的单片机 I/O 口电平状态为高电平,若任一参数报警,则会触发外部中断 0 中断,进入中断后需判断哪个参数异常,即检测 P1.0 ~ P1.3 电平状态,点亮对应的 LED 即可。

解　参考程序如下:

```
#include<reg51.h>
sbit K0=P1^0;
sbit K1=P1^1;
sbit K2=P1^2;
sbit K3=P1^3;
#define uchar unsigned char
void delay(uchar k)                              //延时函数
{
    uchar i,j;
    for(i=0;i<k;i++)
    for(j=0;j<200;j++);
}
void blink_ice()                                 //LED0 闪烁
{P2=0xfe;                                         //LED0 亮
```

```
        delay(200);                          //延时
        P2=0xff;                             //LED0 灭
        delay(200);                          //延时
    }
    void blink_speed()                       //LED1 闪烁
    {P2=0xfd;
        delay(200);
        P2=0xff;
        delay(200);
    }
    void blink_door()                        //LED2 闪烁
    {P2=0xfb;
        delay(200);
        P2=0xff;
        delay(200);
    }
    void blink_bat()                         //LED3 闪烁
    {P2=0xf7;
        delay(200);
        P2=0xff;
        delay(200);
    }
    main()
    {
        EA=1;                                //开总中断
        EX0=1;                               //开外部中断 0
        IT0=0;                               //外部中断 0 电平触发
        while(1)
        {
            P2=0xff;                         //LED 灯灭
        }
    }
    void intx0()interrupt 0
    {
        EX0=0;                               //关外部中断 0
        if(K0==0)blink_ice();                //发动机水温报警灯闪烁
        if(K1==0)blink_speed();              //车速报警灯闪烁
        if(K2==0)blink_door();               //车门未关报警灯闪烁
        if(K3==0)blink_bat();                //电池电压低报警灯闪烁
        EX0=1;                               //关外部中断 0
    }
```

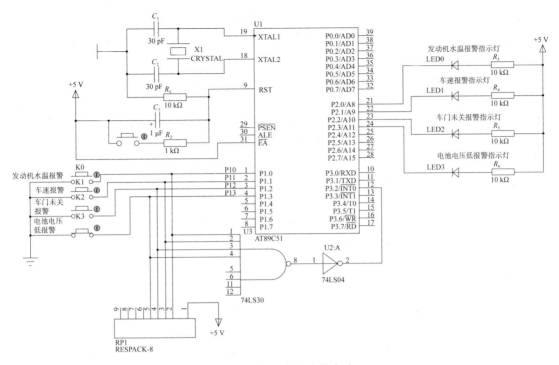

图 4.12　多中断源连接电路

4.2.3　单片机与矩阵式键盘接口设计

1. 矩阵式键盘概述

矩阵式键盘也称为行列式键盘，按键按行列式排列，每个按键都位于行线和列线交叉点上。矩阵式键盘如图 4.13 所示，由 4 行和 4 列组成 4×4 结构键盘，一共有 16 个按键，行的引出线为 X0～X3，列的引出线为 Y0～Y3，行、列引出线都接到单片机 I/O 口，因此该 4×4 矩阵式键盘只需要 8 位 I/O 口。比如一个 8×8 矩阵式键盘只需要 16 位 I/O 口，如果采用独立式键盘，则需要 64 根 I/O 口。

由此可以看出与独立式键盘相比，矩阵式键盘节省了 I/O 口线，适用于按键数量较多的场合。

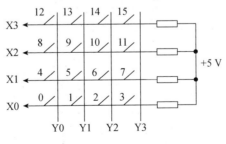

图 4.13　矩阵式键盘

2. 矩阵式键盘编码形式

矩阵式键盘编码形式分为二进制组合编码和顺序排列编码。

（1）二进制组合编码如图 4.14（a）所示。一个按键的编码有 2 位，左边的位表示行线编码，2^x（$x=0$，1，2，…），右边的位表示列线编码，2^y（$y=0$，1，2，…）。比如按键编码"48"表示该按键位于第3行、第4列。这种编码的优点是过程简单，缺点是编码值不连续，处理不方便。

（2）顺序排列编码如图4.14（b）所示。这种编码方式按键的编码值=行首码+列码，行首码值等于$m×n$，其中m为行号，从下向上其值为0，1，2，…；n为行数，即一共有多少行，在此例中$n=4$；列码为列号，从右向左其值为0，1，2，…。比如第2行第3列按键编码值为$1×4+2=6$，第3行第1列按键编码值为$2×4+0=8$。

这种编码方法过程复杂，但是编码值连续、简单，处理方便，目前矩阵式键盘多采用顺序排列编码方法。

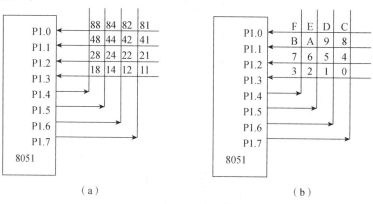

图4.14　矩阵式键盘编码形式

（a）二进制组合编码；（b）顺序排列编码

3. 矩阵式键盘检测方法

矩阵式键盘检测分为以下两步。

（1）首先检测是否有键被按下。如图4.14（b）所示，把所有的行线 P1.0～P1.3 都置为0，再检测列线状态，若所有列线全为1，则没有键被按下；若列线不全为1，则有键被按下。

（2）在有键被按下的情况下，需判断哪个键被按下。依次将各行线置为"0"，再逐行检测各列线的状态。若某列为0，则说明该行和列交叉处按键被按下。

4. 单片机与矩阵式键盘接口设计

【例4-7】矩阵式键盘检测电路如图4.15所示，4×4 矩阵式键盘与单片机 P1 口相连，P0 口接 1 位 LED 数码管，编程实现：每按下一个键，LED 数码管显示对应的键号。

解　参考程序如下：

```
#include<reg51. h>
#define uchar unsigned char
sbit Line1 =P1^0;                        //键盘4根列线
sbit Line2 =P1^1;
sbit Line3 =P1^2;
sbit Line4 =P1^3;
uchar dis[]={0xc0,0xf9,0xa4,0xb0,0x99,0x92,0x82,0xf8,0x80,0x90,0x88,0x83,0xc6,0xa1,0x86,0x8e};
                        //共阳极数码管 0～F 段码
```

```
unsigned int tdat;
delay(tdat)
{
    unsigned int j;
    for(j=0;j<tdat;j++);
}
void main()
{
    uchar temp;
    uchar i;
    while(1)
    {P1=0xef;                        //行扫描 P1.4=0
        for(i=0;i<=3;i++)            //逐行扫描
        {
            if(Line1==0)P0=dis[i* 4+0];   //判断第1列是否有键被按下
            if(Line2==0)P0=dis[i* 4+1];
            if(Line3==0)P0=dis[i* 4+2];
            if(Line4==0)P0=dis[i* 4+3];
            delay(500);
            temp=P1;                  //读 P1
            temp=temp|0x0f;           //置 P1.0~P1.3 为"1",作输入
            temp=temp<<1;             //左移,扫描下一行
            temp=temp|0x0f;           //置 P1.0~P1.3 为"1",作输入
            P1=temp;                  //行扫描送 P1
        }
    }
}
```

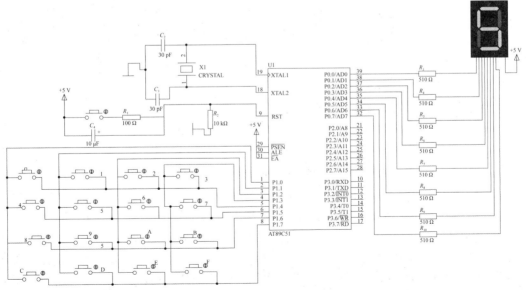

图 4.15 矩阵式键盘检测电路原理图

4.3 单片机与显示接口设计

在单片机应用系统中，常常要求将检测的参数或者控制量进行直观显示，以便于观察，比如室内的温度、汽车的车速、水的流量。常用的显示器件有 LED 和 LCD。

LED 是数码管显示器，LCD 是液晶显示器，这两种显示器因价格低、与单片机接口方便，得到了广泛使用。目前也出现了具有 CRT 接口的显示器，可以进行图形显示。

4.3.1 LED 数码管工作原理

8 段式 LED 数码管实物图如图 4.16 所示，根据显示数据的位数不同，可以分为 1 位 LED、2 位 LED、3 位 LED、4 位 LED。如果需要显示的数据位数多，则再增加位数。

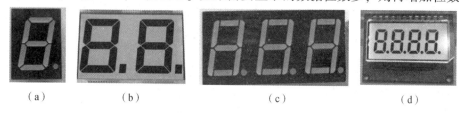

（a） （b） （c） （d）

图 4.16 8 段式 LED 数码管实物图
(a)1 位 LED；(b)2 位 LED；(c)3 位 LED；(d)4 位 LED

无论是几位数码管，其显示原理都是靠点亮内部 LED 来达到显示数据的目的。8 段式 LED 数码管内部电路原理图如图 4.17 所示。

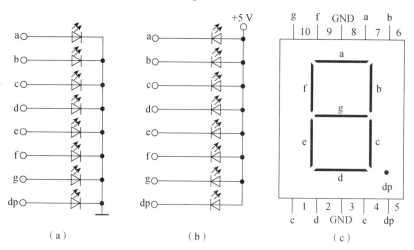

（a） （b） （c）

图 4.17 8 段式 LED 数码管内部电路原理图
(a)共阴极；(b)共阳极；(c)外形及引脚

8 段式 LED 数码管显示为"8"字形，a～g 加上小数点(dp)共 8 段，每一段对应一个 LED。8 段式 LED 数码管有共阴极和共阳极两种接法，如图 4.17(a)、(b)所示。共阴极接法是 8 段式 LED 数码管的阴极并联接地，当某个 LED 的阳极为 1 时，该 LED 亮；共阳极接法是 8 个数码管的阳极并联接+5 V，当某个 LED 的阴极为 0 时，该 LED 亮。1 位 LED 数码管共有 10 个引脚，8 段式 LED 数码管对应 8 个引脚，另外 2 个引脚(3 脚和 8 脚)是 GND 引脚，如图 4.17(c)所示。

无论是共阴极接法还是共阳极接法，a～dp 8 个引脚都接到单片机某个 I/O 口上，其对应关系如表 4.1 所示。

表 4.1　引脚与 I/O 口的对应关系

I/O 口	D7	D6	D5	D4	D3	D2	D1	D0
引脚	dp	g	f	e	d	c	b	a

LED 显示与单片机的连接非常简单，只要将 8 段式 LED 数码管的 8 个引脚与单片机的 1 个 8 位并行接口（P0、P1、P2、P3）连接，控制单片机 I/O 口的电平状态，就可得到不同的数字或者字符。通常将控制数码管的 8 个段选端（a～dp）数据称为段选码，公共端称为位选码。段选码与显示的字符之间的关系如表 4.2 所示。

表 4.2　LED 数码管段选码与显示字符之间的关系

显示字符	共阴极段选码	共阳极段选码	显示字符	共阴极段选码	共阳极段选码
0	3FH	C0H	C	39H	C6H
1	06H	F9H	D	5EH	A1H
2	5BH	A4H	E	79H	86H
3	4FH	B0H	F	71H	8EH
4	66H	99H	P	73H	8CH
5	6DH	92H	U	3EH	C1H
6	7DH	82H	T	31H	CEH
7	07H	F8H	Y	6EH	91H
8	7FH	80H	L	38H	C7H
9	6FH	90H	8.	FFH	00H
A	77H	88H	"灭"	00	FFH
B	7CH	83H			

比如共阴极接法，要想显示"3"，只需要将"3"的段码"4FH"加到数码管的各段；对于共阳极接法，要想显示"8"，只需要将"8"的段选码"80H"加到数码管的各段。在编写程序时，通常将要显示的字符对应的段选码作成一个数组，想要在哪个数码管上显示某个字符，只需编程在与该数码管相连的单片机 I/O 口送出相应的段选码即可。

4.3.2　LED 数码管静态显示与动态显示

根据实际应用需要，经常要使用多位 LED 以满足实际系统需要，LED 数码管有静态显示和动态显示两种显示方式。

1. 静态显示

所谓的静态显示，就是每位 LED 的公共端接地（共阴极接法）或+5 V（共阳极接法），每位的段选线（对应 a～dp）分别与单片机的 1 个 8 位 I/O 口相连，一旦显示字符确定，该位段选码就确定，那么与该位 LED 相连的单片机 I/O 口的输出状态就确定。静态显示即各位数码管同时显示，优点是亮度高、无闪烁、编程容易。

图 4.18 所示为 4 位 LED 静态显示原理图，由于公共端接地或者+5 V，因此每位 LED 段选码有 8 位，4 位 LED 段选码有 32 位。控制 4 位 LED 静态显示需要 8051 单片机 32 位 I/O 口

线，对应4个8位I/O口，占用了8051的全部I/O口，单片机也就不能进行其他外部操作了。因此静态显示的缺点是占用I/O口线较多，N 位 LED 需要单片机 I/O 口数量为 $N×8$。

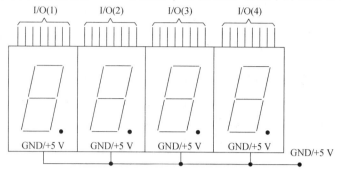

图 4.18　4 位 LED 静态显示原理图

2. 动态显示

动态显示是将所有数码管段选线并联在一起，用 1 个 I/O 口控制，公共端由另一个 I/O 口控制。LED 动态显示原理图如图 4.19、图 4.20 所示，此时公共端由 I/O（2）控制，所有位 LED 的 a 段并联到一起，接到单片机 I/O 口的 D0（低位）；所有位 LED 的 b 段并联到一起，接到单片机 I/O 口的 D1；……；所有位 LED 的 dp 段码并联到一起，接到单片机 I/O 口的 D7（高位）。由此可见图 4.19 中 4 位 LED 需要 12 位 I/O 口线（段选线需要 8 位，位选线需要 4 位），8 位 LED 需要 16 位 I/O 口线（段选线需要 8 位，位选线需要 8 位）。对于一个 N 位 LED 数码管，动态显示需要 8（控制段选线数量）+N（控制位选线数量）位 I/O 口线。因此与静态显示相比，所需 I/O 口数目减少。

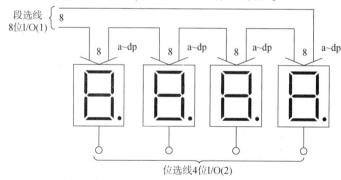

图 4.19　4 位 LED 动态显示原理图

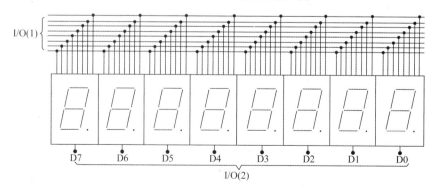

图 4.20　8 位 LED 动态显示原理图

动态显示是每一时刻，实际上只有一位数码管处于显示状态，只是利用了数码管余辉和人眼"视觉暂留"，给人造成多位同时显示的假象。动态显示涉及两步操作，第 1 步是选哪位数码管显示，即送位选码；第 2 步是该位数码管显示什么字符，即送段选码。由于单片机执行指令时间在微秒级，为了能适应人眼，需要在相邻的 2 位数码管显示程序之间加一段延时，因此根据需要控制每位数码管的显示时间就可达到"多位同时亮"的效果。LED 数码管动态显示节省了 I/O 口，但是程序较复杂，而且显示的位数越多，占用单片机时间越长。

4.3.3 单片机与 LED 接口设计

LED 数码管中的 LED 被点亮时，至少需要 5 mA 以上的电流，否则人眼看不清。但是电流不能过大，否则会烧坏 LED。8051 单片机 I/O 口没有这么大的驱动能力，需加驱动电路，如可采用三极管或者 74HC573 锁存器。

【例 4-8】1 位 LED 数码管静态显示 Proteus 仿真图如图 4.21 所示，LED 数码管段选码接 8051 单片机 P1 口。要求编写程序实现在 LED 数码管上显示"6"。

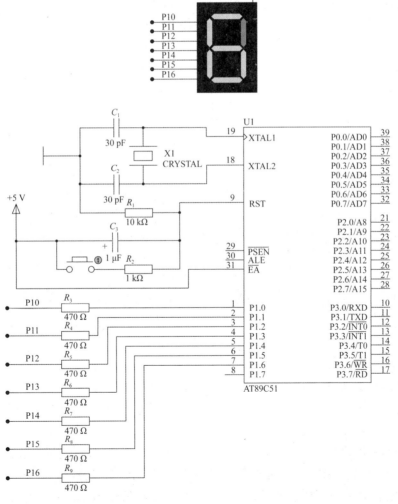

图 4.21 1 位 LED 数码管静态显示 Proteus 仿真图

分析：由图 4.21 可知该 LED 数码管为共阳极接法。

解 参考程序如下：

```c
#include<reg51. h>
void main(void)
{
    P1 =0x82;                    //显示"6"段码
    while(1);
}
```

【例 4-9】1 位 LED 数码管静态显示 Proteus 仿真图如图 4.21 所示，1 位 LED 数码管段选码接 8051 单片机 P1 口。要求编写程序实现在 LED 数码管上循环显示 0~9。

解 参考程序如下：

```c
#include<reg51. h>
#define uchar unsigned char
unsigned char seg_ data[10]= {0xc0,0xf9,0xa4,0xb0,
0x99,0x92,0x82,0xf8,0x80,0x90};      //共阳极 0~9 段码表
void delay()                          //延时函数
{
    uchar i,j;
    for(i=0;i<255;i++)
    for(j=0;j<255;j++);
}
main()
{
    uchar k;
    while(1)
    {
        for(k=0;k<10;k++)             //显示 0~9 循环
        {
            P1 =seg_data[k];          //P1 口输出段码
            delay();                  //延时,控制显示时间
        }
    }
}
```

【例 4-10】4 位 LED 数码管静态显示 Proteus 仿真图如图 4.22 所示，4 位 LED 数码管段选码分别接 8051 单片机 P0~P3 口，要求编写程序实现在 LED 数码管上分别显示"2""0""2""2"，实现"2022"年的显示。

分析：单片机的 P1 口接到第一位数码管的段选线上，P0 口接到第二位数码管的段选线上，单片机的 P2 口接到第三位数码管的段选线上，P3 口接到第四位数码管的段选线上，4 位数码管共阳极。要想使数码管显示"2"，段码需输出 0xa4；要想使数码管显示"0"，段码需输出 0xc4。

解　参考程序如下：

```c
#include<reg51.h>
void main(void)
{
    P1=0xa4;                    //显示"2"段码
    P0=0xc0;                    //显示"0"段码
    P2=0xa4;                    //显示"2"段码
    P3=0xa4;                    //显示"2"段码
    while(1);
}
```

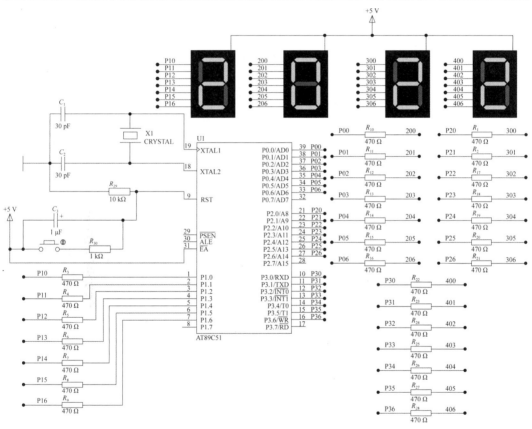

图 4.22　4 位数码管静态显示 Proteus 仿真图

【例 4-11】8 位 LED 数码管动态显示 Proteus 仿真图如图 4.23 所示，8 位 LED 数码管采用共阳极接法，位选码分别通过 NPN 三极管接到 8051 单片机 P1 口，段选码接到 P0 口，要求在 8 位 LED 数码管上滚动显示 0~7。

分析： 利用数码管从点亮到熄灭的余晖和人眼"视觉暂留"效果，控制好每位数码管的显示时间，可达到"多位同时显示"，但是由于本例中采用的是仿真，因此看到的是滚动显示的效果。

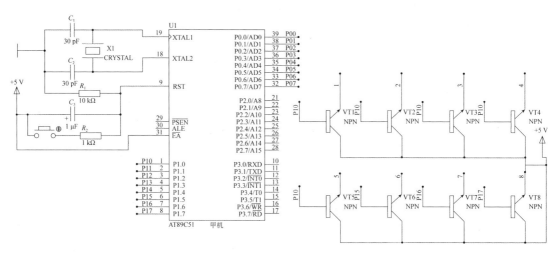

图 4.23 8 位数码管动态显示 Proteus 仿真图

解 参考程序如下：

```
#include<reg51.h>
#include<intrins.h>
#define uchar unsigned char
#define uint unsigned int
uchar code seg_ma[]={0xc0,0xf9,0xa4,0xb0,0x99,0x92,0x82,0xf8,0x80,0x90};
                                    //共阳极数码管 0~7 段选码
void delay(uint k)                   //延时函数
{uchar i,j;
    for(i=0;i<k;i++)
    for(j=0;j<200;j++);
}
void main(void)
{
    uchar i;
    uchar j=0x80;                    //位选码
    while(1)
    for(i=0;i<8;i++)
    {
        j=_crol_(j,1);               //位选码循环左移 1 位
```

```
        P1 = j;                        //P1 口输出位选码
        P0 = seg_ma[i];                //P0 口输出段选码
        delay(200);                    //延时,每位显示时间
    }
}
```

注：_crol_(x, n)是循环左移函数，该函数由 2 个参数组成，表示将 x 循环左移 n 位。与左移对应的函数还有循环右移函数_cror_(x, n)。

4.3.4　LED 点阵显示器

前面介绍的 LED 数码管仅能显示数字和字符，不能显示文字、图形。近年来，LED 点阵显示器随处可见，如商场大屏幕、车站滚动大屏幕，可以显示数字、图形，还能播放视频。

LED 点阵显示器是由若干 LED 管按照一定方式排列而成的，可以分为 5×7、5×8、6×8、8×8 点阵，有红色、黄色、蓝色等显示色，显示原理与 LED 数码管相似。16×16 LED 点阵显示器、8×8 LED 点阵显示器如图 4.24、图 4.25 所示。8×8 LED 点阵显示器原理图如图 4.26 所示，一共有 8 行 8 列，共 64 个 LED，每行的 LED 共阳极，每列的 LED 共阴极。

图 4.24　16×16 LED 点阵显示器

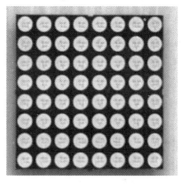

图 4.25　8×8 LED 点阵显示器

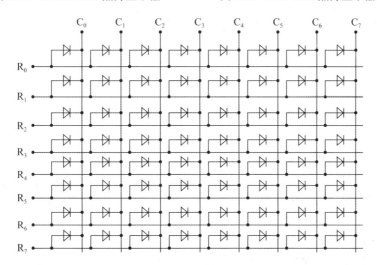

图 4.26　8×8 LED 点阵显示器原理图

如果想要某个 LED 点亮，那么将该 LED 对应的行线置为 1，同时列线置为 0。字符是

由一些被点亮的 LED 组成的，只要把对应的 LED 点亮，即可显示想要的字符。因此我们可以通过控制施加到行线和列线的电平状态来控制对应的 LED 点亮。根据点亮 LED 的余晖和人眼视觉暂留效果，在一定的时间间隔内依次点亮对应的 LED 即可达到显示的目的。

要想在 16×16 LED 点阵显示器显示文字"九"，其效果图如图 4.27 所示。

图 4.27　16×16 LED 点阵显示器显示文字"九"

下面以此为例说明显示原理，从上向下数依次为第 1 行，第 2 行，……，从左向右数依次为第 1 列，第 2 列，……。

分析：第 1 行第 6 列对应的 LED 点亮；

第 2 行第 6 列对应的 LED 点亮；

第 3 行第 6 列对应的 LED 点亮；

第 4 行第 6 列和第 11 列对应的 2 个 LED 点亮；

第 5 行第 1 列至第 12 列对应的 12 个 LED 点亮；

第 6 行第 6 列和第 11 列对应的 2 个 LED 点亮；

第 7 行第 6 列和第 11 列对应的 2 个 LED 点亮；

第 8 行第 6 列和第 11 列对应的 2 个 LED 点亮；

第 9 行第 6 列和第 11 列对应的 2 个 LED 点亮；

第 10 行第 6 列和第 11 列对应的 2 个 LED 点亮；

第 11 行第 5 列和第 11 列对应的 2 个 LED 点亮；

第 12 行第 5 列和第 11 列对应的 2 个 LED 点亮；

第 13 行第 4 列、第 11 列和第 15 列对应的 3 个 LED 点亮；

第 14 行第 4 列、第 11 列和第 15 列对应的 3 个 LED 点亮；

第 15 行第 3 列和第 12～15 列对应的 5 个 LED 点亮；

第 16 行第 1 列、第 2 列对应的 2 个 LED 点亮。

显示过程：

第 1 行置为高电平，第 6 列置为低电平，其余各列置为高电平，即第 1 行加到列线编码为 1111 1011 1111 1111；

延时一段时间，第 2 行置为高电平，第 6 列置为低电平，其余各列置为高电平，即第 2 行加到列线编码为 1111 1011 1111 1111……

延时一段时间，第 12 行置为高电平，第 5 列、第 11 列置为低电平，其余各列置为高电平，即第 12 行加到列线编码为 1111 0111 1101 1111……

延时一段时间，第 16 行置为高电平，第 1 列、第 2 列置为低电平，其余各列置为高电平，即第 16 行加到列线编码为 0011 1111 1111 1111。

最后再循环以上过程，一个稳定的汉字"九"就显示出来了，需要注意每行之间的延时时间需根据实际需要进行调整。

4.3.5　LCD1602

1. LCD1602 概述

LCD(液晶显示器)是一种借助于薄膜晶体管驱动的矩阵液晶显示器,具有体积小、抗干扰性好等优点。按显示内容不同可分为字段型显示器、字符型显示器和点阵图形型显示器。

(1)字段型显示器:可以显示数字、西文字母和一些符号等,主要用于计算器、电子表中。

(2)字符型显示器:专门用于显示数字、字母和字符。一个字符由 5×7 或者 5×10 点阵组成,在单片机系统中,最常用的是字符型显示器。

(3)点阵图形型显示器:可以显示图形,广泛应用于电脑显示器和电视等场所。

LCD 显示面板比较脆弱,所以将 LCD 控制器、RAM、驱动器、ROM 和 LED 组合在一起,称为液晶显示模块(LCM),用户在使用时只需购买整个模块。

LCD1602(以下简称 1602)是最常用的字符型液晶显示模块,其中 16 表示该液晶显示模块每行可以显示 16 个字符,02 表示该液晶显示模块可以显示 2 行。因此 1602 一共可以显示 32 个字符。其实物图如图 4.28 所示,引脚图如图 4.29 所示。一共有 16 根引脚,其引脚功能如表 4.3 所示。其中,我们只需要控制 RS、R/$\overline{\text{W}}$ 和 E 引脚就可以向 1602 模块写入要显示的字符。1602 工作电压范围为 4.5~5.5 V,工作电流为 2 mA。

图 4.28　1602 液晶显示模块实物图

图 4.29　1602 引脚图

1602 模块内部有 80 字节可显示数据的 RAM(DDRAM)区,此外还有 64 字节自定义字符 RAM 区(CGRAM),有 192 个字符库(CGROM),每个字符由 5×7 点阵组成。

表 4.3　1602 引脚功能

引脚号	符号	说明
1	V_{SS}	电源地线
2	V_{DD}	电源正极
3	V_{EE}	液晶显示偏压
4	RS	寄存器选择引脚。RS=0,选择命令/状态寄存器;RS=1,选择数据寄存器
5	R/$\overline{\text{W}}$	Read 或 Write(读写)选择引脚
6	E	使能(Enable)引脚
7	D0	数据口
8	D1	数据口
9	D2	数据口

续表

引脚号	符号	说明
10	D3	数据口
11	D4	数据口
12	D5	数据口
13	D6	数据口
14	D7	数据口
15	BLA	背光板电源+5 V，串联一个电位器，调节背光亮度
16	BLK	背光板电源地线

1602 字符库的内容如图 4.30 所示。

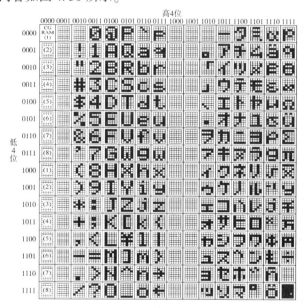

图 4.30　1602 字符库的内容

2. LCD1602 显示及命令字

1602 的基本操作如表 4.4 所示。

表 4.4　1602 的基本操作

说明	1602 的控制信号	1602 输出
读状态	RS＝0，R/$\overline{\text{W}}$＝1，E＝1	D0～D7＝状态字
读数据	RS＝1，R/$\overline{\text{W}}$＝1，E＝1	D0～D7＝数字
写指令	RS＝0，R/$\overline{\text{W}}$＝0，E＝1，D0～D7＝指令码	无
写数据	RS＝1，R/$\overline{\text{W}}$＝0，E＝1，D0～D7＝数据	无

3. RAM 映射

1602 内部有 80 字节的 RAM，如图 4.31 所示。其中 00～0F、40～4F 区域为可显示区域，对应 1602 的 2 行，每行 16 个字符的显示区域；10～27、50～67 区域为隐藏区域，若向该段地址写入字符，则屏幕上不显示，若想要显示，则必须通过移屏指令移动到显示区域。

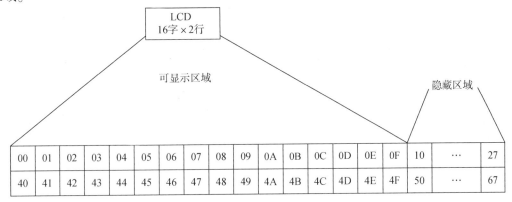

图 4.31　1602 内部的 RAM

【例 4-12】8051 单片机控制 1602 显示的仿真图如图 4.32 所示，编写程序使 1602 第 1 行显示"How are you"，第 2 行显示"I am fine"。

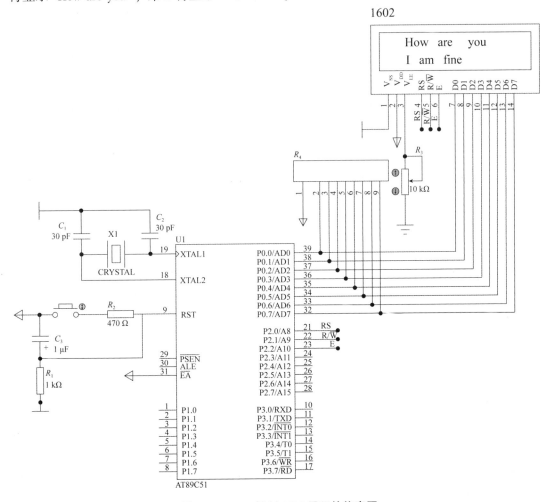

图 4.32　8051 控制 1602 显示的仿真图

解 参考程序如下：

```
#include<reg51.h>
#include<intrins.h>
#define uint unsigned int
#define uchar unsigned char
sbit RS=P2^0;
sbit RW=P2^1;
sbit E=P2^2;
void lcd_initial(void);              //LCD 初始化
void check_busy(void);               //忙函数
void write_com(uchar com);           //写命令
void  write_dat(uchar dat);          //写数据
void   string(uchar ad,uchar * s);   //显示字符串
void delay(uint);
void delay(uint j)
{uchar i=250;
    for(;j>0;j- -)
    {i=249;
        while(i- - );
        i=250;
        while(i- - );
    }
}
void main()
{
    lcd_initial();
    while(1)
    {
        string(0x82,"How are you");
        string(0xc2,"I am fine");
        delay(100);
        write_com(0x01);
        delay(100);
    }
}
void check_busy(void)
{
    uchar data1;
    do
    {
        data1=0xff;
        E=0;
        RS=0;
        RW=1;
```

```
            E=1;
            data1=P0;
        }
    while(data1&0x80);
    E=0;
}
void write_com(uchar com)
{check_busy();
    E=0;
    RS=0;
    RW=0;
    P0=com;
    E=1;
    _nop_();
    E=0;
    delay(1);
}
void write_dat(uchar dat)
{
    check_busy();
    E=0;
    RS=1;
    RW=0;
    P0=dat;
    E=1;
    _nop_();
    E=0;
    delay(1);
}
void lcd_initial(void)
{
    write_com(0x38);
    write_com(0x0c);
    write_com(0x06);
    write_com(0x01);
    delay(1);
}
void string(uchar ad,uchar * s)
{
    write_com(ad);
    while(* s>0)
    {
        write_dat(* s++);
```

```
                delay(100);
            }
        }
```

 习 题 ▶▶ ▶

1. 什么是 LED 数码管的静态显示？什么是 LED 数码管的动态显示？请写出静态显示、动态显示的优缺点。

2. 对于 LED 数码管，请回答：

(1) 分别论述 8 段式 LED 数码管共阴极和共阳极两种接法，并画出电路示意图；

(2) 论述 LED 数码管静态显示的含义及优缺点；

(3) 若 8051 单片机的 P0 口控制一个 8 段式 LED 数码管，该数码管采用共阳极接法，要想显示数字"0"，则此时 P0 口应该输出多少？

3. 什么是独立式键盘？什么是矩阵式键盘？在两种结构形式中，如何判断是否有键被按下？如果有键被按下，那么如何判断哪个键被按下？

第 5 章
单片机与 D/A、A/D
转换器接口设计

学习目标

本章介绍单片机与 D/A、A/D 转换器接口设计，了解 D/A 转换器的性能指标，掌握常用的 D/A 转换器 0832，了解 8051 单片机与 D/A 转换器硬件接口设计，重点掌握应用 8051 单片机与 D/A 转换器 0832 输出三角波、矩形波和锯齿波的程序。通过本章的学习，读者应了解 A/D 转换器的性能指标，掌握常用的 A/D 转换器 0809，了解 8051 单片机与 A/D 转换器 0809 硬件接口设计，重点掌握应用 8051 单片机与 A/D 转换器 0809 采集模拟电压的程序。

5.1 单片机与 D/A 转换器接口设计

5.1.1 D/A 转换器概述

在控制系统中，经常需要测量温度、电流、电压等模拟信号，而单片机是数字芯片，只能处理数字信号，因此需要器件将这些信号转换为单片机可以识别的数字信号。能将模拟信号转换为数字信号的器件称为 A/D 转换器，即 ADC；单片机输出的控制信号也是数字量，有时需要将其转换为模拟量，完成数字量到模拟量转换的器件称为 D/A 转换器，即 DAC。

1. 选用 D/A 转换器应该考虑的问题

1）D/A 转换器的性能指标

针对不同的应用系统，选用的 D/A 转换器要满足系统性能指标要求。

2）D/A 转换器的输出形式

D/A 转换器输出有电压型和电流型 2 种，电压型 D/A 转换器可以直接应用在控制对象上，而电流型 D/A 转换器要在输出端加 I-V 转换电路转换成电压型。

3）D/A 转换器与单片机的接口形式

D/A 转换器与单片机的接口形式有并行接口和串行接口，早期多采用并行接口形式，

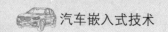

目前带有串行接口的 D/A 转换器不断增多，较为流行的是采用 SPI 接口的 D/A 转换器。

2. D/A 转换器性能指标

1）分辨率

分辨率指单片机输入给 D/A 转换器的单位数字量的变化，所引起的输出模拟量的变化量，即分辨率为输出模拟量满量程值与 2^n 之比（n 为 D/A 转换器的位数）。

1 个 D/A 转换器，满量程输出为 10 V，若是 8 位，则分辨率为 10 V/2^8 = 39.1 mV；若是 10 位，则分辨率为 10 V/2^{10} = 9.77 mV；若是 16 位，则分辨率为 10 V/2^{16} = 0.153 mV。D/A 转换器位数越多，分辨率越高。

2）建立时间

建立时间定义为从输入数字量到输出达到终值误差 ±(1/2)LSB（最低有效位）时所需的时间。建立时间是描述 D/A 转换器转换速度的参数。

电流输出型 D/A 转换器转换时间较短，而电压输出型 D/A 转换器转换时间要比电流输出型长一些，由于电压输出型 D/A 转换器内部有 I-V 转换器，电流转换为电压需要一段时间，因此电压型的要长一些，目前快速 D/A 转换器建立时间在微秒级。

3）转换误差

在实际系统中，由于受电源电压、制造工艺等因素的影响，D/A 转换器实际输出值与理论输出值不相等。转换误差是指 D/A 转换器实际输出值与理论输出值之间的差值，该误差值应该小于 (1/2)LSB。

4）温度灵敏度

温度灵敏度指在输入不变的情况下，输出值随温度变化产生的变化，该参数表征 D/A 转换器受温度的影响程度。

3. D/A 转换器分类

D/A 转换器分类方法较多，按数字量的位数分：8 位、10 位、12 位和 16 位；按接口形式分：并行式和串行式；按输出形式分：电流型和电压型。

4. D/A 转换器基本转换原理

D/A 转换器输入的是数字量，输出的是模拟量，数字量是由二进制数 0 和 1 组成的，把每一位数字量转换成模拟量，再把转换成的模拟量叠加起来就得到了总的输出模拟量。输出的模拟量 V_O 和输入量的数字量 D 之间的关系如下：

$$V_O = \frac{D}{2^n} V_{REF}$$

式中，V_{REF} 为 D/A 转换器的基准电压。

比如基准电压为 5 V，对于 1 个 10 位 D/A 转换器，当输入的数字量为 00 1100 1000 时，求输出的模拟量。

当输入的数字量为 00 1100 1000 时，也就是十进制的 200，则输出的模拟量为

$$V_O = \frac{200}{2^{10}} \times 5 \text{ V} = 0.98 \text{ V}$$

5.1.2　D/A 转换器 0832

1. D/A 转换器 0832 简介

D/A 转换器 0832（以下简称 0832）是 8 位电流型 D/A 转换芯片，建立时间为 1 μs，功

耗 20 mW，具有直通、单缓冲和双缓冲 3 种输入方式。

2. 0832 引脚

0832 芯片实物图和引脚图分别如图 5.1 和图 5.2 所示，0832 有 20 根引脚，具体功能如下。

图 5.1　0832 芯片实物图

图 5.2　0832 芯片引脚图

DI0 ~ DI7：8 位数字量输入端。

I_{OUT1}、I_{OUT2}：2 个电流输出端，当 DI0 ~ DI7 = 1111 1111 时，I_{OUT1} 最大；当 DI0 ~ DI7 = 0000 0000 时，I_{OUT1} 最小。$I_{OUT2} + I_{OUT1} =$ 常数。如果采用单极性输出，那么 I_{OUT2} 常接地。

V_{CC}：电源，电压范围为 +5 ~ +15 V。

DGND：数字地。

AGND：模拟地，常与基准电压(为模拟信号)共地。

R_{fb}：芯片内部反馈电阻引出线，常接外部运算放大器的输出端，将输出的电流信号转换为电压信号。

$\overline{CS}$：片选端，输入寄存器选择信号，低电平有效。

ILE：数据允许锁存控制端，输入，高电平有效。

$\overline{WR1}$：写信号 1。

$\overline{WR2}$：写信号 2。

$\overline{XFER}$：数据传送信号线，输入，低电平有效。

V_{REF}：基准电压，范围为 −10 ~ +10 V。

3. 0832 内部结构

0832 芯片内部结构如图 5.3 所示，由输入寄存器、DAC 寄存器、D/A 转换电路和逻辑电路组成，由于该芯片是 8 位，因此各寄存器也是 8 位。

0832 输入的 8 位数字量进入输入寄存器，锁存在内部锁存器中，8 位数字量经过 DAC 寄存器后锁存在内部锁存器中，D/A 转换电路对来自 DAC 寄存器的 8 位数据进行转换，转换结果由 I_{OUT1} 和 I_{OUT2} 输出。8 位输入寄存器受 $\overline{LE1}$ 信号控制，8 位 DAC 寄存器受 $\overline{LE2}$ 信号控制，$\overline{LE1}$ 信号的状态由 0832 的 ILE、$\overline{CS}$ 和 $\overline{WR1}$ 3 个引脚状态决定；$\overline{LE2}$ 信号的状态由 0832 的 $\overline{WR2}$ 和 $\overline{XFER}$ 2 个引脚状态决定。因此通过对 ILE、$\overline{CS}$、$\overline{WR1}$、$\overline{WR2}$ 和 $\overline{XFER}$ 引脚的控制可以实现对 0832 芯片工作方式的控制。

对于 8 位输入寄存器，当 ILE = 1，$\overline{CS}$ = 0，$\overline{WR1}$ = 0 时，M1 = 1，8 位输入寄存器将输入的 8 位数字量 DI0 ~ DI7 锁存到内部输入寄存器中。

对于 8 位 DAC 寄存器，当 $\overline{WR2}$ = 0，$\overline{XFER}$ = 0 时，M3 = 1，此时 8 位输入寄存器中待转换的数字进入 8 位 DAC 寄存器。

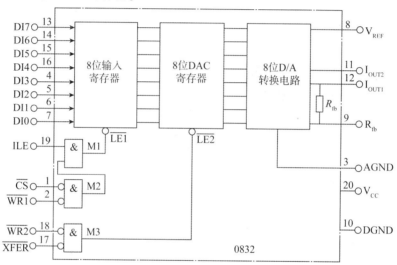

图 5.3　0832 芯片内部结构

4. 0832 工作方式

通过对 ILE、$\overline{CS}$、$\overline{WR1}$、$\overline{WR2}$ 和 $\overline{XFER}$ 引脚的控制可以实现对 0832 芯片直通、单缓冲和双缓冲方式的控制。

1）直通方式

直通方式就是 0832 内部输入寄存器、DAC 寄存器直接导通，一旦有数据到达 DI0 ~ DI7，就进行 D/A 转换，结果从 I_{OUT1}、I_{OUT2} 输出。当 ILE = 1，$\overline{CS}$ = 0，$\overline{WR1}$ = 0，$\overline{WR2}$ = 0，$\overline{XFER}$ = 0 时，0832 工作在直通方式。

2）单缓冲方式

单缓冲方式就是 0832 内部输入寄存器、DAC 寄存器有一个处于直通方式，另一个受单片机控制，或者两者同时受控。单缓冲用于只有一路输出或者几路输出不需要同步的情况。

3）双缓冲方式

双缓冲方式是 0832 内部输入寄存器和 DAC 寄存器分别控制：

（1）控制输入寄存器导通，将输入数字量写入输入寄存器中；

（2）控制 DAC 寄存器导通，将数字量从输入寄存器送入 DAC 寄存器。

这种方式适用于几个模拟量同时输出的情况，每一路需要一个 0832 芯片，构成多个 0832 同时输出。

5.1.3　单片机与 D/A 转换器接口设计实例

【例 5-1】0832 作波形发生器的 Proteus 仿真图如图 5.4 所示，编程实现输出锯齿波、三角波、矩形波和正弦波。

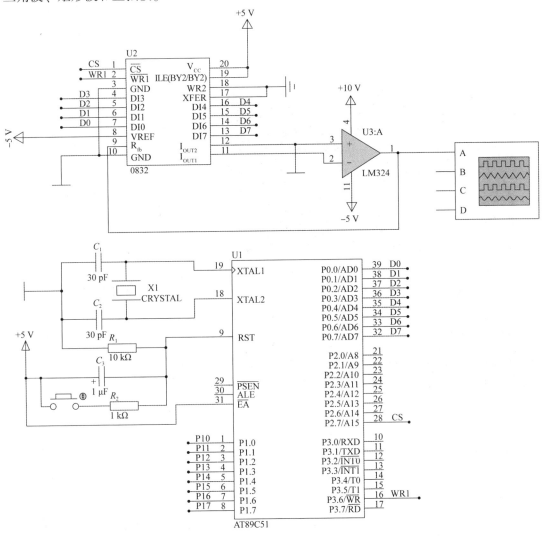

图 5.4　0832 作波形发生器的 Proteus 仿真图

分析：首先判断 0832 的缓冲方式，由于 $\overline{WR2}$、$\overline{XFER}$ 引脚直接接地，因此 DAC 寄存器直通，输入寄存器受 8051 的 P2.7 和 P3.6 控制，处于单缓冲方式。锯齿波、三角波和矩形波的波形分别如图 5.5 ~ 图 5.7 所示。

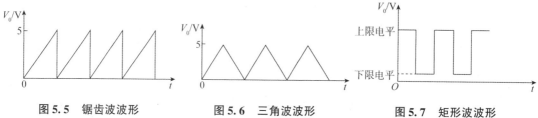

| 图5.5 锯齿波波形 | 图5.6 三角波波形 | 图5.7 矩形波波形 |

解 当输入的数字量从0x00增大到0xff时，输出的模拟量也从0增大到V_{REF}，此时如果输入的数字量再加1，则会溢出清零，数字量变为0，输出的模拟量又为0，不断重复以上过程，即可产生锯齿波。

由图5.7可知硬件设计片选地址为0X7FFF，产生锯齿波的参考程序如下，产生的锯齿波波形如图5.8所示。

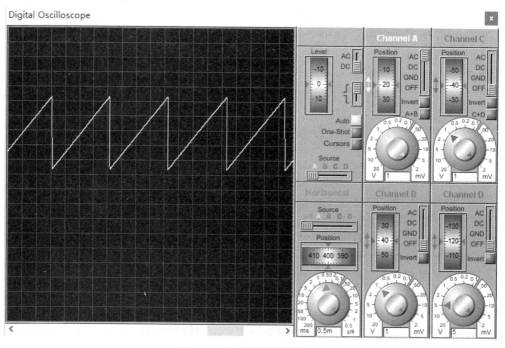

图5.8 产生的锯齿波波形

```
#include<reg51. h>
#include<absacc. h>
#define uchar unsigned char
main()
{
    unsigned char i;
    while(1)
    {
        for(i=0;i<0xff;i++)
        XBYTE[0x7f]=i;                    //数字量加1
    }
}
```

图 5.8 中，每个斜边分成 255 份，每份时间长度为执行"i++"指令时间，要想改变锯齿波频率，在"i++"指令后插入空指令或延时程序即可。

产生三角波的参考程序 1 如下，波形如图 5.9 所示。

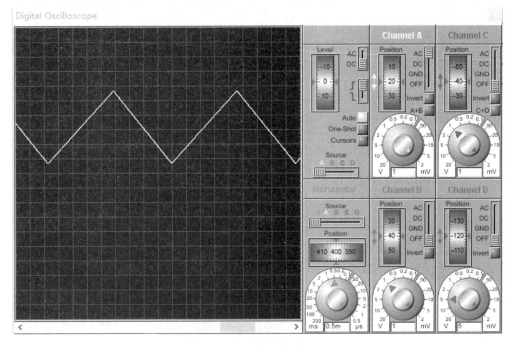

图 5.9 产生的三角波波形

```c
#include<reg51. h>
#include<absacc. h>                   //定义绝对地址访问
void main()
{
    unsigned char i=0;
    while(1)
    {
        do
        {
            XBYTE[0x7f]=i;            //数字量→D/A 转换器
            i++;                      //数字量逐次加 1
        }
        while(i);
        do
        {
            i--;                      //数字量逐次减 1
            XBYTE[0x7f]=i;            //数字量→D/A 转换器
        }
        while(i);
    }
}
```

产生三角波的参考程序 2 如下：

```
#include<reg51. h>
#include<absacc. h>              //定义绝对地址访问
void main()
{
    unsigned char i;
    while(1)
    {
        for(i=0;i<0xff;i++)
        {XBYTE[0X7FFF]=i;}
        for(i=0xff;i>0;i- - )
        {XBYTE[0X7FFF]=i;}
    }
}
```

产生方波的参考程序如下：

```
#include<reg51. h>
#include<absacc. h>              //定义绝对地址访问
void delay()                     //延时函数
{
    unsigned char i,j;
    for(i=0;i<250;i++)
    for(j=0;j<250;j++)
    {;}
}
void main()
{
    while(1)
    {
        XBYTE[0x7f]=0xff;         //高电平数字量→D/A 转换器
        delay();                 //延时
        XBYTE[0x7f]=0x06;         //低电平数字量→D/A 转换器
        delay();                 //延时
    }
}
```

产生的方波波形如图 5.10 所示。在程序中，调整延时时间，可以调节波形中高电平和低电平的时间。如本例程序中 XBYTE[0x7f]=0x06 语句下面延时函数执行 2 次，得到的矩形波波形如图 5.11 所示。

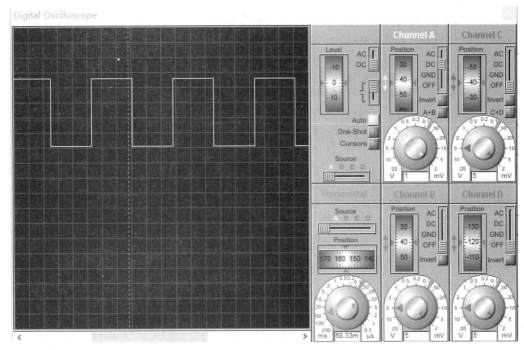

图 5.10　产生的方波波形

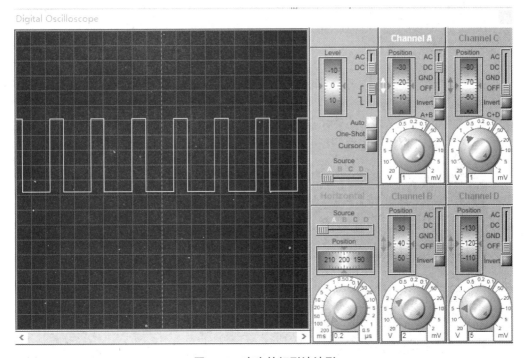

图 5.11　产生的矩形波波形

产生正弦波的参考程序如下：

```c
#include<reg51. h>
#include<absacc. h>                //定义绝对地址访问
#define uchar unsigned char
```

```
uchar sin_data[64]={0x80,0x8c,0x98,0xa5,0xb0,0xbc,0xc7,0xd1,
                    0xda,0xe2,0xea,0xf0,0xf6,0xfa,0xfd,0xff,
                    0xff,0xff,0xfd,0xfa,0xf6,0xf0,0xea,0xe3,
                    0xda,0xd1,0xc7,0xbc,0xb0,0xa5,0x98,0x8c,
                    0x80,0x73,0x67,0x5b,0x4f,0x43,0x39,0x2e,
                    0x25,0x1d,0x15,0xf,0x9,0x5,0x2,0x0,0x0,
                    0x0,0x2,0x5,0x9,0xe,0x15,0x1c,0x25,0x2e,
                    0x38,0x43,0x4e,0x5a,0x66,0x73};
                                                //正弦波数据表
void delay()                                   //延时函数
{
    unsigned char i;
    for(i=0;i<50;i++)
    {;}
}
main()
{
    uchar j;
    while(1)
    {
        for(j=0;j<64;j++)
        XBYTE[0x7fff]=sin_data[j];              //输出正弦波数据
        delay();
    }
}
```

在 Proteus 中单击"运行"按钮后，产生的正弦波波形如图 5.12 所示，参考程序中一个周期的正弦波采样点为 64 个，采样点越多，得到的波形越接近正弦波，越光滑，正弦波中 64 个"小平台"时间为程序中的延时时间。

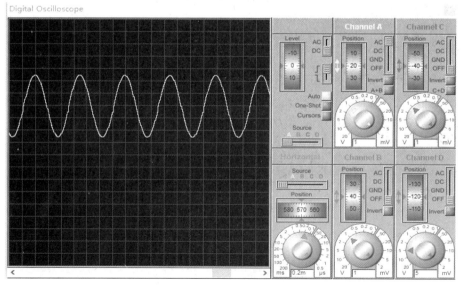

图 5.12　产生的正弦波波形

5.2 单片机与 A/D 转换器接口设计

5.2.1 A/D 转换器概述

1. 选择 A/D 转换器需要考虑的问题

1）A/D 转换器分辨率

一般情况下，选择的 A/D 转换器位数比系统的最高分辨率高 1 位。

2）A/D 转换器转换速率

根据信号变化率和转换精度要求，确定 A/D 转换器的转换速率以保证实时性。

3）是否加采样保持器

若信号变化缓慢，则不用加采样保持器，否则需要加。

4）工作电压和基准电压的选择

如果 A/D 转换器电源电压为 +5 V，则可以与单片机共用一个电压。A/D 转换器基准电压是信号转换时的参考电压，对于精度高的系统，基准电压源应采用高精度电压源。

2. A/D 转换器性能指标

1）分辨率

分辨率指 A/D 转换器能分辨的最小输入模拟量，它是衡量 A/D 转换器能识别出输入模拟量最小变化程度的技术指标。分辨率与位数有关，常用输出数字量的二进制位数表示，8 位以下为低分辨率，9～12 位为中分辨率，13 位以上为高分辨率。

12 位 A/D 转换器，模拟量满量程为 5 V，分辨率 = 5 V/2^{12} = 1.22 mV，也就是 A/D 转换器能分辨出输入的模拟量最小值是 1.22 mV。

2）转换精度

转换精度指 1 个实际 A/D 转换器与理想 A/D 转换器在量化值上的差值。

3）转换时间或转换速率

转换时间是指 A/D 转换器完成一次转换所需时间。转换时间与转换速率互为倒数，转换时间越短，转换速率越快。

超高速 A/D 转换器：转换时间小于或等于 1 ns；

高速 A/D 转换器：转换时间在 100 ns 以内；

中速 A/D 转换器：转换时间为几毫秒到 100 ms；

低速 A/D 转换器：转换时间为 100 ms～1 s。

其中高速和超高速 A/D 转换器适用于雷达、视频数字转换、实时广谱分析等。

3. A/D 转换器基本原理

A/D 转换器是将模拟信号转换为数字信号，模拟信号在时间上是连续的，而数字信号是离散的，所以在转换过程中要对模拟信号进行采样，然后将这些采样值进行量化、编码，转化为数字信号，如图 5.13 所示。

图 5.13 模拟信号转换为数字信号过程示意图

1) 采样

为了保证模拟信号不丢失，通常取 $f_S = (3 \sim 5)f_{imax}$，其中 f_S 为采样频率，f_{imax} 为输入信号最高频率分量的频率。通常需要一段时间将采样值转换为数字信号，因此每次采样后，把采样电压值保持一段时间。

2) 量化和编码

采样之后得到一系列离散电压点，把它转化成某个最小数量单位整数倍的过程叫量化，最小数量单位叫量化单位。

5.2.2 A/D 转换器 0809

1. A/D 转换器 0809 简介

A/D 转换器 0809（以下简称 0809）是逐次逼近型 A/D 转换器，具有 8 路模拟量输入通道，每个通道模拟量电压范围为 0 ~ +5 V，转换时间为 100 μs。

2. 0809 引脚

0809 采用双列直插式封装，引脚图和实物图分别如图 5.14、图 5.15 所示，引脚功能如下。

IN3 — 1	28 — IN2
IN4 — 2	27 — IN1
IN5 — 3	26 — IN0
IN6 — 4	25 — A
IN7 — 5	24 — B
START — 6	23 — C
EOC — 7	22 — ALE
D3 — 8	21 — D7
OE — 9	20 — D6
CLK — 10	19 — D5
V_{CC} — 11	18 — D4
$V_R(+)$ — 12	17 — D0
GND — 13	16 — $V_R(-)$
D1 — 14	15 — D2

0809

图 5.14 0809 引脚图   图 5.15 0809 实物图

IN0 ~ IN7：8 路模拟量输入端。

D0 ~ D7：8 位数字量输出端。

A、B、C：控制 8 路模拟输入通道切换的地址线，与单片机三条地址线相连，各路模拟量之间的切换由用户通过改变 C、B、A 电平状态来实现。地址线与通道之间的关系如表 5.1 所示。

ALE：地址锁存控制信号端。

START：启动信号输入端。

CLK：时钟信号，该芯片时钟频率≤640 kHz。

OE：输出允许端。

EOC：A/D 转换结束信号，当 A/D 转换开始时，该引脚为 0；当 A/D 转换结束时，该引脚变为 1。A/D 转换从启动到结束的时间为 8 个 CLK 时钟时间，因此，该引脚低电平持续时间为固定值，数值上等于 8 个 CLK 时钟时间。

$V_R(+)$、$V_R(-)$：基准电压输入端。

GND：电源地线。

V_{CC}：电源正极，接+5 V。

表 5.1　地址线与通道之间的关系

C	B	A	选择通道	对应通道地址
0	0	0	IN0	00H
0	0	1	IN1	01H
0	1	0	IN2	02H
0	1	1	IN3	03H
1	0	0	IN4	04H
1	0	1	IN5	05H
1	1	0	IN6	06H
1	1	1	IN7	07H

3. 0809 内部结构

0809 内部结构如图 5.16 所示，由 8 路模拟量开关、地址锁存与译码电路、8 位 A/D 转换器和三态输出锁存器组成。

0809 是逐次逼近型 A/D 转换器，供电电源电压为+5 V，单片机通过地址线控制需要转换的模拟量输入通道，经过 8 位 A/D 转换器转换为数字量后，通过三态输出锁存器输出。

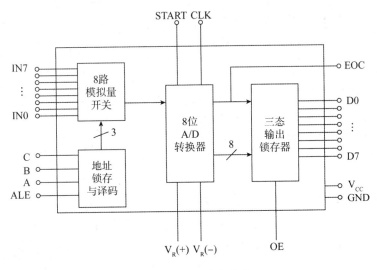

图 5.16　0809 内部结构

4. 0809 工作过程

0809 芯片输入的模拟量与输出的数字量之间的关系如下：

$$V_{IN} = \frac{V_R(+) - V_R(-)}{256} \cdot N + V_R(-)$$

式中，V_{IN} 为输入的模拟量；N 为输出的数字量对应的十进制数。在实际系统中 $V_R(+)$ 常常接+5 V，$V_R(-)$ 常常接地。输入模拟电压的范围为 0～5 V，输出的数字量范围为 0x00～0xff。

0809 的工作过程如图 5.17 所示。

（1）选择需要转换模拟量的通道。单片机 I/O 输出 3 位信号给 0809 的 A、B、C 3 条地址线，并将 ALE 置 1。

（2）给 START 一正脉冲，上升沿使逐次逼近寄存器复位，下降沿启动 A/D 转换，使模拟量到数字量开始转换，EOC 信号自动拉为低电平。

（3）当 A/D 转换结束时，转换的数字量送到输出三态锁存器，EOC 自动拉为 1。

（4）读转换结果。CPU 执行一条读数据指令时，OE 为 1，从 0809 的 D0～D7 读出数据。

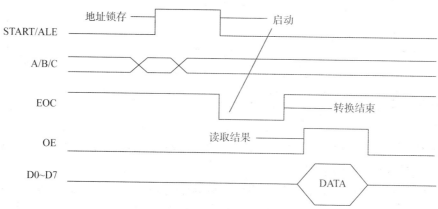

图 5.17　0809 的工作过程

5.2.3　单片机与 A/D 转换器接口设计实例

单片机一共有 3 种读取转换结果的方式，不同方式涉及的硬件连接也略有不同。

1）延时方式

延时方式指单片机启动 A/D 转换后，延时一段时间再读取转换结果。为了得到正确的转换结果，延时时间应大于转换时间。

在硬件连接上，EOC 引脚悬空，因为单片机不需要根据 EOC 引脚的状态来判断是否转换结束。

2）查询方式

查询方式是单片机通过查询 EOC 引脚的电平状态来判断是否转换结束，具体过程如下：单片机启动转换后，去执行其他程序，同时不断查询 EOC 引脚电平状态，若为低电平则说明未转换完成，若为高电平则说明转换已经完成，单片机随后将转换结果读入。

因此在硬件连接上需要单片机用一根 I/O 口线与 EOC 引脚相连，通过查询 I/O 口的电平状态来判断是否转换结束。

3）中断方式

中断方式指单片机启动转换后，去执行其他程序，转换结束后向单片机发出中断请求，单片机在中断服务程序中读取转换结果。

在硬件连接上，EOC 引脚与单片机外部中断引脚相连，转换结束后 EOC 引脚为 1，因此 EOC 引脚需要经非门后再接到外部中断引脚上。

【例 5-2】8051 单片机与 0809 转换仿真图如图 5.18 所示，要求将 0809 的 IN0 通道的模拟量转换为数字量后通过 LED 数码管输出。

分析：由图 5.18 可知，8051 单片机的 P0 口接 0809 的数字量输出端口，P1 口中 P1.7 ~ P1.5 接 LED 数码管的位选端，P2 口接 LED 数码管的段选端，P3 口中的 P3.0 与 0809 的 CLK 引脚相连，P3.1 与 0809 的 START 引脚相连，P3.2 与 0809 的 EOC 引脚相连，P3.7 与 0809 的 OE 引脚相连。0809 的 3 条地址线 A、B、C 接地，表明 0809 采集 IN0 通道模拟量，IN0 通道模拟量输入通过滑动变阻器输入，调节滑动变阻器就可以调节 IN0 通道的模拟量，0809 的 ALE 线与 START 连在一起，$V_R(+)$ 接 +5 V，$V_R(-)$ 接地。

解　0809 的时钟信号由 8051 单片机的 P3.0 输入，本例中采用定时器 T0 工作在工作方式 2，产生 10 μs 定时，定时时间到后 P3.0 引脚取反，用于产生 50 kHz 的时钟信号。通过检测 P3.2 引脚的电平状态检测模拟量到数字量是否转换完成。当 IN0 通道采集到 5 V 电压对应输出数字量 255 时，0 V 电压对应输出数字量 0。

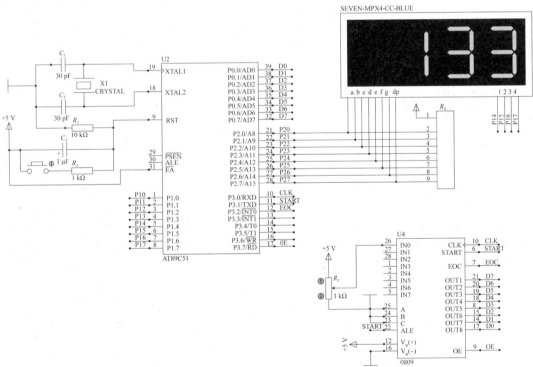

图 5.18　8051 单片机与 0809 转换仿真图

解　参考程序如下：

```
#include<reg51. h>
#include<intrins. h>
#define uchar unsigned char
#define uint unsigned int
uchar code seg_ma[10]={0x3f,0x06,0x5b,0x4f,0x66,0x6d,0x7d,0x07,0x7f,0x6f};
sbit CLK=P3^0;
sbit START=P3^1;
sbit EOC=P3^2;
sbit OE=P3^7;
void delay(uint k)
{uchar j;
    while(k--)
    for(j=0;j<120;j++);
}
display_fun(uchar d)
{
    P1=0x7f;
    P2=seg_ma[d%10];              //个位
    delay(5);
    P1=0xbf;
    P2=seg_ma[d%100/10];         //十位
    delay(5);
    P1=0xdf;
    P2=seg_ma[d/100];            //百位
    delay(5);
}
main()
{
    ET0=1;
    EA=1;
    TMOD=0X02;
    TH0=246;
    TL0=246;
    TR0=1;
    while(1)
    {
        START=0;
        START=1;
        START=0;
        while(EOC==0);
        OE=1;
        display_fun(P0);
```

```
                OE=0;
        }
    }
void time0()interrupt 1
{
    CLK = ~ CLK;
}
```

【**例5-3**】上例中采集 IN0 通道的模拟量，0809 三根地址线直接接地就可以，在实际应用中，可能通过其他通道信息进行采集。本例中采集 IN2 通道信息，如图 5.19 所示，编写程序实现。

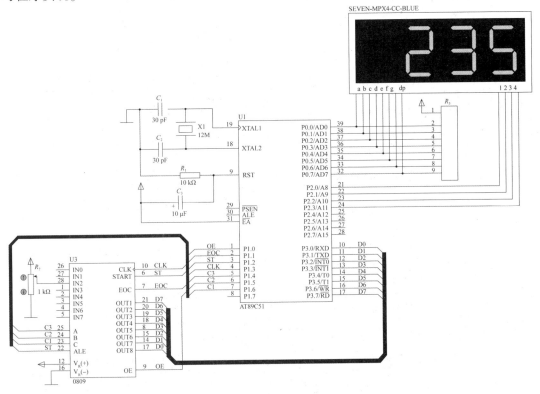

图 5.19 8051 单片机与 0809 转换仿真图

解 参考程序如下：

```
#include<reg51. h>
#define uint unsigned int
#define uchar unsigned char
uchar code seg_ma[]= {0x3f,0x06,0x5b,0x4f,0x66,0x6d,0x7d,0x07,0x7f,0x6f};
sbit OE=P1^0;
sbit EOC=P1^1;
sbit ST=P1^2;
sbit CLK=P1^3;
void delay(uint ms)
```

```
    {
        uchar i;
        while(ms- - )
        {
            for(i=0;i<120;i++);
        }
    }
    display_fun(uchar d)
    {
        P2=0xf7;
        P0=seg_ma[d%10];                    //个位
        delay(5);
        P2=0xfb;
        P0=seg_ma[d%100/10];                //十位
        delay(5);
        P2=0xfd;
        P0=seg_ma[d/100];                   //百位
        delay(5);
    }
    void main()
    {
        TMOD=0x02;
        TH0=0x14;
        TL0=0x00;
        IE=0x82;
        TR0=1;
        P1=0x2f;
        while(1)
        {
            ST=0;
            ST=1;
            ST=0;
            while(EOC==0);
            OE=1;
            display_fun(P3);
            OE=0;
        }
    }
    void time0()interrupt 1
    {
        CLK = ~ CLK;
    }
```

【例5-4】8051 单片机与0809 转换仿真图如图5.19 所示，要求采用中断方式读取转换
结果，并将采集的电压值送 LED 数码管显示。

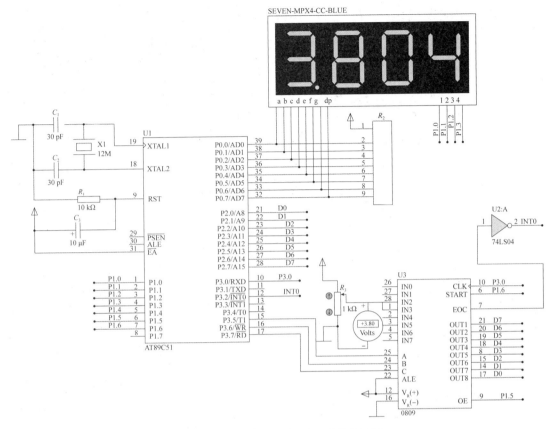

图 5.20　8051 单片机与 0809 转换仿真图

解　参考程序如下：

```
#include<reg51. h>
#define uchar unsigned char
#define uint unsigned int
uchar code table[]= {0x3F,0x06,0x5B,0x4F,0x66,0x6D,0x7D,0x07,0x7F,0x6F,};
                                    //各数字的数码管段选码
uchar Tcount;
uint wei3,wei2,wei1,wei0,num;       //定义硬件引脚和各变量
bit timerflag,ADflag;
sbit AD_end=P3^2;
sbit OE=P1^5;
sbit ST=P1^6;
sbit mc=P3^0;                       //给 0809 提供时钟信号输入位
sbit DA=P3^5;                       //通道选择位
sbit DB=P3^6;
sbit DC=P3^7;
void AD_INT() interrupt 0
{
    ADflag=1;                       //转换完成标志位
```

```c
        OE=1;                           //开始接收
        num=P2* 19.61;                  //电压转换公式,0~5 V 分成 255 份,大约为 19.61 mV
        OE=0;                           //接收完成
}
void T0_int()interrupt 1                //中断服务程序 T0
{
        TL0=0xb0;                       //重载初数及标志位设置
        TH0=0x3c;
        if(- - Tcount= =0)
        {
            Tcount=20;
            timerflag=1;
        }
}
void delay(uint z)                      //延时函数
{
        uint x,y;
        for(x=z;x>0;x- - )
        for(y=110;y>0;y- - );
}
void main()
{
        Tcount=20;                      //定时 20 μs
        TMOD=0x01;                      //T0 定时器,工作模式 1
        TL0=0xb0;                       //20 μs 发生溢出中断一次,放初值
        TH0=0x3c;                       //20 μs 发生溢出中断一次,放初值
        IT0=1;                          //下降沿触发
        TR0=1;                          //启动定时器
        DA=0;                           //选择 A/D 转换器通道 2
        DB=1;
        DC=0;
        ET0=1;                          //允许 T0 溢出中断
        EX0=1;                          //允许外部中断 1 中断
        EA=1;                           //所有中断请求被允许
        while(1)
        {
            P1=P1&0xf0|0x07;            //将接收到的数据显示
            P0=table[wei0];
            delay(1);
            P1=P1&0xf0|0x0b;
            P0=table[wei1];
            delay(1);
            P1=P1&0xf0|0x0d;
            P0=table[wei2];
```

```
        delay(1);
        P1 = P1&0xf0|0x0e;
        P0 = table[wei3]|0x80;
        delay(1);
        if(timerflag = = 1)              //满足时间后再次接收
        {
            timerflag = 0;
            ADflag = 0;
            ST = 1;                       //启动 A/D 转换,上升沿复位清零 A/D 转换器,
                                          //下降沿启动转换,低电平保持转换
            ST = 0;
        }
        mc = 1;                           //每 20 μs 发生溢出中断一次,给 0809 提供时钟信号
        mc = 0;
        if(ADflag = = 1)                  //如果转换完成,那么标志位=1
        {
            wei3 = num/1000;              //将接收到的数据处理
            wei2 = num%1000/100;
            wei1 = num%100/10;
            wei0 = num%10;
            ADflag = 0;
        }
    }
}
```

习　题　▶▶　▶

1. D/A 转换器的性能指标有哪些?

2. 若 D/A 转换器为 10 位, 满量程输出电压为 5V, 它的分辨率为多少?

3. A/D 转换器的性能指标有哪些?

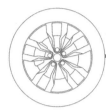

第6章
发动机电子控制系统

学习目标

　　了解发动机控制系统的工作过程，掌握单片机与转速传感器、温度传感器、压力传感器的接口及程序编写。

6.1　概　述

　　无论是在传统汽车还是在混合动力汽车中，发动机都发挥着重要的作用。为了实现对发动机的精准控制，发动机电子控制系统必不可少。

　　为了保证汽车在行驶过程中具有较好的燃油经济性、动力性和舒适性，必须对发动机进行有效的管理。发动机电子控制系统框图如图6.1所示，左侧为输入，是一些传感器信息和开关信号，中间部分为发动机电子控制单元(ECU)，相当于人类大脑，右侧为输出，是发动机电子控制系统的执行器。发动机检测传感器信号和开关信号，根据预先设计的控制规则、逻辑，ECU输出控制信号给执行器，提高发动机各项性能。

图6.1　发动机电子控制系统框图

6.2 应用实例

在发动机电子控制系统中，ECU 相当于人的大脑，起着关键作用，ECU 的核心是单片机，目前发动机电子控制系统多采用 32 位单片机，由于本书应用 Proteus 平台进行仿真，受资源限制，因此只针对转速传感器、温度传感器和压力传感器进行应用剖析，而对开关信号的检测请参考 4.1 节中开关部分。

6.2.1 转速传感器应用实例

目前发动机转速传感器分为电磁感应式、光电式、霍尔式，比如霍尔式传感器输出信号经过放大器、脉冲整形等电路得到脉冲信号输入给单片机，单片机采集后经过运算除了给喷油器等执行机构提供喷油量依据外，还可以输出给显示系统进行显示，给驾驶员提供信息。

【例 6-1】图 6.2 所示为应用 8051 单片机采集发动机转速的 Proteus 仿真图，编程实现转速采集，并在 LCD1602 上进行显示。

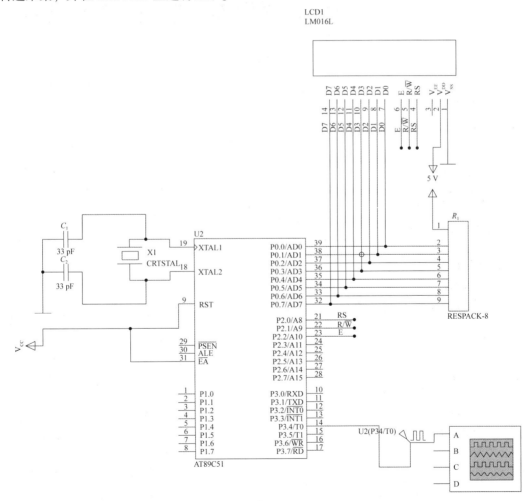

图 6.2 应用 8051 单片机采集发动机转速的 Proteus 仿真图

分析:由于进入单片机的发动机转速信号是脉冲信号,因此本例中省去了信号放大、整形等外部电路,直接采集脉冲信号,设置脉冲频率为 30 Hz,LCD1602 上显示 1 800 r/min,仿真结果如图 6.3 所示。

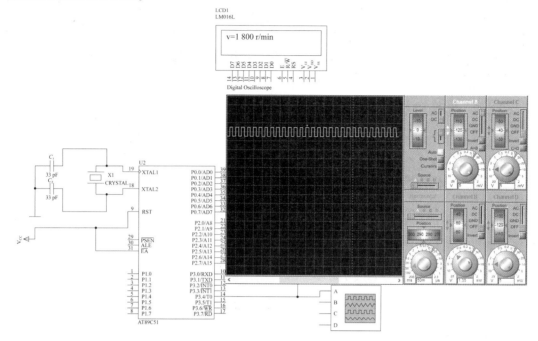

图 6.3 仿真结果

解 参考程序如下:

#include<reg51. h>	//包含单片机寄存器的头文件
#include<intrins. h>	//包含_nop_()函数定义的头文件
sbit RS=P2^0;	//寄存器选择位,将 RS 位定义为 P2.0 引脚
sbit RW=P2^1;	//读写选择位,将 R/W 位定义为 P2.1 引脚
sbit E=P2^2;	//使能信号位,将 E 位定义为 P2.2 引脚
unsigned int v;	//储存电机转速
unsigned char count;	//储存定时器 T1 中断次数
unsigned flag=0;	//计满 1 s 标志位
sbit BF=P0^7;	//忙碌标志位,将 BF 位定义为 P0.7 引脚
unsigned char code digit[]={"0123456789"};	//定义字符数组显示数字
	//延时 1 ms(3j+2)* i=(3×33+2)×10=1 010(μs),可以
	//认为是 1 ms

```
void delay1 ms()
{
    unsigned char i,j;
    for(i=0;i<10;i++)
    for(j=0;j<33;j++)
    ;
}
```
//函数功能:延时若干毫秒

```
void delay(unsigned char n)
{
    unsigned char i;
    for(i=0;i<n;i++)
    delay1 ms();
}
```

//函数功能:判断液晶模块的忙碌状态返回值:result。
//result=1,忙碌;result=0,不忙

```
unsigned char BusyTest(void)
{
    bit result;
    RS=0;                              //根据规定,RS 为低电平,R/W̄ 为高电平时,可以读状态
    RW=1;
    E=1;                               //E=1,才允许读写
    _nop_();                           //空操作
    _nop_();
    _nop_();
    _nop_();                           //空操作四个机器周期,给硬件反应时间
    result=BF;                         //将忙碌标志电平赋给 result
    E=0;                               //将 E 恢复低电平
    return result;
}
```

//将模式设置指令或显示地址写入液晶模块/

```
void WriteInstruction( unsigned char dictate)
{
    while(BusyTest()==1);              //如果忙就等待
    RS=0;                              //根据规定,RS 和 R/W̄ 同时为低电平时,可以写入指令
    RW=0;
    E=0;                               //E 置低电平,写指令时,E 为高脉冲,
                                       //就是让 E 从 0 到 1 发生正跳变,所以应先置 0
    _nop_();
    _nop_();                           //空操作两个机器周期,给硬件反应时间
    P0=dictate;                        //将数据送入 P0 口,即写入指令或地址
    _nop_();
    _nop_();
    _nop_();
    _nop_();                           //空操作四个机器周期,给硬件反应时间
    E=1;                               //E 置高电平
    _nop_();
    _nop_();
    _nop_();
    _nop_();                           //空操作四个机器周期,给硬件反应时间
    E=0;                               //当 E 由高电平跳变成低电平时,液晶模块开始执行
                                       //命令
```

汽车嵌入式技术

```
}
                                    //指定字符显示的实际地址
void WriteAddress(unsigned char x)
{
    WriteInstruction(x|0x80);       //显示位置的确定方法规定为"80H+地址码 x"
}

                                    //将数据(字符的标准 ASCII 码)写入液晶模块
void WriteData(unsigned char y)
{
    while(BusyTest()==1);
    RS=1;                           //RS 为高电平,R/W 为低电平时,可以写入数据
    RW=0;
    E=0;                            //E 置低电平,写指令时,E 为高脉冲,
                                    //就是让 E 从 0 到 1 发生正跳变,所以应先置"0"
    P0=y;                           //将数据送入 P0 口,即将数据写入液晶模块
    _nop_();
    _nop_();
    _nop_();
    _nop_();                        //空操作四个机器周期,给硬件反应时间
    E=1;                            //E 置高电平
    _nop_();
    _nop_();
    _nop_();
    _nop_();                        //空操作四个机器周期,给硬件反应时间
    E=0;                            //当 E 由高电平跳变成低电平时,液晶模块开始执行
                                    //命令
}
                                    //对 LCD 的显示模式进行初始化设置
void LcdInitiate(void)
{
    delay(15);                      //延时 15 ms,首次写指令时应给 LCD 一段较长的反
                                    //应时间
    WriteInstruction(0x38);         //显示模式设置:16×2 显示,5×7 点阵,8 位数据接口
    delay(5);                       //延时 5 ms  ,给硬件一点反应时间
    WriteInstruction(0x38);
    delay(5);
    WriteInstruction(0x38);         //连续三次,确保初始化成功
    delay(5);
    WriteInstruction(0x0c);         //显示模式设置:显示开,无光标,光标不闪烁
    delay(5);
    WriteInstruction(0x06);         //显示模式设置:光标右移,字符不移
    delay(5);
    WriteInstruction(0x01);         //清屏幕指令,将以前的显示内容清除
```

```
        delay(5);
}
                                          //显示速度提示符
void display_sym(void)
{
        WriteAddress(0x00);               //写显示地址,将在第1行第1列开始显示
        WriteData(' v' );                 //将字符常量"v"写入LCD
        WriteData(' =' );                 //将字符常量"="写入LCD
}

                                          //显示速度数值
void display_val(unsigned int x)
{
        unsigned char i,j,k,l;            //i,j,k,l分别存储千位、百位、十位和个位
        i=x/1000;                         //取千位
        j=(x%1000)/100;                   //取百位
        k=(x%100)/10;                     //取十位
        l=x%10;                           //取个位
        WriteAddress(0x02);               //写显示地址,将在第1行第3列开始显示
        WriteData(digit[i]);              //将千位数字的字符常量写入LCD
        WriteData(digit[j]);              //将百位数字的字符常量写入LCD
        WriteData(digit[k]);              //将十位数字的字符常量写入LCD
        WriteData(digit[l]);              //将个位数字的字符常量写入LCD
}

                                          //显示速度单位"r/min"
void display_unit(void)
{
        WriteAddress(0x06);               //写显示地址,将在第2行第7列开始显示
        WriteData(' r' );                 //将字符常量"r"写入LCD
        WriteData(' /' );                 //将字符常量"/"写入LCD
        WriteData(' m' );                 //将字符常量"m"写入LCD
        WriteData(' i' );                 //将字符常量"i"写入LCD
        WriteData(' n' );                 //将字符常量"n"写入LCD
}
void init_t01()
{
        TMOD=0x15;                        //定时器T0工作于计数模式1,定时器T1工作于计
                                          //时模式1
        TR1=1;                            //定时器T1启动
        TR0=1;                            //启动定时器T0
        TH0=0;                            //定时器T0高8位赋初值0
        TL0=0;                            //定时器T0低8位赋初值0
        TH1=(65536-50000)/256;            //定时器T1的高8位设置初值,每50 ms产生一次
                                          //中断
```

```
        TL1 = (65536 - 50000)%256;              //定时器 T1 的低 8 位设置初值,每 50 ms 产生一次中断
        TF0 = 0;ET0 = 1;                         //定时器 T0 中断允许
        TF1 = 0;   ET1 = 1;                      //定时器 T1 中断允许
        EA = 1;                                  //开总中断
        count = 0;                               //将 T1 中断次数初始化为 0
    }
    void main(void)
    {
        LcdInitiate();                           //调用 LCD 初始化函数
        display_sym();                           //显示速度提示符
        display_val(0000);                       //显示器工作正常标志
        display_unit();                          //显示速度单位
        init_t01();                              //初始化计数器 T0、定时器 T1
        while(1)                                 //无限循环
        {
            if(flag = = 1)                       //时间未满等待
            {
                flag = 0;
                v = v* 60;                       //计算速度,每转产生脉冲数×60 分钟
            display_val(v)                       //显示速度
            }
        }
    }
    void Time1(void) interrupt 3                 //定时
    {
        TH1 = (65536 - 50000)/256;               //定时器 T0 高 8 位重新赋初值
        TL1 = (65536 - 50000)%256;               //定时器 T0 低 8 位重新赋初值
        count++;                                 //T0 每中断 1 次,count 加 1
        if(count = = 20)                         //若累计满 20 次,即计满 1 s
        {
            TR1 = 0;TR0 = 0;                      //定时器 T1、T0 关闭
            v = TH0;
            v = v<<8;
            v+ = TL0;
            flag = 1;                             //计满 1 s 标志位置 1
            TH0 = 0;TL0 = 0;
            TR1 = 1;TR0 = 1;                      //定时器 T1、T0 开启
            count = 0;                            //清零,重新统计中断次数
        }
    }
    void T0_jishu(void) interrupt 1              //T0 计数,溢出中断重新计数
    {
        TH0 = 0;TL0 = 0;
    }
```

6.2.2　温度传感器应用实例

发动机 ECU 采集冷却液温度、进/排气温度，无论哪种温度信号，都是应用测温原理。目前汽车上温度传感器信号多采用负温度系数的热敏电阻温度传感器，其采集原理框图如图 6.4 所示，该温度传感器随着温度的增加，热敏电阻阻值减少。热敏电阻 R_2 与一已知阻值的电阻 R_1 串联，通过采集热敏电阻两端电压就可以计算出该热敏电阻的阻值。热敏电阻阻值与温度存在一一对应关系，一般情况下将这种对应关系制成表格存储在 ROM 中，通过查表即可推算出该热敏电阻所处的环境的温度，实现测温的目的。

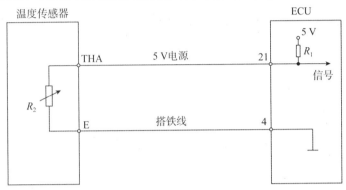

图 6.4　热敏电阻温度传感器采集温度原理框图

【例 6-2】图 6.5 所示为应用 8051 采集温度的 Proteus 仿真图，编程实现温度采集并送 LED 数码管显示。

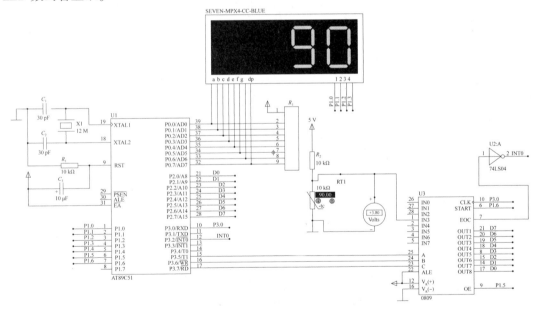

图 6.5　应用 8051 采集温度的 Proteus 仿真图

解　参考程序如下：

```
#include<reg51. h>
#define uchar unsigned char
```

```c
#define uint unsigned int
uchar code table[]={0x3F,0x06,0x5B,0x4F,0x66,0x6D,0x7D,0x07,0x7F,0x6F,};
                                        //各数字的数码管段码
uchar Tcount;
uint wei2,wei1,wei0,num,num1;           //定义硬件引脚和各变量
bit timerflag,ADflag;
sbit AD_end=P3^2;
sbit OE=P1^5;
sbit ST=P1^6;
sbit mc=P3^0;                           //给0809提供时钟信号输入位
sbit DA=P3^5;                           //通道选择位
sbit DB=P3^6;
sbit DC=P3^7;
void AD_INT() interrupt 0
{
    ADflag=1;                           //转换完成标志位
    OE=1;                               //开始接收
    num1=P2;
    OE=0;                               //接收完成
}
void T0_int()interrupt 1                //中断服务程序T0
{
    TL0=0xb0;                           //重载初数及标志位设置
    TH0=0x3c;
    if(- - Tcount= =0)
    {
        Tcount=20;
        timerflag=1;
    }
}
void delay(uint z)                      //延时函数
{
    uint x,y;
    for(x=z;x>0;x- - )
    for(y=110;y>0;y- - );
}

                                        //NTC 10K   B3950
                                        //检测温度 0~100
                                        //数组下标就是对应温度
unsigned char code a[101]={
    196,194,191,189,186,184,181,179,176,173,170,168,
    165,162,159,157,154,151,148,145,142,139,136,134,
    131,128,125,122,120,117,114,112,109,106,104,101,
```

99,96,94,91,89,87,84,82,80,78,76,74,71,70,68,66,64,62,60,59,57,55,54,52,51,49,48,47,45,44,43,41,40,
39,38,37,36,35,34,33,32,31,30,29,28,27,27,26,25,24,24,23,22,22,21,21,20,20,19,18,18,17,17,16,16};

```
                                              //查找相近值,并返回下标,用二分法查表
int Find_data()
{
    int begin;int end;int middle;
    int i;int dat;int LEN;
    begin=0;
    end=101-1;
    i=0;
    LEN=101;
    dat=num1;
    if(dat>=a[begin]) return begin;
    else if(dat<=a[100]) return end;
    while(1)                                   //开始值小于最后值
    {
        middle=(begin+end)/2;                  //计算中值
        if(dat==a[middle]) break;              //如果相等则找到最接近值
        if(dat<a[middle] && dat> a[middle+1]) break;
                                               //如果测量值在中值之间也退出
        if(dat> a[middle])   end=middle;
                                               //如果值大于中值,那么在表前半部分,使最后值为中值
        else begin=middle;
                                               //如果值小于中值,那么在表后半部分,使开始值为中值
        if(i++> LEN) break;                    //遍历到底,返回
    }
    if(begin> end) return 0;                   //确定表是从大到小的,不是返回 0
    return middle;
}
void chushihua()                               //初始化函数
{
    Tcount=20;                                 //定时 20 μs
    TMOD=0x01;                                 //T0 定时器,工作模式 1
    TL0=0xb0;                                  //20 μs 发生溢出中断一次,定时器专用寄存器,TH0 高位
    TH0=0x3c;                                  //定时器专用寄存器,TL0 低位,当 TL0 满了后自动清零,
                                               //同时 TH0 进一位,当 TL0、TH0 都满了时会发生溢出中断
    IT0=1;                                     //下降沿触发,则令 IT0=1
    TR0=1;                                     //启动定时器
    DA=1;                                      //选择 A/D 转换器通道 2
    DB=1;
    DC=0;
    ET0=1;                                     //允许 T0 溢出中断
    EX0=1;                                     //允许外部中断 1 中断
    EA=1;                                      //所有中断请求均被允许
```

```
    }
    void shujixianshi()                    //数据显示函数
    {
        if(wei2==0) goto l1;
        P1=P1&0xf0|0x0d;
        P0=table[wei2];
        delay(1);
        l1;if(wei1==0&&wei2==0) goto l2;
        if(wei1!=0&&wei2==0) goto l3;
        l3:P1=P1&0xf0|0x0b;
        P0=table[wei1];
        delay(1);
        l2;P1=P1&0xf0|0x07;                //将接收到的数据显示
        P0=table[wei0];
        delay(1);
    }
    void main()
    {
        chushihua();
        while(1)
        {shujixianshi();
            num=Find_data();
            if(timerflag==1)               //满足时间后再次接收
            {
                timerflag=0;
                ADflag=0;
                ST=1;                      //启动 A/D 转换,上升沿复位清零 A/D 转换器,下降沿启动
                                           //转换
                ST=0;                      //低电平保持转换
            }
            mc=1;                          //每 20 μs 发生溢出中断一次,给 0809 提供时钟信号
            mc=0;
            if(ADflag==1)                  //如果转换完成,标志位=1
            {
                                           //将接收到的数据处理
                wei2=num%1000/100;
                wei1=num%100/10;
                wei0=num%10;
                ADflag=0;
            }
        }
    }
```

6.2.3　压力传感器应用实例

发动机电子控制系统需要测量进气歧管处压力，进而计算发动机进气量，此外还需要测量机油压力及发动机燃烧压力，本书采用 MPX4115 压力传感器模拟测量发动机压力。MPX4115 实物图如图 6.6 所示，该传感器输出与气压相对应的电压值，为了应用 8051 单片机采集气压值，需要将 MPX4115 压力传感器输出的电压值通过 A/D 转换器转换成数字量后送往单片机。本书应用 0809 完成模拟量到数字量的转换，仿真图如图 6.7 所示。

图 6.6　MPX4115 实物图

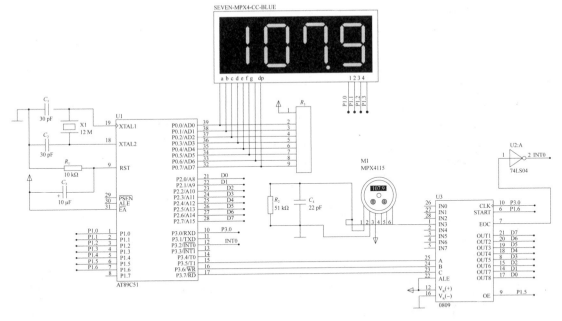

图 6.7　MPX4115 测压系统仿真图

参考程序如下：

```
#include<reg51. h>
#define uchar unsigned char
#define uint unsigned int
uchar code table[]={0x3F,0x06,0x5B,0x4F,0x66,0x6D,0x7D,0x07,0x7F,0x6F,};
```

```
                                    //各数字的数码管段码
uchar Tcount;
uint wei3,wei2,wei1,wei0,num,num1;   //定义硬件引脚和各变量
bit timerflag,ADflag;
sbit AD_end=P3^2;
sbit OE=P1^5;
sbit ST=P1^6;
sbit mc=P3^0;                        //给0809提供时钟信号输入位
sbit DA=P3^5;                        //通道选择位
sbit DB=P3^6;
sbit DC=P3^7;
void AD_INT() interrupt 0
{float press;
    ADflag=1;                        //转换完成标志位
                                     //AD_end=1;
    OE=1;                            //开始接收
    num1=P2;
    if(14<num1<243)                  //当压力值介于15～115 kPa之间时,遵循线性变换
                                     //y=(115-15)/(243-13)* X+15
    {
        press=((10.0/23.0)* P2)+10.3; //测试时补偿值为10.3
        num=(int)(press* 10);
    }                                //放大10倍,以便于后面的计算
    OE=0;                            //接收完成
}
void T0_int()interrupt 1             //中断服务程序T0
{
    TL0=0xb0;                        //重载初数及标志位设置
    TH0=0x3c;
    if(- - Tcount= =0)
    {
        Tcount=20;
        timerflag=1;
    }
}
void delay(uint z)                   //延时函数
{
    uint x,y;
    for(x=z;x>0;x- - )
    for(y=110;y>0;y- - );
}
void chushihua()
{Tcount=20;                          //定时20 μs
```

```
        TMOD=0x01;                  //T0 定时器,工作模式 1
        TL0=0xb0;                   //20 μs 发生溢出中断一次,定时器专用寄存器,TH0 高位
        TH0=0x3c;                   //定时器专用寄存器,TL0 低位,当 TL0 满了后自动清零,
                                    //同时 TH0 进一位,当 TL0、TH0 都满了时会发生溢出中断
        IT0=1;                      //下降沿触发,则令 IT0=1
        TR0=1;                      //启动定时器
        DA=1;                       //选择 A/D 转换器通道 2
        DB=1;
        DC=0;
        ET0=1;                      //允许 T0 溢出中断
        EX0=1;                      //允许外部中断 1 中断
        EA=1;                       //所有中断请求被允许
}
void xianshi()
{
        if(wei3==0) goto l1;
        P1=P1&0xf0|0x0e;
        P0=table[wei3];
        delay(1);
        l1:if(wei2==0&&wei3==0) goto l2;
        if(wei3!=0&&wei2==0) goto l4;
        l4:P1=P1&0xf0|0x0d;
        P0=table[wei2];
        delay(1);
        l2:if(wei1==0&&wei2==0&&wei3==0) goto l3;
        if(wei3!=0&&wei1==0) goto l5;
        l5:P1=P1&0xf0|0x0b;
        P0=table[wei1]|0x80;
        delay(1);
        l3:P1=P1&0xf0|0x07;         //将接收到的数据显示
        P0=table[wei0];
        delay(1);
}
void main()
{
        chushihua();                //调用初始化函数
        while(1)
        {
            xianshi();              //调用显示函数
            if(timerflag==1)        //满足时间后再次接收
            {
                timerflag=0;
                ADflag=0;
```

```
            ST=1;                    //启动 A/D 转换,上升沿复位清零 A/D 转换器,下降沿启动
                                     //转换
            ST=0;                    //低电平保持转换
        }
        mc=1;                        //每 20 μs 发生溢出中断一次,给 0809 提供时钟信号
        mc=0;
        if(ADflag==1)                //如果转换完成,标志位=1
        {
            wei3=num/1000;           //将接收到的数据处理显示
            wei2=num%1000/100;
            wei1=num%100/10;
            wei0=num%10;
            ADflag=0;
        }
    }
}
```

🎯 **习 题** ▶▶ ▶

应用 Proteus 仿真软件,设计一个发动机冷却水温度测量系统,并将结果在 LED 数码管或者 LCD1602 上显示。

第 7 章
电动汽车控制系统

学习目标

　　了解电动汽车分类及串联式混合动力汽车、并联式混合动力汽车的特点。掌握电流、温度测量电路，了解电流、温度测量 C 语言程序。

7.1　概　述

　　为了实现节能减排，世界各国都在研发新能源汽车，并取得了一些成果。目前我国新能源汽车已由原来的研究实验阶段发展到了推广应用阶段，无论是在一线城市还是在三线、四线城市，都能看见新能源汽车的身影，如比亚迪的宋 PLUS 新能源汽车、丰田和本田的混合动力汽车（见图 7.1 ~ 图 7.3）。

　　新能源汽车包括纯电动汽车、混合动力汽车和燃料电池汽车。纯电动汽车结构框图如图 7.4 所示，与传统汽车相比，动力装置由原来的发动机换成了电动机，储能装置由原来的油箱换成了蓄电池。普通的锂电池电压在 4 V 左右，为了满足汽车动力性和续驶里程要求，动力电池需要串联、并联。串联是为了满足电动机的电压要求，并联是为了输出更大的电流来满足加速和爬坡要求，因此纯电动汽车电池往往由数百节、甚至数千节组成，这时需要配备电池管理系统检测电池各项参数并对蓄电池进行有效管理。与传统汽车相比，纯电动汽车需要监控的参数更多，因此传统的仪表显示系统已不能满足要求。

图 7.1　比亚迪宋 PLUS 混合动力汽车

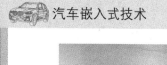

图 7.2　丰田的 Prius 混合动力汽车

图 7.3　本田的 Insight 混合动力汽车

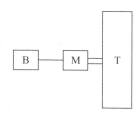

图 7.4　纯电动汽车结构框图

B—电池；M—电动机；T—传动装置(包括制动器、离合器和齿轮箱)；

══ —机械连接；── —电力连接

图 7.5 所示为电动汽车控制系统框图，整个 PACK 由电池组和电池管理系统(BMS)组成，电池管理系统控制总正继电器和预充继电器。电池组输出的正负极分别接车载充电机(OBC)和电机控制器(MCU)的正负极。另外 12 V 铅酸蓄电池分别对电池管理系统和充电枪插座进行供电，电池管理系统通过 CAN 总线与整车控制器(VCU)及 OBC 进行通信。

根据电池系统架构及工程应用方案，电池管理系统的具体功能如下：

(1)电池信息采集功能：通过采集电池的电压、温度及工作电流来分析电池的运行状态，为故障诊断、上下电等控制策略提供数据支撑。

(2)均衡功能：电池在生产制造、使用过程中会使电池组中单体电池产生差异，均衡功能主要是用来降低单体一致性差的电池对整个电池组的影响，提高电池组的使用容量和寿命。

(3)故障诊断、处理功能：故障诊断是通过采集到的电池数据进行分析，判断电池是否出现过充、过放、过温、低温等故障问题，并对出现的故障进行相应的处理。

(4)电池状态估算：电池 SOC 为电池的剩余容量，体现电动汽车剩余续驶里程；SOP 是表征电池可用充放电功率的一个重要参数，包括可用脉冲功率和持续充放电功率，电池在此范围内使用可延长使用寿命；SOH 表征电池的健康状态。

(5)通信功能：电池管理系统的通信系统分为主从通信、主控和充电机通信、主控和整车控制器通信。主从通信是从控将采集的数据通过 I²C 总线发送给主控。主控和充电机通信要求符合 GB/T 20234.2—2015、GB/T 18487.1—2015 国标的交流充电。主控和整车控制器通信是主控通过整车 CAN 总线与整车控制器进行信息交互。

在电池管理系统中，电池检测回路称为从控或从板，电池组控制单元称为主控或主板。根据主控和从控之间的关系分为一体式电池管理系统和主从式电池管理系统。一体式电池管理系统是从控和主控做在一块板子上，布线复杂，接口数量往往不能满足电池数量要求。主从式电池管理系统由一个主控和多个从控组成，应用灵活。

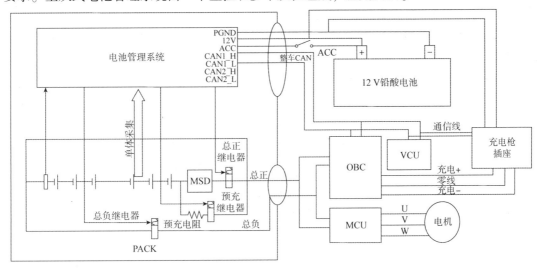

图 7.5　电动汽车控制系统框图

图 7.6 所示为电池管理系统总体架构图，分为主控系统和从控系统。从控系统实现电池组电压、电流等信息采集，并将数据发送到主控制器，同时接收主控系统的均衡命令。

电源管理系统包括以下模块：

（1）电源模块：包括供电部分和唤醒部分，供电部分支持 12 V 蓄电池和 12 V 充电枪进行供电。唤醒部分主要支持常火、充电枪及 RTC 唤醒。

（2）充电模块：主要为交流充电。通过识别 CC2 信号来识别充电枪的插入和拔出，以及通过 CAN 通信实现充电的软件交互。

（3）CAN 通信模块：分为两路 CAN 总线。一路为整车 CAN 总线，主要实现整车控制器和电池管理系统之间的通信，以及 OBC 与电池管理系统之间的通信；另一路为诊断 CAN，主要实现电池管理系统诊断数据的共享。

（4）NTC 模块：利用 NTC 热敏电阻（负温度系统）检测充电枪的温度，避免在充电过程中充电枪温度过高，发生危险。

（5）高压采集模块：利用分压原理将电池两端的高压转换为芯片可以识别的低压。对电池及负载两端的总压进行检测可以对成功预充进行预判，另外也可对电池的过压和欠压检测进行冗余判断。

（6）继电器状态判断模块：利用分压电阻和隔离运放对继电器主触点进行检测，可以实时检测继电器主触点的状态是否正常，当出现继电器粘连或无法闭合等严重故障时，电池管理系统可以进行相应的故障处理。

（7）霍尔电流模块：利用霍尔传感器对电池组母线电流进行检测，进而实现 SOC、SOP 估算。

（8）高边驱动继电器模块：利用高边芯片对高压继电器进行控制，实现电池组的动力输出。

(9) MCU 模块：根据采集的电池信息进行 SOC、SOP、SOH 估算，均衡控制，故障诊断，以及根据预定的控制策略对电池组进行管理。

(10) MMU 模块：MMU 模块是从控模块，其主要通过 AFE 对电池的电压、温度等参数进行采集，并将数据传输到主控模块。

在实际应用中，电池管理系统一般以 32 位单片机（如 STM32）为核心。由于动力电池节数较多，故电池管理系统一般采用专用芯片测量电池单体电压，比如 SH367306、LTC6804，SH367306 可以采集 10 节电池电压，LTC6804 可以采集 12 节电池电压。

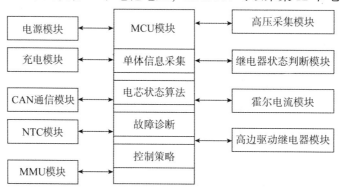

图 7.6　电池管理系统总体架构图

混合动力汽车的结构框图如图 7.7 所示，混合动力汽车是"油"和"电"的混合，既有传统汽车的结构，又有纯电动汽车的结构，在汽车行驶过程中可以更灵活、更方便地控制两个动力源的动力输出。

在混合动力汽车中，其驱动系统内存在着两类能量流：一类是机械能量流；另一类是电能量流。在功率交汇点处，始终为同一类功率形式，即电气的或机械的功率形式，呈现着两个功率相加或将一个功率分解为两个功率的情况。

图 7.7(a)所示为串联式混合动力汽车结构框图。串联式混合动力汽车的特征是在功率变换器中两个电功率被加在一起，该功率变换器起电功率耦合器的作用，控制从蓄电池组和发电机到电动机的功率流，或反向控制从电动机到蓄电池组的功率流。其燃油箱、内燃机和发电机组成基本能源，而蓄电池组则起到能量缓冲器的作用。

图 7.7(b)所示为并联式混合动力汽车结构框图。并联式混合动力汽车的特征是在机械耦合器中两个机械功率被加在一起。内燃机是基本能源设备，而蓄电池组和电动机驱动装置组成能量缓冲器。此时，功率流仅受动力装置——发动机和电动机所控制。

图 7.7(c)所示为混联式混合动力汽车结构框图。混联式混合动力汽车的特征是使用了两个功率耦合器——机械耦合器和电耦合器。实际上，这一构造是串联式和并联式结构的组合，它兼具两者的特性，并且相比于串联式或并联式的单一结构，拥有更多的运行模式。从另一方面来说，它的结构相对更为复杂，且成本较高。

图 7.7(d)所示为复合式混合动力汽车结构框图。复合式混合动力汽车具有与混联式相似的结构。在电动机—发电机组和蓄电池组之间增加了功率变换器。

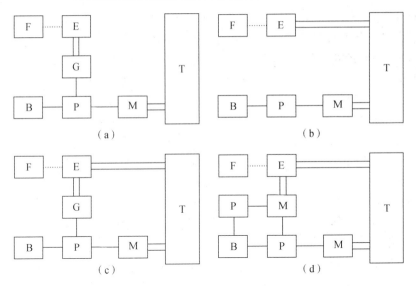

图7.7 混合动力汽车结构框图

(a)串联式;(b)并联式;(c)混联式;(d)复合式

B—电池;F—油箱;E—内燃机;G—发电机;M—电动机;P—功率变换器;

T—传动装置(包括制动器、离合器和齿轮箱);

┈┈┈—液流连接; ═══—机械连接; ━━━—电力连接

7.1.1 串联式混合动力汽车(电耦合)

串联式混合动力汽车由两个电能量源向单个电动机供电,以驱动汽车行驶。其中,单向能源为燃油箱,单向能量变换器为发动机和发电机的组合。这里的单向指能量流只能输出不能回馈。发电机输出电能通过整流器连接到电力(DC)总线。双向能源为蓄电池组,通过DC/DC变换器连接到电力DC总线。DC总线与电机控制器相连,电机可以工作在电动模式也可以工作在发电模式。

串联式混合动力电驱动系统与电动汽车电动驱动系统相同,由于蓄电池组的能量密度低,为延长电动汽车的续驶里程,在电动汽车上增加了一套发动机——发电机组。

ECU根据加速踏板和制动踏板给出的指令信息,以及来自其他传感器的信息,根据预先设定的控制策略控制发动机的运行状态和蓄电池的电能输出。根据汽车的需求功率和电池的能量状态不同,串联式混合动力汽车分为以下多种运行模式。

(1)纯电动模式:发动机关闭,车辆仅由蓄电池组供电、驱动。

(2)单一发动机驱动模式:汽车驱动功率仅源于发动机—发电机组,而蓄电池既不提供电能,也不吸收任何电能。

(3)混合驱动模式:如果汽车处于加速爬坡等需求功率较大场合,那么汽车驱动功率由发动机—发电机组和蓄电池两者共同提供。

(4)发动机牵引和蓄电池充电模式:发动机—发电机组提供汽车行驶所需的功率外,还向蓄电池充电。该发动机—发电机组功率在电耦合器中分解。

(5)再生制动模式:发动机—发电机组关闭,而电动机运行在发电模式,将汽车的动能回收再利用,用于向蓄电池组充电。

(6)蓄电池充电模式:电动机不接收功率,发动机—发电机组仅向蓄电池组充电。

(7)混合式蓄电池充电模式:发动机—发电机组向蓄电池充电,汽车制动能量通过电

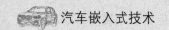

机运行在发电模式给蓄电池充电。

由串联式混合动力汽车结构可以得出其具有以下优势：

（1）发动机与驱动轮之间无机械连接，因此发动机运行状态可以独立于汽车，这样可以控制发动机始终运行于最大效率区。在该区域内，发动机的效率和排放可进一步得到提高。此外，发动机与驱动轮机械解耦，使高转速发动机能够得到应用。

（2）由于电动机具有理想的转矩—转速特性，因此其驱动系统不需要多挡变速器，驱动系统结构大大简化，成本得到降低。此外，还可以采用两个电动机分别带动一个驱动车轮的结构，从而可以取消机械差速器。此外还可以采用四轮驱动形式，每个车轮的转速和转矩独立控制，大大提高了汽车的性能。这对在附着系数不好的路面（例如，冰、雪和软地面）上行驶时尤为重要。

（3）由于发动机与驱动轮之间在机械上完全解耦，因此相比于其他结构，串联式混合动力汽车的控制策略可得以简化。

然而，串联式混合动力汽车也具有以下缺点：

（1）发动机的能量经过两次转换（在发电机中，由机械能转变为电能；在牵引电动机中，由电能转变为机械能）才传递到驱动轮，驱动系统总的效率为两者效率的乘积，因此损耗明显增加。

（2）由于增加了发电机，因此增加了额外的质量和成本。

（3）电动机是唯一的驱动汽车行驶的装置，其必须满足汽车加速和爬坡性能要求，因此电机功率必须足够大，使得电机体积和质量增加。

7.1.2 并联式混合动力汽车（机械耦合）

并联式混合动力汽车两个动力源通过机械耦合装置耦合驱动汽车行驶。内燃机提供机械能，蓄电池组通过电动机提供机械能，两者通过机械耦合器耦合进而驱动汽车。与串联式混合动力汽车相比，并联式混合动力汽车具有以下优点：

（1）发动机和电动机都直接向驱动轮提供转矩，不存在能量的二次转换，因而能量损失较少。

（2）由于没有发电机，牵引电动机相比于串联式混合动力汽车牵引电动机要小，因此其结构紧凑。

并联式混合动力汽车的主要缺点是：发动机和驱动轮之间存在机械连接，因此发动机的运行点不能独立控制，效率低。

通常，机械耦合器包括转矩耦合和转速耦合。在转矩耦合中，机械耦合器将发动机和电动机的转矩相加在一起传递给驱动轮。发动机和电动机的转矩可分别独立控制。但是，根据功率守恒，发动机、电动机的转速及车速是以确定的关系相互耦合在一起的，不可能独立控制。类似地，在转速耦合中，发动机和电动机的转速相加在一起，两者的转速可以独立控制，但是转矩并不能独立控制。

7.2 应用实例

7.2.1 电流测量系统

本书基于8051单片机进行应用系统设计，因此这里只介绍电池电压、温度、电流参数测量。

　　一般的电压测量电路和仿真可参照 5.2 节例题，温度的测量可参照第 6 章，这里只介绍电流测量原理。

　　在电动汽车中主要有以下两种电流检测方式。

　　第一种是采用分流器(阻值很小的电阻，大概为 1 mΩ)的方式对电流进行采集。其具体方法为通过检测分流器两端的电压，并利用欧姆定律来计算母线上的电流。此种方案的优势在于成本低、精度较高、体积小，一般适用于小电流检测。如果用于电动汽车的母线电流检测，则需要另加 IC 芯片来进行隔离及采样信号处理，成本和电路复杂度较高。

　　另一种是利用霍尔电流传感器对电流进行采集。霍尔传感器是一种基于霍尔效应，将流过传感器的大电流转换为电压的传感器。当电流流过霍尔元件时，电子在洛伦兹力的作用下进行偏转，这种偏转导致在垂直电流和磁场的方向上产生正、负电荷的聚积，从而形成附加的横向电场，进而形成霍尔电压。

　　【例 7-1】测量电流的 Proteus 仿真图如图 7.8 所示，利用电流源来模拟测量的电流，编程实现电路中的电流采集并将显示结果送 LED 数码管显示。

　　分析：电流流过一已知电阻 R_2，得到该电阻两端电压送至 0809 的 IN0 通道，0809 的数字量输出给 8051 单片机 P0 口，8051 单片机 P2 口接 4 位 LED 数码管位选，8051 单片机 P1 口接 LED 数码管段选。

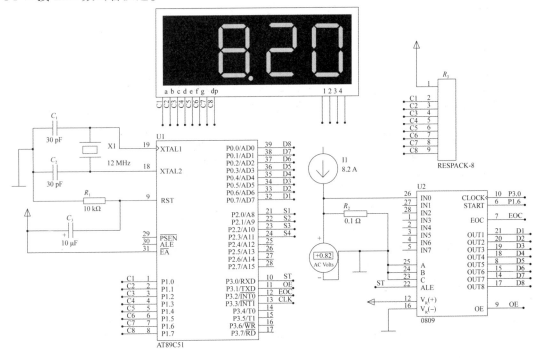

图 7.8　测量电流的 Proteus 仿真图

　　解　参考程序如下：

```
#include<reg52. h>
unsigned char code dispbitcode[]＝{0x3f,0x06,0x5b,0x4f,0x66,0x6d,0x7d,0x07,0x7f,0x6f};
                                  //各数字的数码管段选码

unsigned char dispbuf[4];          //数码管四位存放处
```

```
unsigned int i;
unsigned int j;
unsigned char getdata;                          //数据接收参数
unsigned int temp;
unsigned int temp1;
sbit ST=P3^0;                                   //启动信号,上升沿复位清零 A/D 转换器,下降沿启动
                                                  转换
                                                //低电平保持转换
sbit OE=P3^1;                                   /* 输出使能,OE=0,高阻,OE=1,A/D 转换器的转换结
                                                  果输出到单片机 */
                                                //硬件电路默认为通道 0
sbit EOC=P3^2;                                  //转换结束信号,EOC=0 表示 A/D 转换器正在转换
                                                  EOC=1
                                                //A/D 转换器转换结束
sbit CLK=P3^3;                                  //时钟信号,一般为 500 kHz 时钟信号
sbit P34=P3^4;                                  //定义单片机硬件各连接引脚
sbit P35=P3^5;
sbit P36=P3^6;
sbit P20=P2^0;
sbit P21=P2^1;
sbit P22=P2^2;
sbit P23=P2^3;
sbit P17=P1^7;
void TimeInitial();                             //定时器 1 初始化函数声明
void Delay(unsigned int i);                     //延时函数声明
void TimeInitial()                              //定时器 1 初始化
{TMOD=0x10;                                     //定时计数器选择 T1 计数器,工作方式 1
    TH1=(65536-200)/256;                        //高位计算初值
    TL1=(65536-200)%256;                        //低位计算初值
    EA=1;                                       //所有中断请求被允许
    ET1=1;                                      //允许 T1 溢出中断
    TR1=1;                                      //启动定时器 1
}
void Delay(unsigned int i)                      //延时函数
{
    unsigned int j;
    for(;i>0;i- - )
    {
        for(j=0;j<125;j++)
        {;}
    }
}
void Display()                                  //展示函数
{if(dispbuf[3]==0) goto l1;
    P1= ~ dispbitcode[dispbuf[3]];              //数码管第 1 位数据接收显示
    P20=1;P21=0;P22=0;P23=0;
    Delay(10);
```

```
    P1=0xFF;
    l1:if(dispbuf[2]==0&&dispbuf[3]==0) goto l2;
    P1=~dispbitcode[dispbuf[2]];              //数码管第2位数据接收显示
    P17=0;P20=0;P21=1;P22=0;P23=0;
    Delay(10);
    P1=0xFF;
    l2:if(dispbuf[1]==0&&dispbuf[2]==0) goto l3;
    P1=~dispbitcode[dispbuf[1]];              //数码管第3位数据接收显示
    P20=0;P21=0;P22=1;P23=0;
    Delay(10);
    P1=0xFF;
    l3:P1=~dispbitcode[dispbuf[0]];           //数码管第4位数据接收显示
    P20=0;P21=0;P22=0;P23=1;
    Delay(10);
    P1=0xFF;
}
void main()                                   //主函数
{
    TimeInitial();                            //定时器1初始化函数
    while(1)
    {
        ST=0;                                 /* 启动A/D转换器,st上升沿复位清零A/D转换器,
                                                 下降沿启动转换,低电平保持转换* /
        OE=0;                                 //输出使能,OE=0,高阻
        ST=1;
        ST=0;                                 //低电平保持转换
        while(EOC==0);                        /* 等待转换完成,EOC=0表示A/D转换器正在转
                                                 换,EOC=1表示A/D转换器转换结束* /
        OE=1;                                 //输出使能,OE=0,高阻,OE=1,A/D转换器转换结果
                                              //允许输出到单片机
        getdata=P0;                           //P0接收数据
        OE=0;                                 //输出使能,OE=0,高阻
        temp1=(getdata* 1.0/255)* 500;        //1.0为得到的浮点数,0809测量到的是数字量的信号
                                              //0到255,先得电压再算电流,0.1为硬件电阻为0.1 Ω
        temp=temp1/0.1;                       //最大量程为5 V/0.1 Ω=50 A
        dispbuf[0]=temp%10;                   //数码管第4位
        dispbuf[1]=temp/10%10;                //数码管第3位
        dispbuf[2]=temp/100%10;               //数码管第2位
        dispbuf[3]=temp/1000;                 //数码管第1位
        Display();                            //展示函数
    }
}
void t1(void) interrupt 3 using 0             //定时器中断服务函数;作用:产生CLK信号
{
    TH1=(65536-200)/256;                      //每200 μs发生溢出中断一次
```

```
        TL1 =(65536- 200)%256;
        CLK = ~ CLK;
    }
```

7.2.2　温度测量系统

除了第 6 章采用热敏电阻测量温度外，还可以应用 DS18B20 温度传感器测量温度。DS18B20 实物图和引脚图分别如图 7.9、图 7.10 所示，引脚说明如表 7.1 所示。DS18B20 是单总线接口温度传感器，测量温度范围为 -55 ~ +125℃，供电电压为 3.0 ~ 5.5 V。该传感器只需要将 2 号引脚与单片机相连即可，2 号引脚既可以传输时钟信号，又可以传输数据，温度信息从 2 号引脚读出，只需要一根信号线，硬件接口简单。

应用 DS18B20 还可以实现分布式温度测量，如图 7.11 所示，即每个 DS18B20 的 2 号引脚都接到单片机的一个 I/O 引脚，这样可以节省单片机资源。

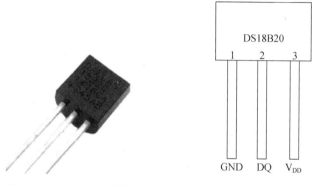

图 7.9　DS18B20 实物图　　　　图 7.10　DS18B20 引脚图

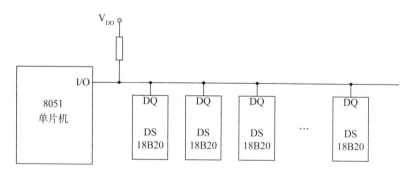

图 7.11　DS18B20 分布式温度测量

表 7.1　DS18B20 引脚

名称	引脚号	说明
GND	1	地
DQ	2	信号输入、输出
V_{DD}	3	电源

【例 7-2】DS18B20 测温电路仿真图如图 7.12 所示，2 脚接 8051 单片机的 P3.4 引脚，LCD1602 接 8051 单片机的 P0 口，编程实现测量环境温度并在 1602 上显示。

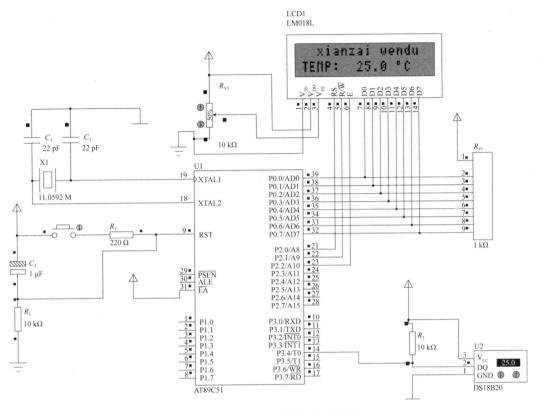

图 7.12 DS18B20 测温电路仿真图

解 参考程序如下：

```c
#include<reg51. h>
#include<intrins. h>
#include<stdio. h>
#define uchar unsigned char
#define uint unsigned int
uchar Temp_Disp_Buff[17];
extern uchar Temp_Value[];
extern void LCD_Initialise();
extern void LCD_ShowString(uchar r,uchar c,uchar * str);
extern void delay_ms(uint);
extern uchar Read_Temperature();
    //- - - - - - - - - - - - - - - - - - - - - - - - - - - - - - - - - - - - - - - -
                        //主函数
    //- - - - - - - - - - - - - - - - - - - - - - - - - - - - - - - - - - - - - - - -
void main()
{
    float temp=0. 0;                    //浮点温度变量
    LCD_Initialise();                   //液晶初始化
    LCD_ShowString(0,0," xianzai wendu  "); //显示标题
```

```
        LCD_ShowString(1,0,"   ...   ");          //显示等待信息
        Read_Temperature();                       //预读取温度
        delay_ms(1500);                           //长延时
        while(1)                                  //循环读取温度并显示
        {
            if( Read_Temperature() )              //读取正常则显示
            {
                                                  //计算温度浮点值
                temp=(int)(Temp_Value[1]<<8 | Temp_Value[0])* 0.0625;
                                                  //测量值到实际温度的转换,DS18B20 的精度为
                                                  //0.0625 ℃
                                                  //生成显示字符串
                sprintf(Temp_Disp_Buff,"TEMP:%5.1f\xDF\X43",temp);
                                                  //液晶显示
                LCD_ShowString(1,0,Temp_Disp_Buff);
            }
            delay_ms(50);
        }
}
```

DS18B20.c 文件程序如下：

```
                                    //DS18B20 驱动程序
#include<reg51.h>
#include<intrins.h>
#include<stdio.h>
#define uchar   unsigned char
#define uint unsigned int
sbit DQ=P3^4;                       //DS18B20 DQ 引脚定义
uchar Temp_Value[]={0x00,0x00};     //从 DS18B20 读取的温度值
#define delay4us();                 {_nop_();_nop_();_nop_();_nop_();}
void delay_ms(uint x)               {uchar i;while( x-- ) for(i=0;i<120;i++);}
void DelayX(uint x)                 {while( --x);}
uchar Init_DS18B20()
{
    uchar status;
    DQ=1;DelayX(8);                 //DQ 置高电平并短暂延时(实际约为 77 μs)
    DQ=0;DelayX(90);                //主机拉低 DQ 至少 480 μs(实际约为 788 μs)
    DQ=1;DelayX(5);                 //主机写 1 释放总线等待 15~60 μs(实际约为 50 μs)
    status=DQ;DelayX(90);           //读取在线脉冲,延时至少 480 μs(实际约为 788 μs)
    return status;                  //读取 0 时正常,否则失败
}

                                    //读一字节
uchar ReadOneByte()
```

```
{
    uchar i,dat=0x00;
    for(i=0x01;i! =0x00;i<<=1)
    {
        DQ=0;_nop_();                    //主机拉低 DQ=0,读时隙开始
        DQ=1;_nop_();                    //主机释放 DQ,准备读
        if(DQ) dat |=i;                  //在>1 μs 后主机开始读取 1 位
        DelayX(8);                       //读取 1 位整个过程 60~120 μs(实际延时 77 μs)
                                         //DQ=1
                                         //主机释放总线(此行可省,因 for 循环第 2 行已释放)
    }
    return dat;
}
                                         //写一字节
void WriteOneByte(uchar dat)
{
    uchar i;
    for(i=0;i<8;i++)
    {
                                         //主机拉低 DQ,待输出位通过移位操作先进入 PSW
                                         //的 CY 位

        DQ=0;dat>>=1;                    //1 μs 后,DQ=CY,如果 CY 为 0,则主机继续拉低,
                                         //否则主机置 DQ=1,释放总线,上拉电阻拉高,DQ 输
                                         //出 1,整个过程 60~120 μs //(实际延时 77 μs)

        DQ=CY;DelayX(8);                 //确保主机释放总线,此行不可省略,除非上一行的
                                         //DQ=CY 中 CY 恒为 1,显然这是不可能的

        DQ=1;
    }
}
                                         //读取温度值
uchar Read_Temperature()
{
    if(Init_DS18B20()==1) return 0;      //DS18B20 故障检查
    else
    {
        WriteOneByte(0xcc);              //跳过序列号
        WriteOneByte(0x44);              //启动温度转换
        Init_DS18B20();                  //再次初始化
        WriteOneByte(0xcc);              //跳过序列号
        WriteOneByte(0xbe);              //读温度寄存器
```

```
        Temp_Value[0]=ReadOneByte();        //读取温度低 8 位
        Temp_Value[1]=ReadOneByte();        //读取温度高 8 位
        return 1;
    }
}
```

LCD1602. c 文件程序如下:

```
#include<reg51. h>
#include<intrins. h>
#define uchar   unsigned char
#define uint unsigned int
sbit RS=P2^0;                          //寄存器选择线
sbit RW=P2^1;                          //读/写控制线
sbit EN=P2^2;                          //使能控制线
extern void delay_ms(uint ms);
    //------------------------------------------------------------------
                                       //忙等待
    //------------------------------------------------------------------
void Busy_Wait()
{
    uchar LCD_Status;                  //液晶状态字节变量
    do
    {
        P0=0XFF;                       //液晶屏端口初始置高电平
        EN=0;RS=0;RW=1;                //LCD 禁止选择状态寄存器,准备读
        EN=1;LCD_Status=P0;            //LCD 使能,从 P0 端口读取液晶屏状态字节
        EN=0;                          //LCD 禁止
    } while( LCD_Status & 0x80);       //液晶忙继续循环
}
    //------------------------------------------------------------------
                                       //写 LCD 命令
    //------------------------------------------------------------------
void Write_LCD_Command(uchar cmd)
{
    Busy_Wait();                       //LCD 忙等待
    EN=0;RS=0;RW=0;                    //LCD 禁止,选择命令寄存器,准备写
    P0=cmd;                            //命令字节放到 LCD 端口
    EN=1;_nop_();EN=0;                 //使能 LCD,写入后禁止 LCD
}
    //------------------------------------------------------------------
                                       //发送数据
    //------------------------------------------------------------------
    void Write_LCD_Data(uchar dat)
```

```
    {
        Busy_Wait();                          //LCD 忙等待
        EN=0;RS=1;RW=0;                       //LCD 禁止,选择数据寄存器,准备写
        P0=dat;                               //数据字节放到 LCD 端口
        EN=1;_nop_();EN=0;                    //使能 LCD,写入后禁止 LCD
    }
    //- - - - - - - - - - - - - - - - - - - - - - - - - - - - - - - - - - - - - - - -
                                             //LCD 初始化
    //- - - - - - - - - - - - - - - - - - - - - - - - - - - - - - - - - - - - - - - -
void LCD_Initialise()
{
    Write_LCD_Command(0x38);delay_ms(1);  //置功能,8 位,双行,5* 7
    Write_LCD_Command(0x01);delay_ms(1);  //清屏
    Write_LCD_Command(0x06);delay_ms(1);  //字符进入模式:屏幕不动,字符后移
    Write_LCD_Command(0x0C);delay_ms(1);  //显示开,关光标
}
    //- - - - - - - - - - - - - - - - - - - - - - - - - - - - - - - - - - - - - - - -
                                             //显示字符串
    //- - - - - - - - - - - - - - - - - - - - - - - - - - - - - - - - - - - - - - - -
void LCD_ShowString(uchar r,uchar c,uchar * str)
{
    uchar i=0;
    code uchar DDRAM[]={0x80,0xC0};        //LCD1602 两行的起始 DDRAM 地址
    Write_LCD_Command(DDRAM[r] | c);       //设置显示起始位置
    for(i=0;str[i] && i<16;i++)            //输出字符串
    Write_LCD_Data(str[i]);
    for(;i<16;i++)                         //不足一行时用空格填充
    Write_LCD_Data(' ');
}
```

🚗 习 题 ▶▶ ▶

1. 混合动力汽车分为哪几类?
2. 简述串联混合动力汽车的优缺点。
3. 简述并联混合动力汽车的优缺点。

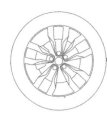

第8章
汽车显示系统

学习目标

了解汽车显示系统，了解现代汽车显示系统的设计。

8.1 概　述

汽车显示系统是人机交互的重要组成部分，可以为驾乘人员提供必要的汽车行驶信息，在汽车网联化、电气化快速发展的今天，汽车显示系统的设计显得尤为重要。

早期的汽车显示系统如图8.1所示，可以显示简单的汽车运行信息，如发动机油箱内剩余油量、车速、电池故障报警灯等。随着电子技术和汽车控制理论的发展，新型的汽车电子控制技术不断涌现，比如电控四轮转向、智能安全气囊、自适应巡航，这些新型的控制系统在提高汽车安全性、舒适性的同时，也会给用户提供必要的信息。

随着汽车技术的不断进步，新能源汽车已经开始产业化，需要监测的信息越来越多，有时还需要通过显示系统给汽车输入命令，显然传统的显示系统已不能满足现代汽车的要求。针对目前汽车行业发展现状，必须设计一种新型的汽车显示系统。

图8.1　早期的汽车显示系统

8.2　应用实例

随着新能源汽车、无人驾驶汽车及汽车新技术的发展，需要新型的汽车显示系统，本书介绍某公司研发的触摸显示屏，如图 8.2 所示，图 8.2(a)所示为显示屏的正面，图 8.2(b)所示为显示屏的背面。触摸屏设计汽车显示系统的好处是需要显示的页面可以无限扩充（只要存储器空间够大），这样不管需要显示的参数有多少，都可以在不同的页面进行显示。

该触摸屏也称为 DGUS 触摸屏，由 DGUS 屏（硬件）和 DGUS 开发软件构成。用户可以通过电脑端的 DGUS 开发软件对 DGUS 屏进行功能设计与开发，不仅降低了用户的开发难度，也减少了用户的开发成本。基于 DGUS 屏开发人机界面，主要借助 PC 机进行组态设计，把人机交互和控制过程完全分开，只需要通过串口读写变量存储器的代码。

在应用 DGUS 屏进行汽车显示系统设计时分为 3 部分：DGUS 屏显示界面设计、软件编写、调试。DGUS 屏显示界面设计是设计可显示的信息；软件编写是在单片机开发平台上基于 C 语言编写显示程序；最后进行系统调试，确保设计的显示系统可以正确显示信息。

（a）　　　　　　　　　　　　　　　　　　（b）

图 8.2　触摸显示屏

(a)正面；(b)背面

8.2.1　DGUS 屏显示界面设计

1. 新建 DGUS 屏工程

DGUS 屏显示界面设计是基于"DGUS 组态软件 V5.04"来设计交互界面的，如图 8.3 所示。打开该软件，出现图 8.4 所示的 DGUS 屏软件开发界面，再双击图 8.4 中的"新建工程"，建立一个 DGUS 屏工程。随后会弹出"屏幕属性设置"界面，如图 8.5 所示，本书介绍的屏幕分辨率是 800×480，所以"屏幕尺寸"也需要选择"800×480"，否则导入的图片就不能正常显示，最后选择该工程存放的位置，这样一个新的 DGUS 屏工程文件就建好了。

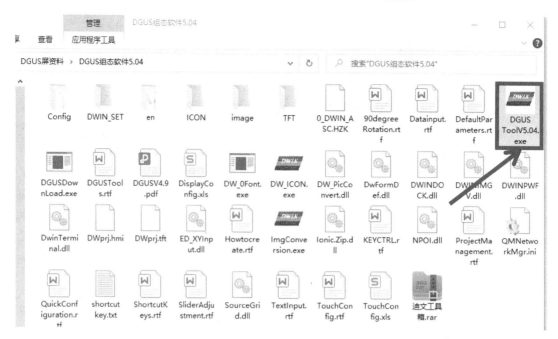

图 8.3　DGUS 组态软件 V5.04

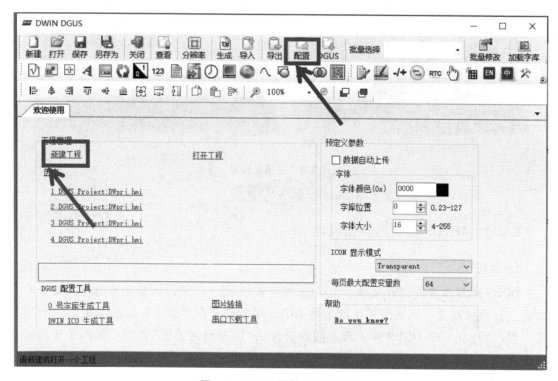

图 8.4　DGUS 屏软件开发界面

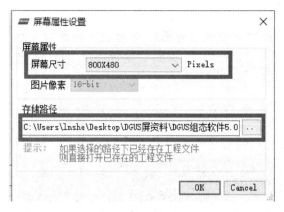

图 8.5 屏幕属性设置界面

下面需要对工程进行基本配置，单击图 8.4 中的"配置"按钮，弹出一个"系统配置"界面（见图 8.6），将"R1（串口波特率）"设置为"115200"，也可以设置成其他值，但是要和 C 语言程序的波特率一致，将"R3（串口帧高字节）"设置为"5A"，将"RA（串口帧低字节）"设置为"A5"，这里的串口帧高、低字节指的是进行串口数据通信时每帧数据中的最高字节和最低字节。单击选择"初始化由 22（0x16）字库文件决定"单选按钮，若不选，则所有变量的初始值都是 0，而在工程设计时有些变量的初始值为非 0，所以这个选项是必选的，然后单击"输出配置文件"按钮。

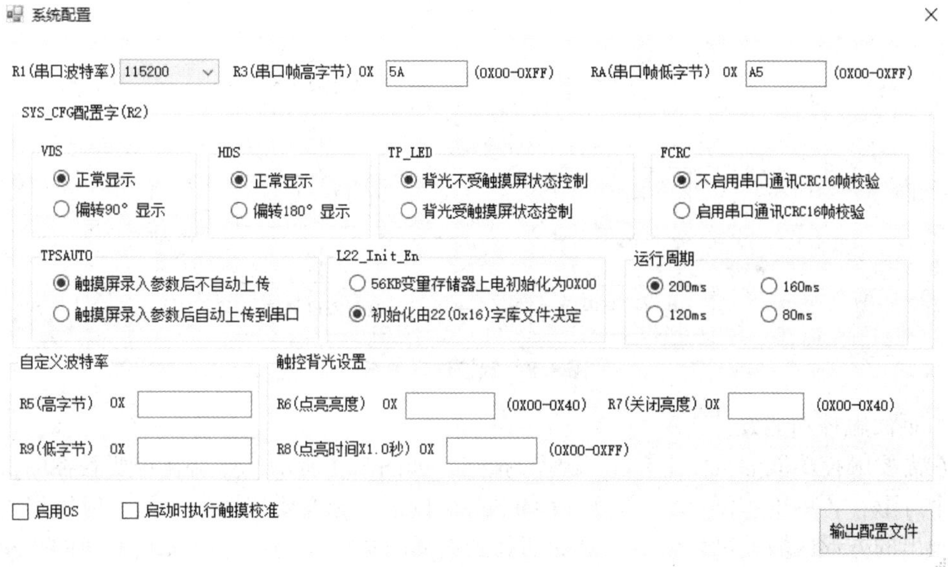

图 8.6 系统配置界面

2. DGUS 屏工程设计

前面介绍了新建一个 DGUS 屏工程的方法，下面介绍 DGUS 屏工程的设计方法，首先要准备需要显示的页面，通过图 8.7 左侧"增加"按钮添加设计好的图片。

1）页面触控逻辑关系

这里需要用户提前设计好各个页面之间的切换关系。比如第 1 幅图片可以链接到第 2幅图片，第 2 幅图片可以链接回第 1 幅图片，还可以链接到第 3 幅图片，假设这里一共用 5 个页面，名称分别为"主页面""电池电压界面""电池电流界面""电池温度界面"及"电池报警界面", 它们的触控逻辑关系如图8.8所示, 例如通过触控"主页面"中的相关按钮可以切换到"电池电压界面""电池电流界面""电池温度界面""电池报警界面", 通过触控"电池电流界面"中按钮可以切换到"主页面""电池温度界面", 这样在汽车行驶过程中方便用户实时了解电池参数, 掌握电池状态。

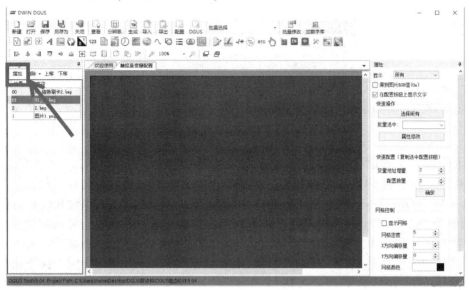

图8.7　添加图片

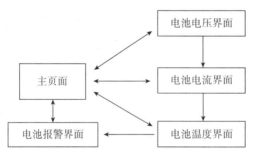

图8.8　触控逻辑关系

2) 页面触控功能设计

在需要触控功能的页面上单击"触控"按钮, 如图8.9所示, 然后在想要触控的位置画出一个方形, 再单击右侧"页面切换"中的Select按钮, 选择要切换的界面。触摸屏上只要单击画出的方形区域就可以将显示页面切换到选择的页面, 用户可以按照上面的步骤通过触控功能完成各个页面之间的切换。

3) 数据显示功能设计

在汽车行驶过程中, 常常需要显示某些物理量数值, 这里介绍数据显示功能设计, 单击"数据变量显示"按钮, 如图8.10所示, 然后在需要显示的数据区域内画方形, 剩下的工作就是对需要显示物理量的数值进行设计, 可以设置显示数值的颜色、字号、字体大小、对齐方式, 显示的数据整数位数、小数位数。这里需要注意的是必须对变量地址和变量类型进行设计, 单片机给DGUS屏传输数据时是按地址进行传输的, 如图8.10中的变量地址为0x1000, 如果想显示"电池总电压"的数值, 单片机与DGUS屏通信时必须对地址为0x1000的单元传数据, 否则不能正确显示。另外根据需要显示的数据特点选择合适的变量类型。

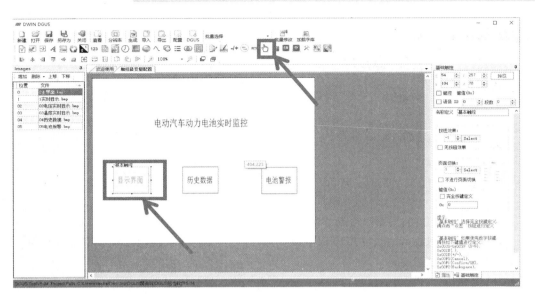

图 8.9 页面触控功能设计

本书介绍的 DGUS 屏 RAM 空间固定为 56 KB，每一个地址对应的空间占 2 B，在 DGUS 中使用变量地址或描述指针时，设置的地址为数据存储空间的首地址，即数据从设置的地址（首地址）开始依次存储。每个变量地址（首地址）指向的空间大小是不固定的，根据用户需要进行变量类型设置，因此在 DGUS 屏工程中给各个变量分配变量地址时，应计算好需存储的数据量，否则将可能出现分配空间的重叠而导致显示错误。

一般推荐描述指针设置在 0x4000～0x6F00 之间，变量地址设置在 0x0000～0x4000 之间，这样就不会产生冲突。

除此以外，还可以通过"变量图标"设计报警信息，如电池电压超压报警、欠压报警、温度报警；通过"实时曲线显示"可以将数据连接成曲线进行显示；还可以进行语音播报，这里就不一一介绍了。设计好 DGUS 屏工程后单击"配置"按钮，再单击"输出配置文件"按钮，此时一个 DGUS 屏工程就设计好了，如图 8.11 所示。

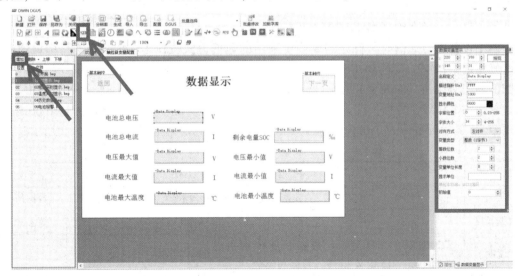

图 8.10 数据显示功能设计

图 8.11 DGUS 屏工程

4）DGUS 屏工程的下载

下面需要将建好的 DGUS 屏工程下载到 SD 卡中。将 SD 卡拔出插到笔记本电脑中，然后按照下面步骤下载。

（1）将触摸屏配置的 SD 内存卡进行格式化，将 SD 卡的文件系统设置成 FAT32 格式，分配单元大小设置成 4 096 B，这两点尤其重要，否则可能识别不到 SD 卡。

（2）将 DGUS 屏工程中的 DWIN_SET 文件夹复制到 SD 卡中，就开始下载界面文件了，需要注意的是 SD 卡中不要有其他文件或文件夹，只能放一个 DWIN_SET 文件夹。

（3）把 SD 卡插到 DGUS 屏的 SD 卡接口上，DGUS 屏检测到插入的 SD 卡后，触摸屏会出现蓝屏来提示用户已经检测到 SD 卡，然后自动下载 SD 卡中的文件到屏中的存储器内，格式正确就会加载显示"加载成功"。SD 卡下载完成后，DGUS 屏会自动复位一次，可以拔出 SD 卡，也可以不拔 SD 卡。

8.2.2 软件编写

1. 通信设置

对 DGUS 屏进行设计后，需要基于 KEIL 开发平台编写基于硬件的 C 语言程序，由于 DGUS 屏无论是变量的数据显示还是报警状态的显示，都是对 DGUS 屏存储器中地址进行写数据，因此在编程之前建议用户列出一个表格，标明需要显示的物理量数据类型、变量地址等信息，这样在编写程序时可以起到事半功倍的效果。

两个设备进行通信时，首先需要确定采用的通信方式，DGUS 屏只能进行串口通信；其次确定通信协议，要求 DGUS 屏和单片机程序中的波特率必须一致，DGUS 屏和单片机之间的通信协议格式如表 8.1 所示，一共分为 5 个部分，如 5A A5 05 82 10 00 00 01 数据帧，帧头为 5A A5，数据长度为 5 个字节，指令为 82，写指令，变量地址为 0x1000（占 2 个字节），显示的数值为 0x0001。除了写指令外，还有其他类型指令，如表 8.2 所示。

表 8.1　DGUS 屏和单片机之间的通信协议格式

数据块	1	2	3	4	5
定义	帧头	数据长度	指令	数据	数据值
数据长度	2	1	1	2	2
说明	CONFIG.TXT 配置文件的 R3；RA 定义	数据长度包括指令、数据和校验	0x80 ~ 0x84	地址	—
举例	5A A5	05	81	1000	0001

表 8.2　其他类型指令

功能	指令	数据	说明
访问控制寄存器	0x80	ADR(0x00~0xFF)+Data_Pack	指定地址写寄存器数据
	0x81	ADR(0x00 - 0xFF) + RD_LEN(0x00 - 0xFF)	指地址读 RD_LEN 字节寄存器的数据
		ADR(0x00 - 0xFF) + RD_LEN + Data_Pack	读寄存器指的 DGUS 屏应答
访问数据存储器	0x82	ADR_H：L(0x0000 - 0x6FFF) + DATA0...DATA	指定的地址开始写入数据串(字数据)到变量存储区
	0x83	ADR_H：L(0x0000 - 0x6FFF) + RD_LEN(0x00~0x7F)	从变量存储区指定地址开始读入 RD_LEN 长度字数据
		ADR_H：L+RD_LEN+DATA0...DATA	读数据存储器的 DGUS 屏的应答
写曲线缓冲区	0x84	CH_Mode(Byte)+DATA0(Word)+···+DATA	写曲线缓冲区数据：CH_Mode 定义了后续数据的通道排列顺序：CH_Mode 的每个位(bit)对应一个通道；CH_Mode.0 对应 0 通道，.7 对应 7 通道；位置 1 表示对应的通道数据存在；数据按照低通道数据在前排列

2. C 程序设计

以发送 5A A5 05 82 10 00 0e 7e 数据帧为例, 参考程序如下:

```c
#include<reg52. h>
void Delay_ms(uint n)
{
    uint i,j;
    for(i=n;i>0;i- - )
    for(j=114;j>0;j- - );
}
void main()
{
    SCON=0x50;              //串口模式1,允许接收
    TMOD=0x20;              //T1 工作模式2
    TH1=0xFD;               //波特率4800
    TL1=0xFD;
    EA=1;                   //开总中断
    ES=1;                   //开串口中断
    TR1=1;                  //开定时器1中断
    while(1)
    {
        SBUF=0x5A;
```

```
            Delay_ms(50);
            SBUF=0xA5;
            Delay_ms(50);
            SBUF=0x05;
            Delay_ms(50);
            SBUF=0x82;
            Delay_ms(50);
            SBUF=0x10;
            Delay_ms(50);
            SBUF=0x00;
            Delay_ms(50);
            SBUF=0x0e;
            Delay_ms(50);
            SBUF=0x7e;
            Delay_ms(50);
            Delay_ms(50);
        }
```

8.2.3　调试

1. 串口调试助手调试

可以通过串口调试助手向 DGUS 屏发送指令，观察显示是否正确。根据 DGUS 屏的通信指令要求，通过串口助手向显示系统发送：5A A5 07 82 10 00 00 00 08 31。串口助手发送界面如图 8.12 所示。其中“5A A5”为帧头，“07”为指令长度，“10 00”为数据地址，“00 00 08 31”为发送的数据，整体意为向显示系统中地址“0x1000”发送数据“20.97”，结果如图 8.13 所示，“电池电压”的数值为“20.97”。

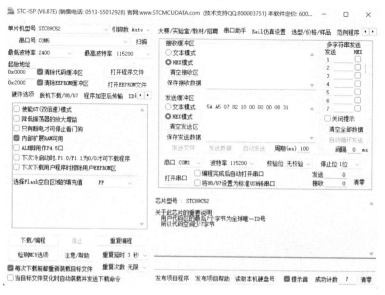

图 8.12　串口助手发送界面

图 8.13　DGUS 屏显示界面

2. 实验调试

　　基于 Keil 平台编写 C 语言程序，运行无误后生成 hex 文件，将 hex 文件通过下载工具下载到单片机中，将单片机系统通过 RS-232 通信连接到 DGUS 屏，即可实现完整的汽车显示系统。实验调试如图 8.14 所示。

图 8.14　实验调试

习　题

　　简述应用 DGUS 屏设计显示系统的步骤。

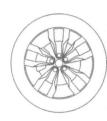

第9章
电池管理系统

学习目标

了解电池管理系统功能，了解电池管理系统的软件及硬件设计。

9.1 电池管理系统功能分析

在电动汽车中，电池管理系统（Battery Management System，BMS）是为保障电池安全和信息检测、控制而设计的一套系统，包括传感器、开关、电路板、软件等。

9.1.1 基本功能

在不同的应用场合，电池管理系统的功能略有不同，但基本功能相同，如电池电压、电流监测、荷电状态估算、安全保护等。图9.1所示为电池管理系统的基本功能框架。

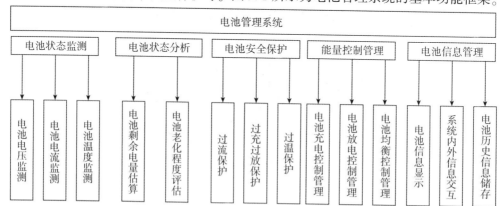

图9.1 电池管理系统的基本功能框架

1. 电池状态监测

电池状态监测是 BMS 最基本的功能，电池的基本状态包括电压、电流、温度。

2. 电池状态分析

电池状态分析包括电池剩余电量（State of Charge，SOC）分析及电池老化程度（State of Health，SOH）分析。

3. 电池安全保护

电池安全保护是 BMS 首要的、最重要的功能，包括过流保护、过充过放保护和过温保护 3 类。

4. 能量控制管理

能量控制管理常被纳入电池"优化管理"的范畴，包括电池充电控制管理、电池放电控制管理和电池均衡控制管理。合理的能量控制管理可以优化电池充放电效率，延长电池使用寿命。

5. 电池信息管理

为了满足汽车加速、爬坡要求，电动汽车动力电池多达上百节甚至上千节，随着电动汽车电压等级的升高，所需电池数量会越来越大，在汽车行驶过程中会产生大量数据（包括电压、电流、温度、SOC 等），有的需要通过仪表盘提醒驾驶员，有的需要通过通信网络传送到 BMS 以外的系统（如整车控制器、电机控制器），有的需要作为历史数据被保存起来。

9.1.2 通信功能

BMS 需要与外部设备进行信息交换，除此之外，也需要实现信息在内部之间的交换，这些都由通信功能来实现。BMS 与整车通信及内部通信的网络架构如图 9.2 所示。电动汽车上采用的通信主要是 CAN 总线通信。

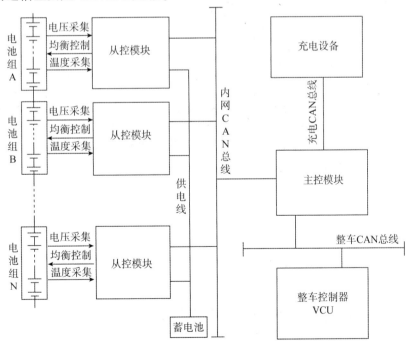

图 9.2　BMS 与整车通信及内部通信的网络架构

9.1.3 状态参数采集功能

电池状态参数采集指对电池电压、电流、温度信息进行采集。除此之外表征电池性能的参数还有容量、内阻、电动势等，一般可以对这些参数中的一个或几个进行监测与控制。电池系统工作状况的判断和控制是通过电压、电流、温度、时间来实现的。

对电池状态参数采集的主要目的是在早期发现电池或电池组故障，对电池系统进行保护。

1. 单体电池电压采集

可以通过采集单体电池电压来判断电池是否过充电、过放电。采集方法主要有两类，一类是基于分立器件，另一类是基于专用的集成芯片，如 ADI 的 LTC680X 系列、MAXIM 公司的 MAX1492X 系列。这些专用集成芯片每片可以测量 12～16 个串联通道的电压，并提供温度测量端口。

2. 电流采集功能

电流不仅是判断电池过充电、放电的依据，也是估算 SOC 的主要依据。因此在电动汽车中对电池电流的测量要求(如精度、抗干扰能力、零漂、温漂和线性度误差)比较高。在大电流高精度测量方面，主要有 2 种方案，分别是霍尔电流传感器和分流器。采用霍尔电流传感器方案电路简单；采用分流器的方案电路比较复杂，但成本较低，在测量大电流时产生温漂较大。

霍尔电流传感器是目前使用较多的一种电流传感器，如图 9.3 所示。它是利用霍尔效应原理对电流进行测量的，可以测量直流电及几十千赫兹的交流电。

图 9.3 霍尔电流传感器

分流器实际上是一个阻值很小、精度较高、温漂小的电阻，如图 9.4 所示。通常根据电动汽车动力电池电流工作范围选择分流器。例如，电动汽车的工作电流范围是 0～400 A，若需要在分流器上产生最大压降为 100 mV，则分流器的阻值为 0.25 mΩ。

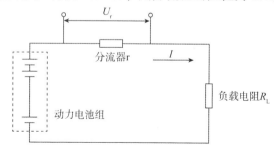

图 9.4 分流器电流检测方案

3. 温度采集功能

在 BMS 中，温度采集至关重要。电动汽车安全事故中大部分是电池组温度过高导致的，温度采集包括电池芯内部温度和环境温度采集，一般在电池包中选择几个有代表性的位置进行温度采集。

通常情况下温度测量的方法有两种。一种是采用数字式温度传感器测量，如单总线温度传感器 DS18B20。BMS 要对不同位置进行多点测量温度，汽车上干扰较强，因此要求具有一定的抗干扰能力。另一种是采用模拟信号测量，如热敏电阻温度传感器，热敏电阻阻值随温度的变化而变化。通过测量热敏电阻两端电压可以计算出热敏电阻阻值，再通过电阻值与温度的一一对应关系可以计算出温度。BMS 对温度的测量精度要求不高，通常要求精度 $\leqslant \pm 2$ ℃。

9.1.4 SOC 估算功能

SOC 是电池当前实际剩余容量和实际总容量的百分比。在 BMS 中，SOC 是一个非常重要的参数，该参数不可测量，只能通过采集其他参数进行估算。

9.1.5 故障诊断功能

由于电动汽车电池电压等级有几百伏，属于高压部件，因此电池的性能直接影响整车的安全性和可靠性。从故障发生的部位看，有传感器故障、执行器故障(接触器故障)和元部件故障(电芯故障)等。电池系统一旦发生故障，轻者造成性能下降，重者引发安全事故，造成人员和财产的巨大损失，因此对电池系统进行故障诊断非常有必要。

BMS 不仅需要准确估计电池状态，还需要对故障进行诊断，确保电池系统安全。故障诊断的主要任务有故障检测、故障类型判断、故障定位及故障恢复。

故障检测是周期性地向 BMS 下位机发送检测信号，通过接收的数据判断系统是否有故障。当检测出故障后，通过分析原因，判断系统故障类型。故障定位是在故障检测、故障类型判断的基础上，细化故障种类，诊断系统具体故障部位和故障原因。故障恢复需要根据故障原因，采取不同的措施，对系统故障进行恢复。BMS 一般分三级故障，故障诊断管理过程如图 9.5 所示。

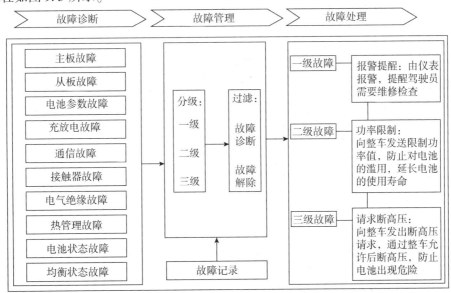

图 9.5 故障诊断管理过程

9.1.6　电池均衡功能

为了满足电动汽车电压等级要求，需要电池单体串联；为了满足汽车动力性要求，需要单体电池并联。因此电动汽车动力电池组是由单体电池并、串联组成的电池组，如特斯拉某款电动汽车电池系统是由 7 104 节 18 650 单体电池组成。在电池组使用过程中，很难保证单体电池的一致性相同，随着使用时间的增加，单体电池的一致性变差，电池组可用容量变小。

电池的不一致性主要表现在电池容量不一致、电池 SOC 不一致、电池内阻不一致和电池自放电速率不一致。而造成单体电池不一致性的原因主要有材料、工艺、温度的影响，因此有必要对电池组进行均衡管理。均衡管理有利于提高电池的安全性、延长电池的使用寿命。

均衡控制的方法主要有被动均衡(能量耗散型均衡)和主动均衡(非能量耗散型均衡)两种。被动均衡是通过并联电阻实现的，电池组中 SOC 高的电池能量通过并联电阻消耗掉，实现与组内其他电池的均衡。被动均衡控制逻辑简单，硬件上容易实现，成本低。但是，采用这种方式时能量被消耗掉，不节能。

主动均衡是通过中间储能元件、开关元件和控制逻辑等将电池组中 SOC 较高的电池的能量转移到 SOC 较低的电池中，以达到均衡的目的。主动均衡的拓扑结构有多种，在实现方式、均衡能力和性能上各有不同。在选择均衡电路时，要充分考虑应用场景、实现方式、稳定性、经济性等因素。

9.2　电池管理系统架构设计分析

BMS 作为电动汽车的核心部件，其主要功能是电池状态监测、SOC 估算、安全保护、通信等。不同电池系统的结构可能需要不同的 BMS 架构。

1. 一体式 BMS

当电池数量较少时，一般采用一个电池组系统。为了降低系统成本，方便系统布置，一般采用电池组监测模块和电池组控制模块集成到一个板子上实现的一体式方案。对于 72 V 微型电动汽车，一般采用 24 串一体式 BMS；对于 144 V 微型电动汽车，一般采用 48 串一体式 BMS。一体式 BMS 往往因为采集线过多、过长而造成潜在的安全隐患。

2. 主从式 BMS

当单体电池数量较多时，往往采用主从式 BMS，比如电动大巴车、乘用车。主从式 BMS 由一个主控模块与若干个从控模块构成。主控模块和从控模块功能独立，主控模块主要实现以下功能：

(1)对整个电池系统的总电压、总电流、绝缘状态进行监测；

(2)对 SOC、SOH、SOP(功率状态)等状态进行估算；

(3)进行均衡决策；

(4)对预充电电路、总继电器进行控制；

（5）与整车控制器或发动机控制器、电机控制器、充电机进行通信。

主从式 BMS 如图 9.6 所示。从控模块采集单体电池电压一般可以采集 12、14 或者 16 的倍数，如 24 串、42 串、48 串、64 串等。

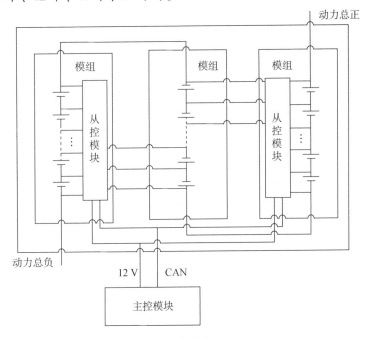

图 9.6　主从式 BMS

3. 分布式 BMS

为降低电池系统成本和提高电池系统安全可靠性，便于动力电池的梯次利用和全生命周期的管理，要求电池管理系统分布式实现，这就形成了分布式 BMS。

分布式 BMS 是将电池模组和电池采集单元集成在一起，实现智能化、标准化电池模组。这样使得模组装配过程简化，线束固定起来相对容易，线束距离均匀，不存在压降不一的问题。

9.3　电池管理系统硬件设计

针对 BMS 技术，各大芯片厂家都推出了自己的解决方案，并开发自己的底层芯片。常用芯片生产厂商包括 NXP（恩智浦半导体）、TI（德州仪器）、ADI（亚德诺）、Infineon（英飞凌）、Linear（凌特）等。国内的 BMS 企业在此基础上进行了硬件和软件的二次开发。

以恩智浦的 MC33771 芯片为例，介绍一种高压分布式 BMS，其采用菊花链的拓扑结构。该系统由以下 3 个模块构成：

（1）高压测控模块：主要用于测量高压部分参数。

（2）从控模块：主要用于对电池温度、单体电压、总电压和总电流等参数进行采集，对电池进行均衡和过压、欠压保护。

（3）主控模块：主控模块主要负责对从控模块采集的信息进行处理，从而实现 SOC 估算、充放电管理、热管理和故障处理。

硬件系统原理框架图如图 9.7 所示。

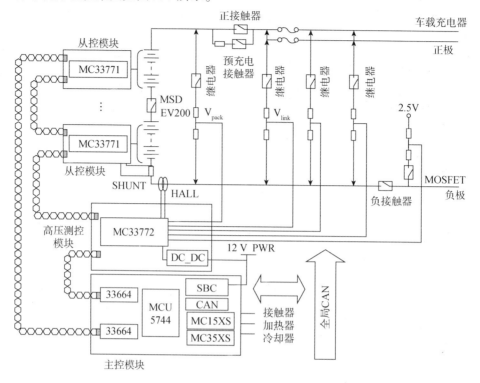

图 9.7　硬件系统原理框架图

9.3.1　从控模块硬件设计

在 BMS 中，为了满足整车电池组需要，通常会使用一个或者多个从控模块。从控模块采用菊花链式连接时，其原理框架图如图 9.8 所示。

9.3.2　主控模块硬件设计

在 BMS 中，主控模块处理来自从控模块的信息并进行相关参数的估算和控制，主控模块的核心是嵌入式芯片，芯片加外围电路构成主控模块。这里介绍由 MPC5744P 芯片构成的主控模块，如图 9.9 所示，该芯片可运行在 200 MHz 的 CPU 中。

1. 高边开关设计

开关分为高边开关和低边开关，如图 9.10 所示。

高边开关主要用来控制各个继电器的控制端，由于 BMS 可靠性要求比较高，因此开关都要求必须带故障诊断功能。

在电动汽车应用中，对地短路是最为常见的失效现象，一旦发生故障必须保证继电器处于断开状态，如主控器的正端和负端，在 BMS 主控模块硬件电路设计时一般选择高边开关。

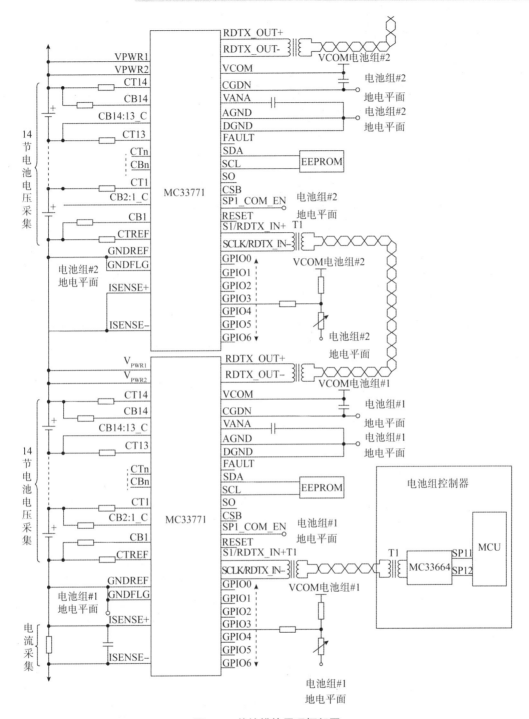

图 9.8　从控模块原理框架图

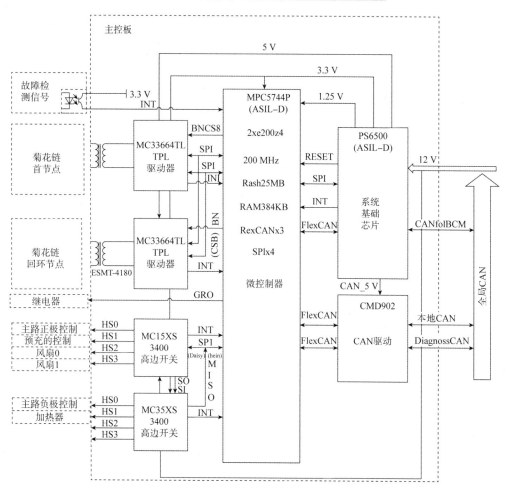

图 9.9　主控模块原理框架图

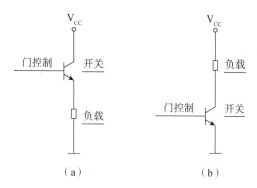

图 9.10　高边开关和低边开关

(a)高边开关；(b)低边开关

2. 电池组电压采集电路设计

动力电池组电压高达几百伏，而进入主控芯片的电压范围小于 5 V，因此在设计时一般采用电阻分压法采集总电压，如图 9.11 所示。将总电压通过高精密电阻分压后，进行总电压数据的采集，则送到监测芯片处的电压值为

$$V_t = V \times 30 / (3\ 000 + 30) \tag{9-1}$$

式中：V 是电池组的总电压。

$V_t = 0.01V$，因此通过进入芯片的电压值可以推算出电池组总电压值 V。这里需要注意的是在分压电路电阻匹配时要充分考虑电池组总电压和主控芯片 A/D 通道的电压范围。

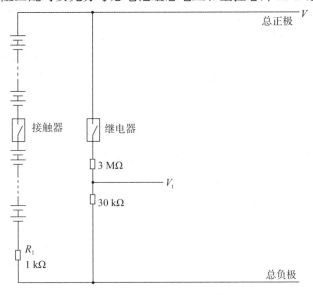

图 9.11　电池组电压采集电路

3. 预充电电路设计

在电动汽车中，动力电池与电机控制器相连，电机控制器中有很大的电容，电路闭合瞬间，若电容内没有充满电，则需要向电容充电，此时充电电流非常大，会对电路中的元器件造成很大冲击，因此必须对充电电流进行限制。预充电电路可以有效解决这个问题，如图 9.12 所示。

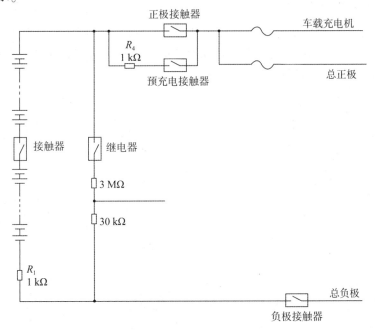

图 9.12　预充电电路

9.4 电池管理系统软件设计

软件系统通常可以分为应用层软件和底层软件，即控制策略软件和基础软件，BMS 基础软件平台需要满足不同项目的 I/O 口配置需求，并支持不同控制策略软件的集成需求。BMS 控制策略平台也需要匹配不同电池组，系统高度可配置，标定范围广，可通过参数配置优化目标系统特性，以达成平台化设计目标。

9.4.1 软件架构

根据 BMS 的硬件架构，BMS 软件可以分为主控模块软件、从控模块软件、上位机监控软件，各部分之间通过 CAN 总线实现数据交换，如图 9.13 所示。

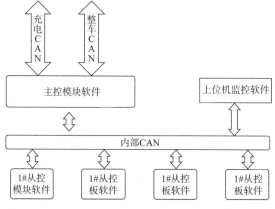

图 9.13 软件架构图

9.4.2 从控模块软件设计

图 9.14 所示为从控模块的软件设计流程图，在主程序执行之前，需要先进行系统初始化。在主程序中，完成动力锂离子电池状态监测、均衡控制、电压保护等操作，同时将采集到的数据通过 TPL 反馈给 MCU。

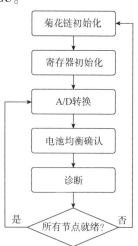

图 9.14 从控模块的软件设计流程图

9.4.3　主控模块软件设计

SOC 估算是 BMS 非常重要的功能，目前，企业开发的 BMS 实时估算电池的 SOC 多采用开路电压法与电流安时积分法相结合的方式。引入卡尔曼滤波法可以有效修正电池 SOC 初始估算值，并在线不断对 SOC 进行修正和抑制噪声，电池 SOC 估算流程图如图 9.15 所示。

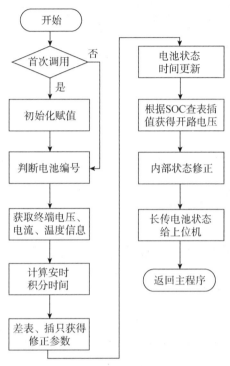

图 9.15　电池 SOC 估算流程图

9.4.4　上位机监控软件

上位机监控软件可以采用 LabVIEW 软件或者 VC++软件编写，主要用来测试 BMS 中主控模块和从控模块采集的信息，用于系统调试。

 习　题 ▶▶ ▶

简述电池管理系统功能。

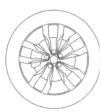

第10章
C51 程序设计

学习目标

　　本章介绍 C51 程序设计。通过本章学习，读者应了解 C51 语言与 C 语言的区别和联系，C51 的特点；掌握 C51 的数据类型和存储类型、绝对地址访问、基本运算；重点掌握分支结构与循环结构、函数。本章是应用单片机进行实际系统开发的软件基础，单片机测控系统是硬件与软件的结合体，学好本章可以为以后进行单片机实际系统的开发设计奠定基础。

10.1　C51 基础知识

　　C51 语言中的 C 指的是 C 语言，51 指的是以 8051 单片机为内核，因此 C51 语言可以理解为在 8051 单片机硬件基础上对 C 语言进行的扩展。

　　C 语言是目前嵌入式系统开发中广泛使用的程序设计语言，因其功能丰富、使用灵活、效率高、可移植性好，故在国内外得到广泛应用。

　　以前的计算机软件系统主要采用汇编语言来编写，汇编语言是机器语言，用汇编语言编写的程序对硬件操作方便，代码短，但是需要编程者对单片机的硬件掌握程度高，而且程序的可读性和移植性差、设计周期长，不利于调试、排错。

　　为了提高计算机应用系统程序的效率，改善可读性和移植性，需要采用高级语言编写，但是高级语言往往不能对硬件进行直接操作。C 语言既具有高级语言使用方便的特点，又具有汇编语言直接对硬件进行操作的优势，因此，当前的计算机应用系统特别是嵌入式开发系统大多采用 C 语言编写。

　　C 语言是一种使用非常广泛的程序设计语言，与单片机硬件结合构成了"软件"+"硬件"的嵌入式开发结构。C51 是在 C 语言基础上发展起来的，因此其语法规则、程序设计方法与 C 语言完全相同，区别在于标准 C 语言是针对通用型计算机，而 C51 是针对 8051 单片机。因此在数据类型、输入输出、函数等方面存在差异。

　　C51 与 C 语言的主要区别如下。

　　(1)数据类型不同。C51 语言在 C 语言基础上增加了 4 种数据类型，这 4 种数据类型都是针对 8051 单片机硬件进行的扩展，包括对位数据处理的位变量类型——bit 和 sbit，对内部特殊功能寄存器处理的 sfr 和 sfr16 类型。

（2）变量使用不同。由于 8051 增加了 4 种数据类型，因此对应增加了位变量和特殊功能寄存器变量；由于 8051 单片机的存储器结构与通用计算机存储器结构不同，因此 C51 变量增加了存储器类型，用于指定变量在存储器中的存放位置。

（3）C51 在 C 语言的基础上对绝对地址访问进行了扩展。除了通过指针对绝对地址进行访问外，还增加了绝对地址访问函数库 abacc. h。另外还可以通过_at_关键字实现绝对地址的访问。

（4）库函数不同。标准 C 语言的一些函数（如字符屏幕、图形函数）已经不再适应嵌入式系统，因此必须针对 8051 单片机的硬件特点开发相应的库函数。如库函数 printf 和 scanf，在 C51 中用于串口数据的收发，而在 C 语言中用于屏幕打印和接收字符。

（5）C51 中增加了中断服务函数。C 语言中没有专门的中断函数，而在 C51 中为了配合硬件中断，专门增加了处理中断的中断服务函数。

（6）头文件不同。由于 8051 单片机包含了外部部件（比如串口、中断、定时/计数器），对这些外围部件的控制统一由特殊功能寄存器来处理，因此 C51 中将这些特殊功能寄存器相关信息写入头文件中。

目前支持 8051 内核的单片机的编译器有很多，比如 Tasking、Keil、Dunfield Shareware，这些编译器的功能相同，在具体处理时有一定的区别，目前 Keil 因其代码紧凑、使用方便灵活，故应用最为广泛。

10.2　C51 数据类型

在进行编程时，需要对数据进行操作，数据的不同格式称为数据类型。C51 基本数据类型有字符型 char、整型 int、长整型 long、浮点型 float、指针型 *。除此之外 C51 还扩展了 bit、sbit、sfr、sfr16 4 种数据类型。C51 数据类型如表 10.1 所示。

表 10.1　C51 数据类型

数据类型	名称	字节数	位数	取值范围
unsigned char	无符号字符型	1	8	0 ~ 255
signed char	有符号字符型	1	8	−128 ~ 127
unsigned int	无符号整型	2	16	0 ~ 65 535
signed int	有符号整型	2	16	−32 768 ~ 32 767
unsigned long	无符号长整型	4	32	0 ~ 4 294 967 295
signed long	有符号长整型	4	32	−2 147 483 648 ~ 2 147 483 647
float	浮点型	4	32	±1.175494E−38 ~ ±3.402823E+38
*	指针型	1 ~ 3	8 ~ 24	对象指针
bit	位型	—	1	0 或 1
sbit	特殊位型	—	1	0 或 1
sfr	8 位特殊功能寄存器型	1	8	0 ~ 255
sfr16	16 位特殊功能寄存器型	2	16	0 ~ 65 535

10.2.1 C51 基本数据类型

1. 字符型

字符型数据类型可以分为无符号字符型(unsigned char)和有符号字符型(signed char)，系统默认为有符号字符型。字符型变量的长度为1个字节，占8位，比如十进制数121转换为无符号字符型变量，如图10.1(a)所示。当每一位都为0时，表示的数最小，为0；当每一位都为1时，表示的数最大，为255，如图10.1(b)、(c)所示。因此无符号字符型数据类型表示数的范围为0~255。无符号字符型既可以存放无符号数，又可以存放西文字符，一个西文字符占一个字节，在计算机内部以ASCII码形式存放。

D7	D6	D5	D4	D3	D2	D1	D0
0	1	1	1	1	0	0	1

(a)

D7	D6	D5	D4	D3	D2	D1	D0
0	0	0	0	0	0	0	0

(b)

D7	D6	D5	D4	D3	D2	D1	D0
1	1	1	1	1	1	1	1

(c)

图10.1 无符号字符型变量

(a)无符号字符型变量；(b)无符号字符型变量最小值；(c)无符号字符型变量最大值

有符号字符型数据类型最高位D7为符号位，"0"表示正数，"1"表示负数，D0~D6位表示数的大小，例如十进制数96转换为有符号字符型变量，如图10.2(a)所示。当符号位为0，其余为都为1时，表示的数最大，为127，如图10.2(b)所示。计算机中数是以补码的形式存放的，正数的补码是其本身，负数的补码是符号位不变，其余位取反，末位加1得到的，所以有符号字符型的最小值是 10000000 → (取反) 11111111 → (加1) $10000000 = -2^8 = -128$，如图10.2(c)所示。因此有符号数的范围为-128~127。

D7	D6	D5	D4	D3	D2	D1	D0
0	1	1	0	0	0	0	0

(a)

D7	D6	D5	D4	D3	D2	D1	D0
0	1	1	1	1	1	1	1

(b)

D7	D6	D5	D4	D3	D2	D1	D0
1	0	0	0	0	0	0	0

(c)

图10.2 有符号字符型变量

(a)有符号字符型变量；(b)有符号字符型变量最大值；(c)有符号字符型变量最小值

2. 整型

整型可以分为无符号整型(unsigned int)和有符号整型(signed int),系统默认为有符号整型。整型变量的长度为 2 个字节,占 16 位,例如十六进制数 0x5428 在 C51 中的存放格式如图 10.3(a)所示,低地址单元存放高字节数据,高地址单元存放低字节数据。而在标准的 C 语言中,低地址单元存放低字节数据,高地址单元存放高字节数据,如图 10.3(b)所示。

无符号整型所表示数的最小值为 0000 0000 0000 0000,最大值为 1111 1111 1111 1111,即表示的数的范围为 0 ~ 65 535。

有符号整型所表示数的最小值为 1000000000000000→(取反)11111 1111 1111 1111→(加 1)1000 0000 0000 0000 = -2^{15} = -32 768,最大值为 0111 1111 1111 1111,即表示的数的范围为 32 767。因此有符号整型所表示数的范围为-32 768 ~ 32 767。

地址	
0	54H
+1	28H

(a)

地址	
0	28H
+1	54H

(b)

图 10.3　0x5428 在 C51 和标准 C 语言中的存放格式

(a)在 C51 中的存放格式;(b)在标准 C 语言中的存放格式

3. 长整型

长整型可以分为无符号长整型(unsigned long)和有符号长整型(signed long),系统默认为有符号长整型。长整型数据的长度为 4 个字节,占 32 位。与无符号字符型和无符号整型类似,无符号长整型所表示数的范围为 0 ~ 4 294 967 295,有符号长整型所表示数的范围为-2 147 483 648 ~ 2 147 483 647。长整型数据在计算机中的存放与整型类似,在 C51中,长整型数据高字节存放在低地址单元中,低字节存放在高地址单元中;在标准的 C 语言中,长整型数据高字节存放在高地址单元中,低字节存放在低地址单元中。例如长整型数据 0x01234567 在计算机中的存放格式如图 10.4 所示。

地址	
0	01H
+1	23H
+2	45H
+3	67H

(a)

地址	
0	67H
+1	45H
+2	23H
+3	01H

(b)

图 10.4　0x01234567 在 C51 和标准 C 语言中的存放格式

(a)在 C51 中的存放格式;(b)在标准 C 语言中的存放格式

4. 浮点型

浮点型数据在内存中占 4 个字节,共 32 位,数据格式符合 IEEE-754 标准,包含指数和尾数两部分。浮点型数据在内存中的存放格式如表 10.2 所示，其中，最高位 S 为符号位，"0"表示正数，"1"表示负数；E 为阶码，共 8 位，用移码表示；M 为尾数的小数部分，共 23 位，一个浮点数的取值范围为 $(-1)^S \times 2^{E-127} \times (1.M)$。

表 10.2　浮点型数据在内存中的存放格式

字节地址	3	2	1	0
浮点数内容	SEEEEEEE	EMMMMMMM	MMMMMMMM	MMMMMMMM

5. 指针型

指针型数据是一个变量，在这个变量中存放着指向另一个数据的地址。与 char、int 型数据类似，指针型数据在内存中占一定的内存单元，不同的处理器占用的内存单元不同，在 C51 中占 1~3 个字节。

10.2.2　C51 扩展数据类型

除了基本数据类型之外，C51 还扩展了 4 种数据类型，分别是位型 bit、特殊位型 sbit、8 位特殊功能寄存器型 sfr 和 16 位特殊功能寄存器型 sfr16。在 C51 中支持 bit 和 sbit 两种位变量类型，位变量在内存中占 1 位，即一个二进制位，其值为"0"或者"1"。但是二者有区别，对于 bit 定义的位变量在 C51 编译器进行编译时，每次分配的位地址可能不同，而对于 sbit 定义的位变量在 C51 编译器进行编译时，地址是一样的，必须与 MCS-51 单片机的一个可位寻址的位单元联系起来。而对于 sfr 和 sfr16 扩展数据类型，都指的是特殊功能寄存器型，只是在内存中占的空间不同。

1）bit

bit 在内存中占 1 位，其值可能是 1（true）或 0（false）。

2）sbit

sbit 指 8051 单片机内部特殊功能寄存器的可寻址位，它的值是可位寻址的特殊功能寄存器的某位的绝对地址。如：

```
sfr PSW=0xd0;                  //定义特殊功能寄存器 PSW 地址为 0xd0;
sbit P=PSW^0;                  //定义 P 位为 PSW. 0
```

3）sfr

8051 单片机特殊功能寄存器分布在内部 RAM 中，地址空间为 80H~FFH，sfr 占一个字节，利用 sfr 可以访问内部所有特殊功能寄存器。例如 TCON 寄存器的字节地址为 88H，利用下面语句就可以对 TCON 寄存器进行操作：

```
sfr TCON=0x88;                 //定义特殊功能寄存器 TCON 地址为 0x88
TCON=0X01;                     //对 TCON 进行赋值
```

语句"sfr TCON=0x88"定义了特殊功能寄存器 TCON 在内存中的地址，在后续的程序中就可以对特殊功能寄存器 TCON 进行操作了。

4）sfr16

sfr16 数据类型在内存中占 2 个字节，用于对 16 位的特殊功能寄存器进行操作，例如：

```
sfr16 DPTR=0x82;               //定义数据指针寄存器 DPTR 地址为 0x82
```

由于 0x82 为 1 个字节，DPTR 为 16 位，因此 DPTR 低字节为 0x82，高字节为 0x83。这样定义后在后续的编程中就可以直接对 DPTR 进行操作了。

对上述编程语句需要说明以下 3 点：

（1）sfr PSW = 0xd0 和 sbit P = PSW^0 为编程语句；

（2）//…为对程序的说明、注释，目的是使程序易读，便于后期维护，当一行注释不够时需要两行，在第二行必须重新使用"//"；

（3）/ * …* /也是对程序进行注释，在/ * 和* /之间的所有内容都是注释，因此当需要对多行进行注释时，可以使用这种方法。

10.3　C51 变量与存储类型

在高级语言中，数据的表现形式有两种：常量和变量。

常量指的是在程序运行过程中其值不改变。常量有整型常量、实型常量和字符型常量等。变量指的是在程序运行过程中其值可以改变。变量包含变量名和变量值两部分，变量的数据类型不同，在存储器中占用的空间也不同，存储单元中存放的内容就是变量值。

变量的定义格式如下：

[存储种类]　数据类型说明符　[存储器类型]　变量名 1[=初值 2],变量名 2[=初值 2],...;

说明：带[ ]符号的可以省略。

10.3.1　存储种类

存储种类是指变量在程序运行过程中的作用范围。C51 与标准 C 语言存储种类相同，有自动（auto）、外部（extern）、静态（static）和寄存器（register）4 种类型。

1. 自动（auto）

使用 auto 定义的变量称为自动变量，变量的作用范围为函数体或者复合语句内部，只有该函数体或者复合语句执行时，C51 才为该变量分配内存，执行完毕时，占用的内存空间释放，自动变量一般分配在堆栈空间中，若该项省略，则默认为自动变量。

2. 外部（extern）

使用 extern 定义的变量称为外部变量。如果在一个函数体内使用该函数体外或者其他程序定义过的变量时，就要在该函数体内用 extern 来说明。外部变量被定义后分配固定的空间，在整个程序运行过程中都有效，直到程序结束才释放。

3. 静态（static）

使用 static 定义的变量称为静态变量，静态变量分为内部静态变量和外部静态变量。在函数体内定义的静态变量称为内部静态变量，作用范围为函数体内，在函数体外不可见，这样做的好处是当离开函数体时其值不改变；外部静态变量是在函数体外定义的静态变量，在程序运行过程中一直存在，但在定义的范围外是不可见的。在多文件处理中，外部静态变量只在文件内部有效。

4. 寄存器（register）

使用 register 定义的变量称为寄存器变量，寄存器变量存储在单片机内部寄存器内，

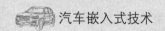

速度快，但是往往数目较少。C51 编译器可以自动识别使用频率高的变量，将其作为寄存器变量，不用用户操作。

10.3.2 数据类型说明符

数据类型说明符是不可省略的，用来说明数据的类型，进而编译器在内存中为变量分配空间。数据类型可以是编译器已有的数据类型，如字符型 char，整型 int，长整型 long，指针型 *，浮点型 float，bit，sbit，sfr，sfr16；也可以是用户自定义的类型，C51 为用户提供了 define 和 typedef 自定义的数据类型。

1. define

define 定义的数据类型格式如下：

#define　别名　C51 固有的数据类型说明符；

如：

#define　uint　unsiged　int；

以后程序运行过程中，unsiged int 数据类型可以用 uint 表示了。如：

#define　uint　unsiged　int；
uint　a；

该程序定义了一个无符号整型变量 a。

2. typedef

typedef 定义的数据类型格式如下：

typedef　C51 固有的数据类型说明符　别名；

如：

typedef　unsiged　int　uint；

以后程序运行过程中，unsiged　int 数据类型可以用 uint 表示了。如：

typedef　unsiged　int　uint；
uint　a；

10.3.3 存储器类型

存储器类型用于说明变量所处的单片机的存储区域与访问方式，C51 提供了 6 种存储器类型，如表 10.3 所示。

表 10.3　C51 的存储器类型

存储器类型	作用区域	说明
data	片内 RAM	直接寻址的片内数据存储器（RAM）低 128 字节，特点是访问速度快
bdata	片内 RAM	8051 单片机片内 RAM 可位寻址区（20H ~ 2FH），既允许按位访问，又允许按字节访问
idata	片内 RAM	间接寻址片内 RAM，可以访问全部片内 RAM 区
pdata	片外 RAM	用 Ri 间接访问的片外 RAM 低 256 字节

存储器类型	作用区域	说明
xdata	片外 RAM	用数据指针 DPTR 间接访问的片外 RAM，可以访问全部片外 RAM 区（64 KB）
code	ROM	全部程序存储器 ROM 64 KB

（1）data：data 区为单片机低 128 字节的数据存储区，以直接寻址的方式访问，访问速度快，将经常使用的变量放在该区域，但是 data 区空间小，所能存放的变量少。

（2）bdata：bdata 区中的"b"指的是 bit，因此 bdata 指的是片内 RAM 20H～2FH 可位寻址区，在该区域内，既可以按字节进行寻址，又可以按位进行寻址。

（3）idata：对于 8051 单片机，idata 与 data 存储区域相同，区别在于访问方式，idata 为间接寻址，在该区域内，一般存放使用比较频繁的变量。

（4）pdata：片外 RAM 低 256 字节，通过 8 位寄存器 Ri 间接寻址。

（5）xdata：片外 RAM 64 KB，通过 16 位数据指针 DPTR 间接寻址。

（6）code：ROM 64 KB 空间，用 code 定义的变量存放于 8051 单片机 ROM 中，ROM 只读不可写，因此在下载程序的同时变量也与程序一起写入，写入后不可修改，因此使用 code 定义的变量要初始化，一般用 code 定义表格，并且其值是不可改变的。

在定义变量时，存储器类型可以省略，若省略，则编译器会按存储模式默认变量的存储器类型。C51 支持以下三种模式。

1）SMALL 模式

SMALL 模式为小编译模式，编译时变量默认在片内 RAM 中，对应的存储器类型为 data。

2）COMPACT 模式

COMPACT 模式为紧凑型编译模式，编译时变量默认在片外 RAM 低 256 B 中，对应的存储器类型为 pdata。

3）LARGE 模式

LARGE 模式为大编译模式，编译时变量默认在片外 RAM 64 KB 中，对应的存储器类型为 xdata。

变量的存储模式在编程中通过#pragma 预处理命令来实现，C51 编译器默认为 SMALL 模式。

10.3.4　变量名

变量名是 C51 为变量取的名称，变量名可以是字母、数字和下划线 3 种字符，变量名第一个必须是字母或者下划线。

10.4　绝对地址访问

为了实现对 8051 单片机内部 RAM、外部 RAM 和 I/O 端口的访问，C51 提供了两种方式实现对绝对地址的访问，分别是"_at_"关键字、宏定义。

10.4.1 "_at_"关键字

使用"_at_"关键字可以实现对指定存储空间绝对地址的访问，格式如下：

```
[存储器类型]  数据类型  变量名  _at_  地址常数
```

其中：存储类型为 C51 可以识别的 data、bdata、idata、pdata 等，若省略则按存储模式规定的默认存储器类型确定变量的存储器区域；数据类型为 C51 支持的数据类型；变量名为符合 C51 定义的变量名即可；地址常数是变量所在的绝对地址。需要说明的是使用"_at_"关键字定义的变量是全局变量。

【例 10-1】编写程序实现 8051 单片机内部 RAM 30H 单元开始的 10 个单元内容清零。

解　参考程序如下：

```
data unsigned char temp_data[10] _at_0x30;
void main()
{
    unsigned char i;
    for(i=0;i<10;i++)
    {
        temp_data[i]=0;
    }
}
```

【例 10-2】编写程序实现 8051 单片机外部 RAM 1000H 单元开始的 8 个单元内容清零。

解　参考程序如下：

```
xdata unsigned char temp[8] _at_ 0x1000;
void main()
{
    unsigned char i;
    for(i=0;i<8;i++)
    {
        temp[i]=0;
    }
}
```

【例 10-3】使用"_at_"关键字实现对指定区域绝对地址的访问，并进行赋值。

解　参考程序如下：

```
void main()
{
    data unsigned char x _at_0x40;        //data 区定义变量 x,地址为 40H
    xdata unsigned int y _at_0x1000;      //xdata 区定义变量 y,地址为 1000H
    x=0x12;                               //对 x 进行赋值
    y=0x1234;                             //对 y 进行赋值
    while(1);
}
```

10.4.2　宏定义

C51 编译器提供了一组宏定义对 code、data、padta 和 xdata 区绝对地址进行访问。要想实现对绝对地址的访问，在编程时，必须使用语句"#include<absacc. h>"对 absacc. h 头文件中声明的宏进行绝对地址的访问。

CBYTE：以字节的形式对 code 区进行寻址；

XBYTE：以字节的形式对 xdata 区进行寻址；

CWORD：以字的形式对 code 区进行寻址；

XWORD：以字的形式对 xdata 区进行寻址；

DBYTE：以字节的形式对 data 区进行寻址；

PBYTE：以字节的形式对 pdata 区进行寻址；

DWORD：以字的形式对 data 区进行寻址；

PWORD：以字的形式对 pdata 区进行寻址。

例如：

```
#include<absacc. h>
#define   PORT   XBYTE[0xffd0]        //将 PORT 定义为外部端口,地址为 0xffd0,占 1 个字节
#define   bRAM   DBYTE[0x40]          //将 bRAM 定义为内部 RAM,地址为 0x40,占 1 个字节
```

【例 10-4】使用宏定义实现对指定区域绝对地址的访问，并进行赋值。

解　参考程序如下：

```
#include<absacc. h>
#define PORT XBYTE[0xffd0]           //将 PORT 定义为外部端口,地址为 0xffd0,占 1 个字节
#define bRAM DBYTE[0x50]             //将 bRAM 定义为内部 RAM,地址为 0x50,占 1 个字节
void main()
{
    PORT=0x00;                       //对绝对地址 0xffd0 的外部端口写入 00H
    bRAM=0xff;                       //对绝对地址 0x50 的外部端口写入 FFH
}
```

10.5　C51 基本运算

C51 基本运算包含算术运算、逻辑运算、关系运算、位运算、指针和取地址运算。

10.5.1　算术运算

算术运算包括加法运算、减法运算、乘法运算、除法运算、取余数运算、自增 1 运算和自减 1 运算。具体如表 10.4 所示。

表 10.4　算术运算符及其说明

运算符	说明	例（a=8，b=3）
+	加法运算	c=a+b；//c=11
−	减法运算	c=a−b；//c=5

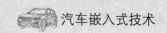

续表

运算符	说明	例（a＝8，b＝3）
*	乘法运算	c＝a*b; //c＝24
/	除法运算	c＝a/b; //c＝2
%	取余数运算	c＝a%b; //c＝2
++	自增1运算	—
--	自减1运算	—

表10.4中，"++"和"--"分别为自增和自减运算符，其含义是使变量分别自动加1、自动减1。自增和自减运算符可以放在变量前也可以放在变量后，但是含义不同，例如，当a＝10时，其a++、++a、a--、--a的含义如下。

b=a++;

先用a的值，再使a的值加1，其运算后b＝10，a＝11。

b=++a;

先使a的值加1，再用a的值，其运算后a＝11，b＝11。

b=a--;

先用a的值，再使a的值减1，其运算后b＝10，a＝9。

b=--a;

先使a的值减1，再用a的值，其运算后a＝9，b＝9。

10.5.2 逻辑运算

有时判断一件事情是否成立不是由一个条件决定的，比如"如果周日不下雨，我们就去郊游"。是否去郊游由两个条件决定，一个条件是是否为周日，另一个条件是是否下雨，只有是周日且不下雨才去郊游。

逻辑运算符有逻辑与"&&"、逻辑或"‖"、逻辑非"!"。逻辑运算的结果只有"真"和"假"两种，真用1表示，假用0表示，其说明如表10.5所示。

表10.5　逻辑运算符及其说明

逻辑运算符	含义	说明	举例（a＝3，b＝5）
&&	逻辑与 a&&b	如果a和b都为真，运算结果为真，否则为假	运算结果为真，即1
‖	逻辑或 a‖b	如果a和b有一个以上为真，运算结果为真，只有都为假时，结果才为假	运算结果为真，即1
!	逻辑非 !a	当a为真时，运算结果为假； 当a为假时，运算结果为真	运算结果为假，即0

除了上面的简单逻辑运算外，还有复合运算，如：

(3<4)&&(10>15)，首先判断3<4的运算结果，为真，即1；10>15的运算结果为假，即0；因此(3<4)&&(10>15)＝1&&0＝0，即运算结果为假。

10.5.3　关系运算

在自然界中，人与人、人与自然之间的关系需要和谐，在 C51 中关系运算就是判断 2 个数之间的关系，关系运算符有大于、小于、大于等于、小于等于……，关系运算的结果为真或假，具体如表 10.6 所示。

表 10.6　关系运算符及其说明

关系运算符	含义	说明	举例（a=3，b=5）
>	大于 a>b	如果 a>b，运算结果为真，否则为假	运算结果为假，即 0
<	小于 a<b	如果 a<b，运算结果为真，否则为假	运算结果为真，即 1
>=	大于等于 a>=b	如果 a>=b，运算结果为真，否则为假	运算结果为假，即 0
<=	小于等于 a<=b	如果 a<=b，运算结果为真，否则为假	运算结果为真，即 1
==	等于 a==b	如果 a==b，运算结果为真，否则为假	运算结果为假，即 0
!=	不等于 a!=b	如果 a!=b，运算结果为真，否则为假	运算结果为真，即 1

需要注意的是在关系运算中，等于符号为"=="，而在赋值运算中，等于符号为"="。其中符号"=="用于判断 2 个数之间的关系，运算结果为真(1)或者假(0)。

10.5.4　位运算

位运算符及其说明如表 10.7 所示。

表 10.7　位运算符及其说明

位运算符	含义	说明	举例（a = 0x13 = 0001 0011B，b = 0x08 = 0000 1000）
&	按位逻辑与 a&b	相同位的 2 个数都为 1，运算结果为 1，否则为 0	0x13&0x08=0x00
|	按位逻辑或 a|b	相同位的 2 个数只要有一个数为 1，运算结果为 1；只有 2 个数都为 0，运算结果才为 0	0x13|0x08=0x1b
^	按位异或 a^b	相同位的 2 个数不相同，运算结果为 1，否则运算结果为 0	0x13^0x08=0x1b
~	按位取反 ~a	1 按位取反运算结果为 0，0 按位取反运算结果为 1	~a=1110 1100B=0xec
<<	按位左移 a<<2	高位丢弃，低位补 0	a<<2=0x4c
>>	按位右移 a>>2	低位丢弃，高位补 0	a>>2=0x04

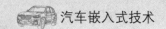

在单片机中，位运算常常用于对 I/O 口的操作，有时需要改变 I/O 口某位的状态，如果该 I/O 口是不可位寻址的，那么只能是字节操作，往往采用位运算来完成。

10.5.5 指针和取地址运算

指针在编程中起着重要作用，指针变量用于存放某个变量的地址，"＊"和"&"运算符分别用来存放变量的内容和地址。需要注意的是指针变量只能存放地址。调用指针的格式如下：

目标变量＝＊指针变量	//将指针变量所指的存储单元内容赋值给目标变量
指针变量＝& 目标变量	//将目标变量的地址赋值给指针变量

例如：

z＝&x;	//取变量 x 的地址送到变量 z 中
y＝＊x;	//将指针变量 x 为地址的存储单元内容送至变量 y 中

10.6 C51 数组

当我们需要使用一个变量时，可以定义一个符合要求的变量，比如字符型变量、整型变量。在实际应用中，我们往往需要相同类型的很多变量，比如需要定义 100 个字符型变量，甚至成千上万个字符型变量，如果一个一个来定义，那么会增加程序员的负担且不方便，此时就可以使用数组。

数组是同类数据的一个有序集合，用数组名来标识，数组中的数据称为数组元素。数组中各元素的顺序用下标表示，比如具有 n 个元素的数组可以表示为：数组名[n]。

数组包括一维数组、二维数组、三维数组、多维数组及字符数组。

10.6.1 一维数组

由具有一个下标的数组元素组成的数组称为一维数组，格式如下：

数据类型 数组名[元素个数];

数据类型是数组中元素的数据类型，可以为字符型、整型、长整型等。数组名是一个标识符，类似于变量名；元素个数是一个常量，表示该数组中元素的个数。例如：

char table_data[10];

该程序定义了一个字符型数组，table_data 是数组名，该数组具有 10 个元素。

对数组进行赋值有两种方法，一种是定义数组时直接赋值；另一种是定义数组后，再对数组赋值，这种方法需要对每个元素分别赋值。例如：

int x[3]＝{1,2,3};

这种方法是定义数组时直接赋初值，其中数组 x 有 3 个元素，初值分别为 x[0]＝1，x[1]＝2，x[2]＝3。一般情况下采用这种方法对数组赋初值。

10.6.2 二维数组

由具有两个下标的数组元素组成的数组称为二维数组，格式如下：

数据类型　数组名[行数][列数];

与一维数组相同，行数和列数都是常量。例如定义一个二维数组：

int x[2][3]={1,2,3},{4,5,6};

该数组有 2 行 3 列，第一行元素为{1，2，3}，第二行元素为{4，5，6}。

多维数组与二维数组类似，这里不再赘述。

10.6.3　字符数组

若一个数组中的元素是字符型，则该数组为字符型数组。例如：

char x[6]={' h' , ' e' , ' l' , ' l' , ' o' , '\0' };

该字符型数组数组名为 x，有 6 个数组元素，其中有 5 个字符分别赋值给数组元素 x [0]～x[4]，字符串结束标记'\0' 赋值给 x[5]。此外还可以对字符型数组直接用字符串赋初值。例如：

char x[6]={"hello"};

需要注意的是用双引号括起来的是一串字符串常量，用单引号括起来的是字符。

10.7　C51 分支程序结构和循环程序结构

在 C51 中，程序结构可以分为顺序程序结构、分支程序结构和循环程序结构。

顺序程序结构指程序编译从 main 函数开始自上而下顺序执行一直到程序结束，程序只有一条路径可走。顺序程序结构比较简单、易于理解。

10.7.1　分支程序结构

实现分支程序结构的有 if 和 switch 语句。

1. if 分支程序结构

if 分支程序结构又称为选择结构，C51 提供了 3 种 if 结构。

1）形式 1

格式如下：

if(表达式){语句;}

如果 if 后面的表达式成立，则执行花括号里面的语句；否则，不执行花括号里面的语句。例如：

if(x>10){y=1;}

如果 x>10，则 y 赋值为 1，即 y=1，否则不对 y 赋值。

2）形式 2

格式如下：

if(表达式){语句 1;}
else{语句 2;}

如果 if 后面的表达式成立，则执行语句 1，否则执行语句 2。例如：

```
if(x>10){y=1;}
else {y=0;}
```

如果 x>10，则 y 赋值为 1，即 y=1，否则 y 赋值为 0，即 y=0。

3）形式 3

格式如下：

```
if(表达式 1){语句 1;}
else if(表达式 2){语句 2;}
else if(表达式 3){语句 3;}
else if(表达式 4){语句 4;}
……
else {语句 n;}
```

如果 if 后面的表达式 1 成立，则执行语句 1；否则，如果 else if 后面的表达式 2 成立，则执行语句 2；否则，如果 else if 后面的表达式 3 成立，则执行语句 3；否则，如果 else if 后面的表达式 4 成立，则执行语句 4；如果上述都不成立，则执行语句 n。例如：

```
if(x>50){y=4;}
else if(x>40){y=3;}
else if(x>30){y=2;}
else if(x>20){y=1;}
else {y=0;}
```

除此 3 种形式外，还可以实现嵌套，即 if 语句中包含一条或者多条 if 语句，但是 else 总是与它前面最近的 if 语句对应。

2. switch 分支程序结构

if 语句只有两个分支结构，而在实际应用中，往往要用到多个分支结构，比如对学生的成绩（设为 x）进行分级，当 $x \geqslant 90$ 时，标记为"A"；当 $80 \leqslant x < 90$ 时，标记为"B"；当 $70 \leqslant x < 80$ 时，标记为"C"；当 $60 \leqslant x < 70$ 时，标记为"D"；当 $x < 60$ 时，标记为"E"。这时可以选用 switch 分支结构，其格式如下：

```
switch(表达式 1)
{
    case 常量表达式 1:{语句 1;}break;
    case 常量表达式 2:{语句 2;}break;
    ……
    case 常量表达式 n:{语句 n;}break;
    default:{语句 n+1;}
}
```

上述 switch 结构的流程图如图 10.5 所示。对 switch 结构格式说明如下。

（1）每个 case 后的常量表达式必须不同，否则出现错误。

（2）每个 case 和 default 出现的顺序，不影响程序的执行结果。

（3）当 switch 后的表达式 1 与某个 case 后面的常量表达式值相同时，则执行该 case 后面的语句，遇到 break 后退出 switch 语句。例如，若 switch 后的表达式 1 与常量表达式 2 相同，则执行语句 2 后跳出 switch 语句。

（4）如果 switch 后的表达式 1 与所有的 case 后面的常量表达式值都不相同，则执行 default 后面的语句 $n+1$。

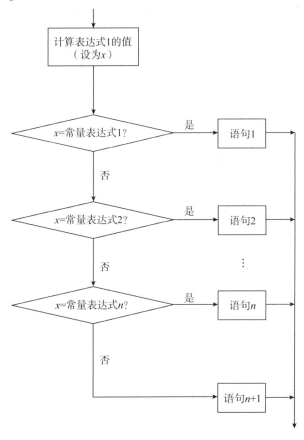

图 10.5 使用 break 语句的 switch 结构流程图

还有一种 switch 结构后面没有 break，其格式如下：

```
switch （表达式 1）
{
    case 常量表达式 1:{语句 1;}
    case 常量表达式 2:{语句 2;}
    ……
    case 常量表达式 n:{语句 n;}
    default:{语句 n+1;}
}
```

如果 case 后没有 break，则执行某个 case 语句后不跳出 switch 语句，而是继续执行后续的 case 的语句。其流程图如图 10.6 所示。

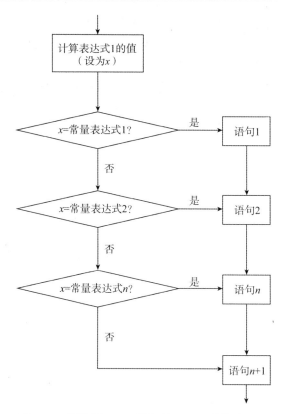

图10.6 不使用 break 语句的 switch 结构流程图

【例10-5】用 switch 语句输出成绩等级对应的分数段。

解 参考程序如下：

```
switch(grade)
{
    case  'A':  {printf("85~100"\n);}   break;
    case  'B':  {printf("70~84"\n);}    break;
    case  'C':  {printf("60~69"\n);}    break;
    case  'D':  {printf("<60"\n);}      break;
    default：{printf("ERROR"\n);}
}
```

若 grade 值为'A'，则输出85~100。

如果 case 后面没有 break 语句，即程序段为

```
switch(grade)
{
    case  'A':  {printf("85~100"\n);}
    case  'B':  {printf("70~84"\n);}
    case  'C':  {printf("60~69"\n);}
    case  'D':  {printf("<60"\n);}
    default：{printf("ERROR"\n);}
}
```

若 grade 值为'A'，则输出：

85~100

70~84

60~69

<60

ERROR

10.7.2　循环程序结构

C51 中的循环结构有 while 循环、do-while 循环和 for 循环。

1. while 循环

while 循环格式如下：

```
while(表达式)
{
    循环体语句;
}
```

说明：当 while 后面的表达式为真时，则执行花括号里面的循环体；当 while 后面的表达式为假时，则不执行花括号里面的循环体。此语句在于如果 while 后面的表达式为真时，执行完循环体语句后再继续判断 while 后面的表达式，直到表达式为假跳出循环结构。while 循环的执行过程如图 10.7 所示。

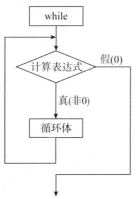

图 10.7　while 循环的执行过程

【例 10-6】用 while 循环求 1~100 的和。

解　参考程序如下：

```
#include<stdio. h>              //包含标准的输入输出头文件
main()
{
    int i=1;                    //定义循环变量
    int sum=0;                  //sum 变量用于存放 1 至 100 的和
    while(i<=100)
    {
        sum=sum+i;
```

```
        i++;
    }
    printf("% d",sum);
}
```

2. do-while 循环

do-while 循环格式如下：

```
do
{
    循环体语句;
}
while(表达式);
```

说明：do-while 循环又称为直到型循环结构，首先执行循环体语句，再判断 while 后面表达式是否为真，如果为真则继续执行循环体语句，再次判断 while 后面表达式是否为真，直到不为真则跳出循环。do-while 循环的执行过程如图 10.8 所示。

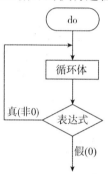

图 10.8　do-while 循环的执行过程

【例 10-7】用 do-while 循环求 1 至 100 的和。

解　参考程序如下：

```
#include<stdio. h>              //包含标准的输入输出头文件
main()
{
    int i=1;                    //定义循环变量
    int sum=0;                  //sum 变量用于存放 1 至 100 的和
    do
    {
        sum=sum+i;
        i++;
    }
    while(i<=100);
    printf("% d",sum);
}
```

3. for 循环

for 循环的一般格式如下：

```
for(表达式 1;表达式 2;表达式 3)
{
    循环体语句;
}
```

for 循环的执行步骤如下：

（1）执行表达式 1；

（2）求解表达式 2 的值，如果表达式 2 的值为真则执行循环体，执行完循环体后再执行第（3）步；若表达式 2 的值为假，则结束 for 循环，执行第（5）步；

（3）求解表达式 3 的值；

（4）跳转到（2）继续执行；

（5）执行 for 下面的语句。

for 循环的执行过程如图 10.9 所示。

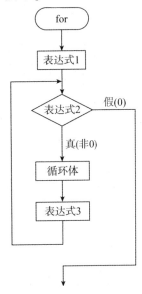

图 10.9　for 循环的执行过程

for 循环的典型应用格式如下：

```
for(循环变量初值;循环条件;循环变量增量)
{
    循环体语句;
}
```

【例 10-8】用 for 循环求 1 至 100 的和。

解　参考程序如下：

```
#include<stdio. h>              //包含标准的输入输出头文件
main()
{
    int i;                      //定义循环变量
    int sum=0;                  //sum 变量用于存放 1 至 100 的和
    for(i=1;i<=100;i++)
```

```
        {
            sum=sum+i;
        }
        printf("% d",sum);
    }
```

除了上述对变量定义时赋初值外，还可以在 for 表达式中给变量赋初值。另外对 for 循环进行以下说明。

（1）for 语句表达式 1 如果省略，则赋初值应该在 for 语句之前完成，执行时跳过表达式 1，其他不变。格式如下：

```
    int i=1;                          //定义循环变量
    int sum=0;                        //sum 变量用于存放 1 至 100 的和
    for(;i<=100;i++)
    {
        sum=sum+i;
    }
```

（2）for 语句表达式 2 如果省略，即不判断循环条件，默认表达式 2 的值为真，则一直循环下去。

（3）for 语句表达式 3 如果省略，则需要设计其他语句保证程序正常结束。例如：

```
    for(i=1;i<=100;)
    {
        sum=sum+i;
        i++;
    }
```

（4）for 语句 3 个表达式都省略，例如：

```
    for(;;)
    {语句;}
```

即不设初值，不判断循环终止条件，循环变量不增值，此时循环一直进行下去，相当于 while(1)循环。

在编写程序时，常采用的无限循环语句有以下 3 种。

（1）while(1)，格式如下：

```
    while(1)
    {
        循环体语句;
    }
```

（2）for，格式如下：

```
    for(;;)
    {
        循环体语句;
    }
```

（3）do-while，格式如下：

```
do
{
    循环体语句;
}while(1);
```

4. goto 语句构成的循环

除了上述的 3 种循环语句外，C51 还提供了 goto 语句构成循环，goto 语句为无条件转向语句，可以从任意地方跳转到程序的某个地方，其格式如下：

```
goto 语句标号;
……
标号:语句;
```

说明：

（1）语句标号与变量名相同；

（2）标号只能出现在 goto 所在的函数内，并且是唯一的；

（3）标号只能出现在语句前面。

【例 10-9】用 if 和 goto 语句求 1 至 100 的和。

解 参考程序如下：

```
#include<stdio. h>              //包含标准的输入输出头文件
main()
{
    int i=1;                    //定义循环变量
    int sum=0;                  //sum 变量用于存放 1 至 100 的和
    loop:if(i<=100)
    {
        sum=sum+i;
        i++;
        goto loop;
    }
    printf("% d",sum);
}
```

10. 7. 3　break 和 continue 语句

在程序执行过程种，如果满足条件就跳出循环体语句，可以使用 break 和 continue 语句，下面分别进行介绍。

1. break 语句

break 语句可以跳出本层循环体，结束循环，break 语句只能用于循环结构和 switch 语句中，不能单独使用。

【例 10-10】计算 1 至 100 的和，当和大于 200 时就结束，统计此时变量值及和。

解 参考程序如下：

```
#include<stdio. h>                    //包含标准的输入输出头文件
#define SUM 200
main()
{
    int i=1;                          //定义循环变量
    int sum=0;                        //sum 变量用于存放 1 至 100 的和
    for(i=1;i<=100;i++)
    {
        sum=sum+i;
        if(sum>SUM)break;
    }
    printf("sum=% d\i=% d",sum,i);
}
```

2. continue 语句

continue 语句也是跳出循环结构，与 break 语句不同，continue 语句是终止当前这一次循环，然后直接进行下一次循环，直到循环条件不成立，才能直接结束循环。

【例 10-11】计算 1 至 100 的和，跳过所有个位为 5 的数。

分析：题目要求跳过所有个位为 5 的数，即个位为 5 的数不参与求和。首先应求出个位为 5 的数，个位为 5 的数除以 10 的余数等于 5，即 i% 10 = =5。

解　参考程序如下：

```
#include<stdio. h>                    //包含标准的输入输出头文件
main()
{
    int i;                            //定义循环变量
    int sum=0;                        //sum 变量用于存放 1 至 100 的和
    for(i=1;i<=100;i++)
    {
        if(i% 10 = =5)                //判断个位是否为 5
        continue;
        sum = sum+i;
    }
    printf("% d",sum);
}
```

从以上例题可以看出，continue 语句和 break 语句的相同点都是跳出循环，区别在于 continue 语句是终止这一次循环，然后进行下一次循环，而 break 语句是终止当前循环，直接结束循环。

10.8　C51 函数

函数是一个完成一定相关功能的程序代码段，函数与子程序意义相同。在 C51 中，一个 C 程序由一个主函数和若干个子函数组成。程序从主程序开始执行，即从 main 函数开始执行，在一个程序中只有一个 main 函数，其他的函数没有数目要求，一般情况下，用户可以调用库函数，也可以自己编写函数。

为什么要使用函数呢？如果不使用函数，就需要把所有语句都写到 main( ) 函数中，这样会使得 main( ) 函数变得复杂，程序冗长，可读性差。但需要多次重复实现某个功能（比如求最大值）时，最好的做法是把实现这个功能的语句"组装"在一起形成函数，以后用到时只需要调用就可以了。相当于在组装电脑时，用到哪个部件就去仓库里取哪个部件一样。这样就形成了模块化程序设计思路。

10.8.1　函数的分类

为了使程序可读性好，设计者常常编写函数。将常用的功能模块编写成函数，放在函数库中供编程者调用，以减少重复编写程序的工作量。C51 中的函数包含主函数 main 和普通函数，普通函数又可以分为标准库函数和用户自己编写的自定义函数。

1. 标准库函数

标准库函数不用用户编写，由 C51 编译器提供。用户可以直接调用这些库函数，提高编程效率，在调用标准库函数前，只需包含标准库函数的头文件即可。例如，在调用输出函数 printf 前，需要在程序中编写以下语句：

```
#include<stdio. h>
```

在 C51 中，包含以下几类标准库函数。

（1）包含特殊功能寄存器的库函数。reg51. h 或 reg52. h，reg51. h 包含所有对 8051 单片机特殊功能寄存器及其位的定义，reg52. h 包含所有对 8052 单片机特殊功能寄存器及其位的定义，包含该文件后，以后在程序中就可以直接使用这些特殊功能寄存器了。

（2）绝对地址文件 absacc. h。该文件定义了各类存储区空间的绝对地址。

（3）标准的输入输出函数 stdio. h。该文件中函数默认 8051 单片机串口可以用于数据的输入输出。

2. 自定义函数

在实际应用中，编程者往往根据需要自己编写函数，自定义函数分为无参函数、有参函数和空函数。

1）无参函数

无参函数是该函数没有参数输入，一般也不返回结果给调用函数，一般情况下是为了完成某种操作，比如延时函数。

无参函数格式如下：

```
返回值数据类型　函数名()
{
    函数体
}
```

由于无参函数一般没有返回值，因此返回值数据类型可以省略。主函数 main( ) 为无参函数，返回值类型默认为 int 类型，一般省略不写。

【例 10-12】编写延时函数。

解　参考程序如下：

```
delay()
{
    int i;                              //定义循环变量
    int j;                              //定义循环变量
    for(i=1;i<=1000;i++)
    for(j=1;j<=500;j++)
    {
        ;
    }
}
```

2）有参函数

有参函数顾名思义该函数在调用时必须有参数输入，实际调用该函数时输入参数的个数、类型、顺序必须与定义时要求的一致。

有参函数格式如下：

```
返回值数据类型   函数名(形式参数列表)
{
    函数体
}
```

【例10-13】编写求最大值函数。

解　参考程序如下：

```
int a;
int b;
int z;
int max(a,b)
{
    if(a>b)z=a;
    else z=b;
    return(z);
}
```

在调用max函数时可以使用以下语句：

```
c=max(3,4);
```

其中，a和b为形式参数，3和4为实际参数。

3）空函数

空函数是函数体内无语句，也就是在调用空函数时什么工作也不做。定义空函数往往是为了执行某种操作，为以后程序功能扩展做准备，以后再用编写好的函数代替该空函数。这样做的好处是程序结构清晰、扩充方便。

空函数的格式如下：

```
返回值数据类型   函数名()
{

}
```

例如：

```
int add(int a,int b)
{

}
```

10.8.2 函数的调用

定义好一个函数后，在程序中如果用到该功能就需要调用该函数，调用函数称为主调函数和被调函数。调用者称为主调函数，被调用者称为被调函数。

对于无参函数，调用的一般格式为：

函数名();

对于有参函数，调用的一般格式为：

函数名(实际参数列表);

在调用过程中，主调函数把实际参数传递给被调函数。实际参数必须在参数个数、类型和顺序上严格与形式参数一致，实际参数可以是常量、变量，也可以是表达式。

函数调用一般有以下 3 种形式。

(1)只调用该函数，即被调函数作为主调函数的一条语句，例如：

delay();

(2)被调函数的返回结果作为表达式的一部分，例如：

c=5* max(a,b);

(3)被调函数作为另一个函数的实际参数，例如：

c=max(a,add(m,n));

其中，add(m,n)是求两个数的和的函数，该函数作为 max 函数的一个实际参数。

10.8.3 中断服务函数

通过第 2 章的学习我们知道 8051 单片机有 5 个中断源，而在标准的 C 语言中，没有处理单片机的中断，因此需要扩展。在 C51 中，增加了一个为中断服务的关键字 interrupt。使用 interrupt 可以定义中断服务函数，且在 C51 编译器中，为中断函数自动添加保护现场、阻断其他中断、返回时自动恢复现场等功能，因此用户不用再编写这些程序段，极大地提高了编程效率。

中断服务函数的格式如下：

函数类型 函数名(形式参数列表) interrupt n using m

其中：n 为中断号，由于 8051 单片机一共有 5 个中断源，因此 n 的取值为 0～4。外部中断 0 对应的中断号为 0，定时/计数器 T0 中断对应的中断号为 1，外部中断 1 对应的中断号为 2，定时/计数器 T1 中断对应的中断号为 3，串口中断对应的中断号为 4。m 为所选择的寄存器组，中断服务函数中所有工作寄存器的内容将被保持到堆栈中，using m 可以省略。

习 题 ▶▶ ▶

1. 单片机应用程序一般存放在(　　　)中。

A. RAM　　　　　　B. ROM　　　　　　　C. 寄存器　　　　D. CPU

2. 无符号字符型变量表示数的范围为(　　　)。

A. 0 ~ 255　　　　　B. -128 ~ 127　　　　C. 0 ~ 65 535　　　D. 0 ~ 65 536

3. C语言和C51语言有哪些不同?

4. 编写程序实现8051单片机内部RAM 60H单元开始的20个单元内容清零。

5. 编写程序实现8051单片机外部RAM 2000H单元开始的8个单元内容清零。

6. 说明break与continue语句的相同点和不同点。

7. 若a=0x13，b=0x54，求a&b，a|b，a^b，~a，~b，a<<3，b<<2。

8. 计算1 ~ 100的和，跳过所有个位为3的数。

9. 编程实现输出200 ~ 400的和，跳过所有个位为2的数。

10. 计算圆的面积，当大于100时，退出循环。

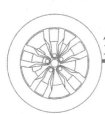

第 11 章
Keil 和 Proteus 联合仿真 ≫≫≫

学习目标

了解应用 Keil 软件进行 C 语言设计，了解应用 Proteus 软件进行硬件设计。

11.1 Proteus 概述

Proteus 是英国 Lab Center Electronics 公司开发的电路分析与实物仿真及印制电路板设计软件，它可以仿真、分析各种模拟电路与集成电路。该软件提供了大量模拟与数字元器件及外部设备，各种虚拟仪器，特别是它具有对单片机及其外围电路组成的综合系统的交互仿真功能。Proteus 主要由 ISIS 和 ARES 两部分组成，ISIS 的主要功能是原理图设计及与电路原理图的交互仿真，ARES 主要用于印制电路板的设计。这里主要介绍 Proteus 的 ISIS 仿真功能。

11.2 Proteus ISIS 应用简介

Proteus ISIS 是英国 Lab Center Electronics 公司开发的电路分析与实物仿真软件，它运行于 Windows 操作系统上，可以仿真、分析(SPICE)各种模拟器件和集成电路，该软件的特点如下：

(1)实现了单片机仿真和 SPICE 电路仿真相结合。具有模拟电路仿真、数字电路仿真、单片机及其外围电路组成的系统仿真、RS-232 动态仿真、I^2C 调试器、SPI 调试器、键盘和 LCD 系统仿真的功能；各种虚拟仪器，如示波器、逻辑分析仪、信号发生器等。

(2)支持主流单片机系统的仿真。目前支持的单片机类型有 68000 系列、8051 系列、AVR 系列、PIC12 系列、PIC16 系列、PIC18 系列、Z80 系列、HC11 系列及各种外围芯片。

(3)提供软件调试功能。在硬件仿真系统中具有全速、单步、设置断点等调试功能，可以观察各个变量、寄存器等的当前状态；同时支持第三方的软件编译和调试环境，如 Keil 软件。

(4)具有强大的原理图绘制功能。

总之，该软件是一款集单片机和 SPICE 分析于一身的仿真软件，功能极其强大。

11.2.1 Proteus 集成环境

Proteus 集成环境界面包括主菜单、工具栏、原理图编辑窗口、模型选择工具栏、预览窗口、列表栏、仿真按钮等，如图 11.1 所示。

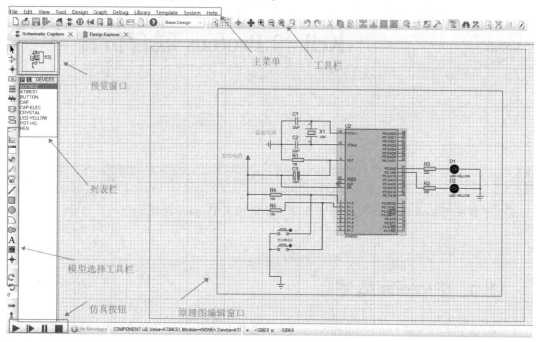

图 11.1 Proteus 集成环境界面

1. 主菜单和工具栏

主菜单和工具栏位于屏幕的上端，主要包含主菜单和相应的工具（如放大、缩小原理图等工具）。

File 文件菜单主要包括工程的新建、存储、导入、导出、打印和退出等功能。

Edit 编辑菜单用于完成基本的编辑操作功能，如复制、粘贴等。

View 查看菜单用于设置原理图编辑窗口的定位、栅格的调整和图形的缩放比例等。

Tool 工具菜单主要包括实时注释、实时捕捉网格、自动画线、导入文件数据等功能。

Design 设计菜单包含编辑设计属性、编辑原理图属性、配置电源、新建原理图等功能。

Graph 图表菜单包含编辑仿真图形、增加跟踪曲线、仿真图形等功能。

Debug 调试菜单主要用于程序调试，包含开始仿真、单步运行、断点调试等功能。

Library 库菜单主要包含元器件和符号选择、库管理和分解元器件等功能。

Template 模板菜单主要用于设置模板功能，如图形、颜色、字体和连线等功能。

System 系统菜单具有设置系统环境、设置路径、重置默认环境等功能。

Help 帮助菜单用来查看帮助文件，为用户提供帮助。

2. 原理图编辑窗口

原理图编辑窗口主要用于元器件放置、连线和原理图绘制，同时可以观察仿真结果，原理图编辑窗口的边界线表示当前原理图的边界。边框的大小是由图纸尺寸决定的，图纸尺寸可以通过系统菜单的图纸尺寸设置选项进行设置。

3. 模型选择工具栏

模型选择工具栏用于选择工具箱中的各种模型，根据不同的需要选择不同的图标按钮，不同的图标按钮代表不同功能。

Proteus 中提供了丰富的元器件库，单击列表栏左上角的 ▷ 按钮，再单击 P 字图标，用户即可根据需要把库中元件添加到列表栏中。

[LBL]：标注网络标号。网络标号具有实际的电气连接意义，具有相同网络标号的导线不管图上是否连接在一起，都被视为同一条导线。在绘制电路图时使用网络标号可以使连线简单化。

A：设置文本。文本主要用于对器件文字进行标识和注释。

11.2.2　Proteus 元器件库

Proteus 元器件库为用户提供了很多元器件，用户可以在元器件库里搜到需要的元器件，如图 11.2 所示。查找元器件的方法有：①输入元器件的名称查找，要求用户熟记元器件的名称，如输入"LED"可以查找库中所有名称具有 LED 的元器件；②按类查找，Proteus 元器件库都是按类进行存放的，记住每类元器件的英文名称可以快速查找，Proteus 元器件库分类表如表 11.1 所示。

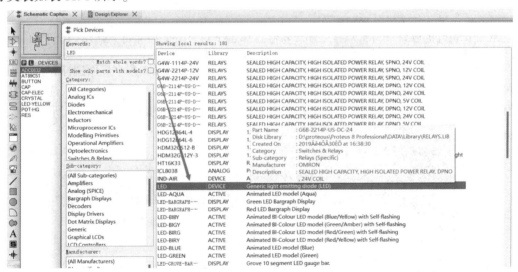

图 11.2　Proteus 元器件库

表 11.1　Proteus 元器件库分类表

Category(类)	含义	Category(类)	含义
AnalogICs	模拟集成元器件	PLDs & FPGAs	可编程逻辑元器件和现场可编程门阵列
Capacitors	电容	Resistors	电阻
CMOS 4000 series	CMOS 4000 系列	Simulator Primitives	仿真源
Connectors	连接件	Speakers & Sounders	扬声器和音响

续表

Category(类)	含义	Category(类)	含义
Diodes	二极管	Switches & Relays	开关和继电器
ECL 10000 series	ECL 10000 系列	Switching Devices	开关器件
Electromechanical	电动机	Thermionic Valves	热离子真空管
Optoelectronics	光电器件	Transducers	传感器
Data Converters	数据转换器	Transistors	晶体管
Debugging Tools	调试工具	TTL 74 Series	标准 TTL 系列
Laplace Primitives	拉普拉斯模型	TTL 74ALS Series	先进的低功耗肖特基 TTL 系列
MemoryICs	存储器芯片	TTL 74AS Series	先进的肖特基 TTL 系列
MicroprocessorICs	微处理器芯片	TTL 74F Series	快速 TTL 系列
Miscellaneous	混杂器件	TTL 74HC Series	高速 CMOS 系列
Modelling Primitives	建模源	TTL 74HCT Series	与 TTL 兼容的肖特基系列
Operational Amplifiers	运算放大器	TTL 74LS Series	低功耗的肖特基 TTL 系列
Inductors	电感	TTL 74S Series	肖特基 TTL 系列

11.2.3 Proteus 原理图的绘制

双击安装好的软件图标 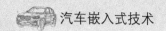，打开软件。单击 File→New Project，新建一个 Proteus 工程，选择好保存路径，命名好工程名之后，单击 Next 按钮，原理图大小界面选择默认，用户也可以根据需要更改原理图大小。这里不选择创建 PCB，单击"Next"按钮，默认选择。默认没有固件项目，过程如图 11.3~图 11.8 所示，最后得到原理图的绘制界面 11.9 所示。

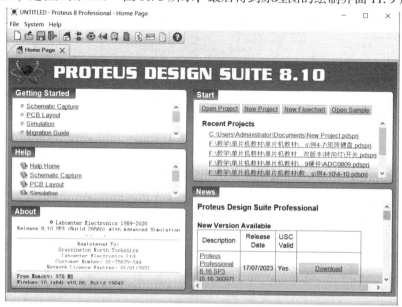

图 11.3　Proteus 新建界面

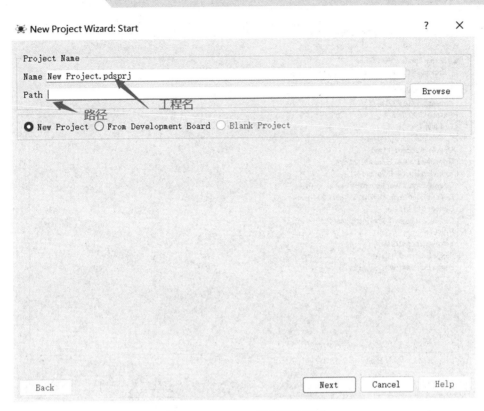

图 11.4　Proteus 保存路径界面

图 11.5　Proteus 原理图大小选择界面

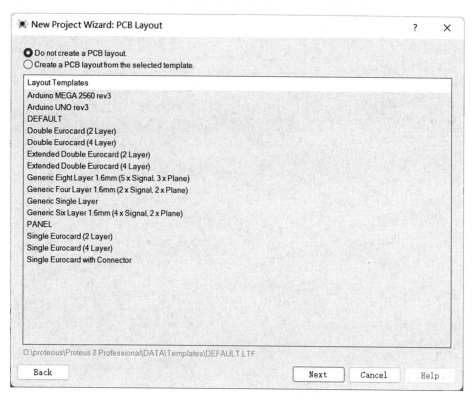

图 11.6　Proteus PCB 选择界面

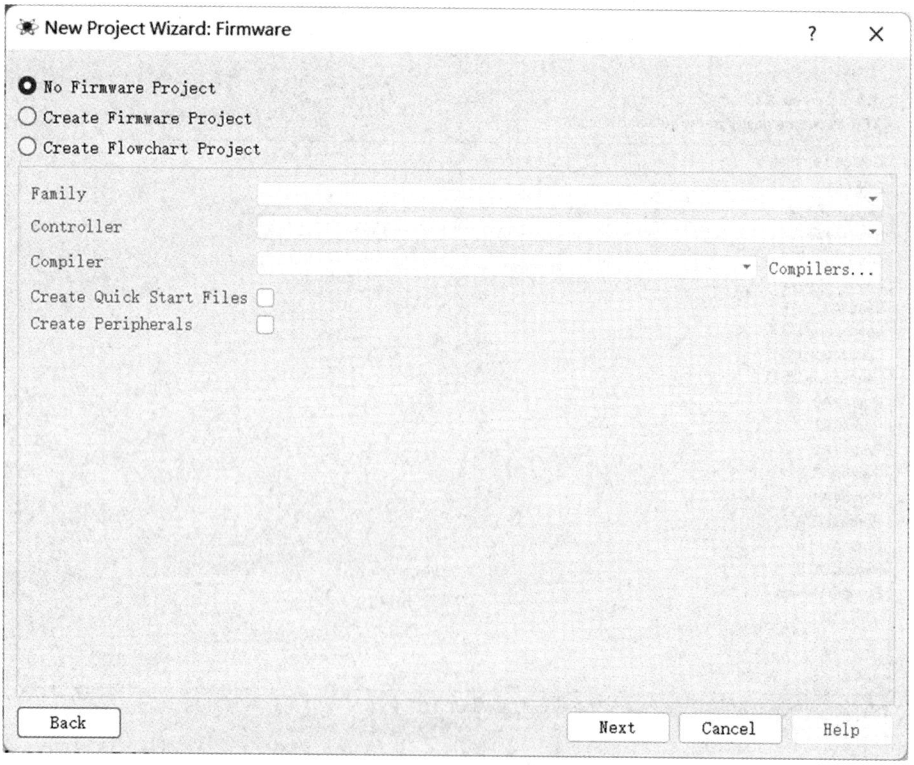

图 11.7　Proteus 固件选择界面

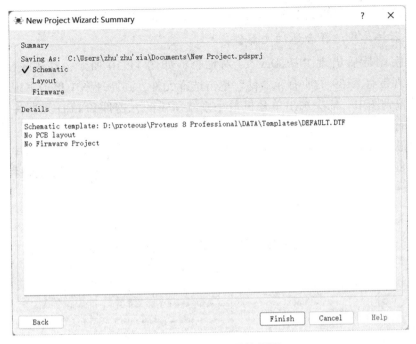

图 11.8　Proteus 总结界面

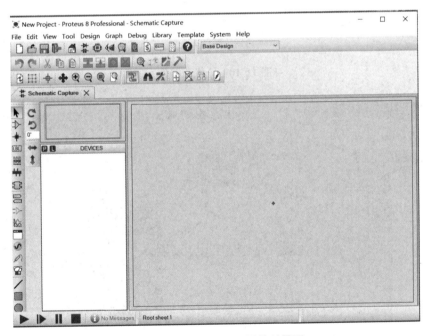

图 11.9　Proteus 原理图绘制界面

11.3　Proteus 与单片机系统设计、仿真

在 Proteus 中可以进行单片机系统的设计，设计好硬件电路，再编写出相应的软件程序，经过 Keil 软件生成 hex 文件就可以联合仿真了。这里以点亮 LED 为例说明 Proteus 与单片机系统设计、仿真。

先按照11.2.3介绍的方法建立好工程，进入原理图的绘制界面。

1. 从元器件库中选择合适的元器件

单击 P 字图标后出现 Pick Devices 对话框，如图 11.10 所示，在 Keywords 处输入 AT89，会出现带有 AT89 的所有元器件。单击选择元件，到原理图中单击出现的元件，再单击即可放置到图中。依次选出单片机最小系统所需的元器件和 LED 元器件，放置在原理图中合适的位置，如图 11.11 所示。

单片机最小系统，或者称为最小应用系统，是指用最少的元件组成的单片机可以工作的系统。对 8051 系列单片机来说，最小系统一般应该包括单片机、晶振电路和复位电路。

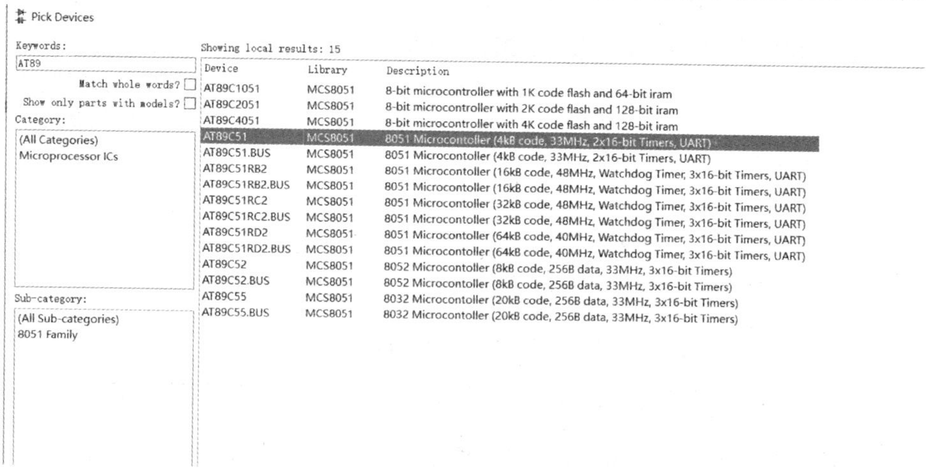

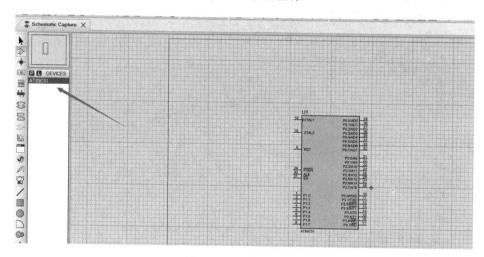

图 11.10　查找元器件

图 11.11　放置元器件

2. 接线

单击图 11.12 中 ✏ 图标，然后将光标移到原理图中，单击连接元器件与元器件的端点，即可实现接线。

右击 place，选择 Terminal 可以选择电源和接地符号，接上电源，如图 11.13 所示。再接上限流电阻 R_2 和 LED，这样电路原理图就绘制完成了，如图 11.14 所示。

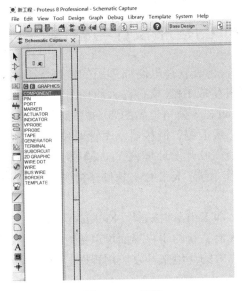

图 11.12 接线

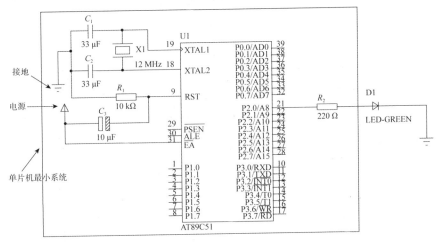

图 11.13 接电源

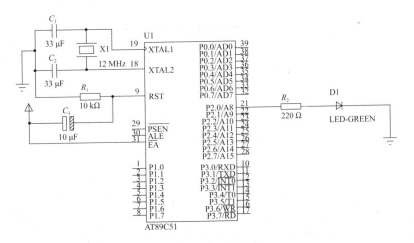

图 11.14 电路原理图

11.4　基于 Keil 的程序设计与编译

上一节中完成了 Proteus 仿真软件电路原理图的绘制，下面介绍基于 Keil 软件的程序设计方法，然后将 Keil 软件生成 HEX 文件写入原理图芯片中，进行联合调试。

Keil C51 是美国 Keil Software 公司出品的 8051 系列兼容单片机 C 语言软件开发系统，Keil 提供了包括 C 编译器、宏汇编、链接器、库管理和一个功能强大的仿真调试器等在内的完整开发方案，通过一个集成开发环境（μVision）将这些部分组合在一起。运行 Keil 软件需要 Win7、Win10 等操作系统。Keil C51 软件还提供了丰富的库函数，是功能强大的集成开发调试工具。

这里使用 Keil 4 版本，即 Keil μVision4。Keil μVision4 引入灵活的窗口管理系统，使开发人员能够使用多台监视器，新的用户界面可以更好地利用屏幕空间、更有效地组织多个窗口，提供一个整洁、高效的环境来开发应用程序。新版本支持更多最新的 ARM 芯片，还添加了一些其他新功能。

双击　图标，进入 Keil 软件，软件界面如图 11.15 所示。在软件界面中，包含菜单栏、工具栏、编译按钮、编译设置、工程项目放置处等。

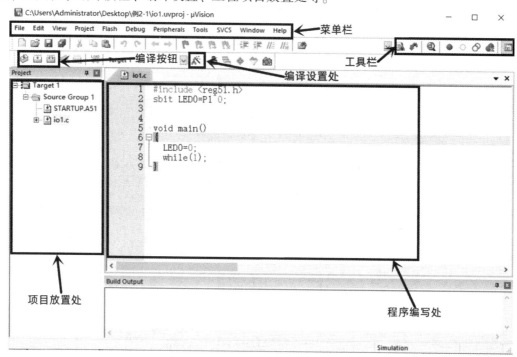

图 11.15　Keil 软件界面

1. 新建工程

单击 project 菜单，在下拉菜单中选择"New μVision Project…"新建一个工程，如图 11.16 所示。保存项目文件后会弹出"Select Device for Target 'Taget 1'…"对话框，通过此对话框选择目标芯片型号，这里选择 Atmel 下的 AT89C51 芯片，如图 11.17 所示。单击 OK 按钮后会弹出一个对话框，询问是否加载启动文件到项目中，如图 11.18 所示，这里单击

"是"或者"否"按钮不影响程序开发。

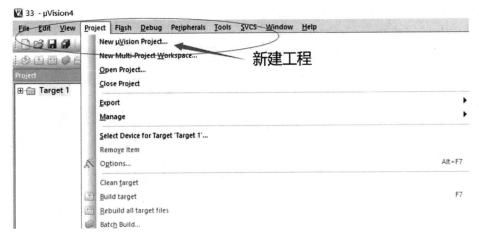

图 11.16　新建工程

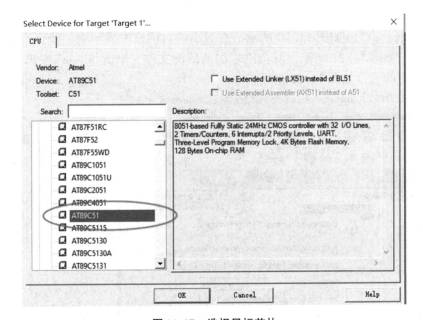

图 11.17　选择目标芯片

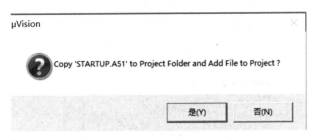

图 11.18　是否加载启动文件

2. 新建源程序

单击 File→New，新建一个源文件，如图 11.19 所示。保存此源文件时没有扩展名，需要加上文件类型，这里采用 C 语言编程加扩展名".c"。源文件最好与项目文件放在同一个文件夹内，以便于管理。目前为止新建了一个项目和一个 C 语言源文件，下面需要把 C 语言源文件添加到该项目中。

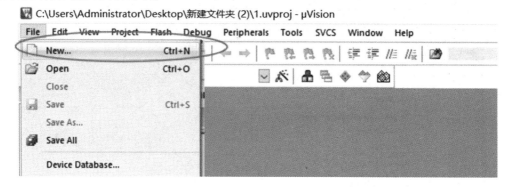

图 11.19　新建源文件

3. 添加源程序文件到项目

在工程下右击"Source Group 1"，会弹出一个菜单，选择"Add Existing Files to Group 'Source Group 1' …"，如图 11.20 所示。在弹出的对话框中找到上一步保存的源文件加载到项目中，如图 11.21 所示。双击刚才加载的源文件，单击"Close"按钮关闭对话框。添加源文件后的工程如图 11.22 所示。

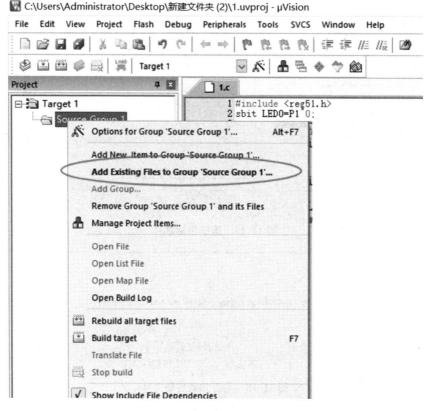

图 11.20　添加源文件到工程中(1)

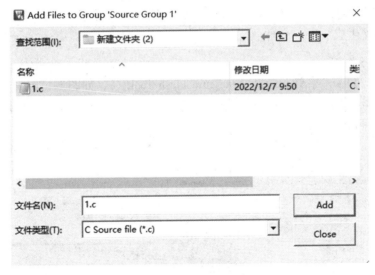

图 11. 21　添加源文件到工程中（2）

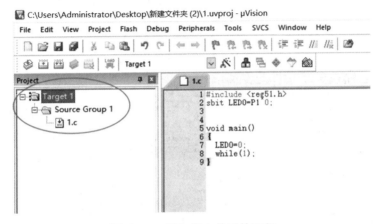

图 11. 22　添加源文件后的工程

4. 编译源文件

上述步骤完成后需要检查编写的 C 语言程序是否正确，单击"Rebuild"按钮 ，进行编译，在"Build Output"窗口会出现编译结果信息，直到出现"0 Error(s)"为止，如图 11. 23 所示。这里需要注意的是编译过程只能检查 C 语言的语法错误，不能检查逻辑错误。

图 11. 23　编译结果

无论是实际的芯片还是应用 Proteus 平台的虚拟芯片，都接收".hex"文件，下一步需要把 C 语言程序生成".hex"文件。

5. 生成 hex 文件

方法 1：在"Flash"菜单下选择"Configure Flash Tool…"，如图 11.24 所示。

方法 2：单击魔法棒，如图 11.25 所示，出现图 11.26 所示选项，单击"Output"，勾选"Create HEX File"复选框。

再次编译 C 语言文件，在所建立的文件下会出现带有".hex"类型的文件。

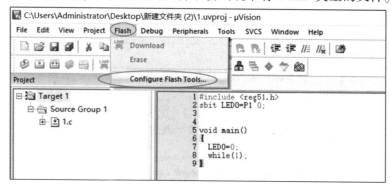

图 11.24　生成 hex 文件

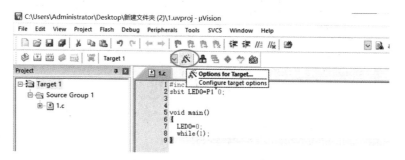

图 11.25　单击魔法棒

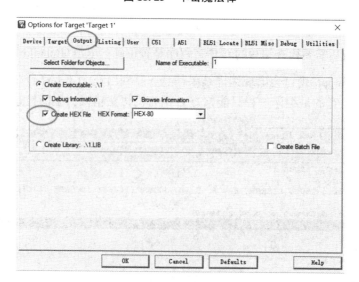

图 11.26　设置输出选项

11.5 Proteus 与单片机联合仿真

在 11.2、11.3 和 11.4 节已经建立了基于 Proteus 平台的硬件设计和基于 Keil 开发平台的 C 语言工程项目，接下来需要把生成的 hex 文件加载到基于 Proteus 平台的硬件设计中。打开 Proteus 平台的工程项目，如图 11.14 所示，双击 AT89C51 芯片，会弹出图 11.27 所示的界面，在"Program File"中打开 11.3 节生成的 hex 文件，单击"OK"按钮完成加载。

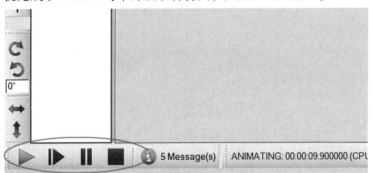

图 11.27 Proteus 与单片机联合仿真

完成了 Proteus 中单片机的程序加载工作后，接下来进行仿真，左下角有 4 个按钮，从左到右依次是"运行""单步调试""暂停仿真"和"停止"。单击"运行"按钮，可以查看实验现象，这样就完成了 Proteus 与单片机联合仿真，如图 11.28 所示。

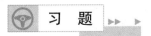

图 11.28 Proteus 仿真

🏎 习 题 ▶▶ ▶

简述应用 Keil 平台进行程序设计的步骤。

参 考 文 献

[1]赵景波. 单片机原理及应用[M]. 西安：西安电子科技大学出版社，2020.

[2]王卫星. 单片机原理与应用开发技术[M]. 北京：中国水利水电出版社，2009.

[3]宋一兵. 51单片机轻松入门与典型实例[M]. 北京：机械工业出版社，2011.

[4]肖金球. 单片机原理与接口技术[M]. 北京：清华大学出版社，2004.

[5]李海涛，徐光振，王琰琰，等. 单片机应用技术[M]. 北京：人民邮电出版社，2013.

[6]工业和信息化部人才交流中心，恩智浦管理有限公司. 电动汽车电池管理系统的设计开发[M]. 北京：电子工业出版社，2018.

[7]爱塞尼M，埃玛迪A，高义民. 现代电动汽车、混合动力汽车和燃料电池车——基本原理、理论和设计[M]. 倪光真，倪培宏，熊素铭，译. 北京：机械工业出版社，2010.

[8]汤礼广. 电动汽车设计[M]. 合肥：合肥工业大学出版社，2017.

[9]张毅刚，刘旺，邓立宝. 单片机原理及接口技术C51编程[M]. 北京：人民邮电出版社，2016.

[10]黄勇，高先和. 单片机原理及应用[M]. 合肥：安徽大学出版社，2014.

[11]王芳，夏军. 电动汽车动力电池系统设计与制造技术[M]. 北京：科学出版社，2017.

[12]关硕. 单片机原理、应用与Proteus仿真[M]. 北京：机械工业出版社，2016.

[13]谢维成，杨加国. 单片机原理与应用及C51程序设计[M]. 北京：清华大学出版社，2019.